石油天然气钻井工程
工程量清单计价方法

黄伟和　主编

石油工业出版社

内 容 提 要

　　本书详细介绍了石油天然气钻井工程每个单项工程的工程量清单项目及计算规则、工程造价构成及计算方法、工程量清单编制方法、综合单价编制方法，并举例说明工程造价计算方法，给出了基于工程量清单模式的钻井工程招标、投标、评标文件格式。实用性强，可操作性高，可为石油钻井市场推广工程量清单计价模式打下良好基础。

　　本书可作为石油勘探钻井专业全国建设工程造价员资格考试和继续教育的培训参考书，也可作为石油天然气钻井工程投资管理、项目管理及工程造价管理专业人员的业务参考书。

图书在版编目（CIP）数据

石油天然气钻井工程工程量清单计价方法/黄伟和主编．
北京：石油工业出版社，2012.5
ISBN 978 - 7 - 5021 - 8999 - 0

Ⅰ．石…

Ⅱ．黄

Ⅲ．油气钻井 - 工程造价

Ⅳ．F407.226.72

中国版本图书馆 CIP 数据核字（2012）第 058686 号

出版发行：石油工业出版社
　　　（北京安定门外安华里 2 区 1 号　　100011）
　　　网　址：www.petropub.com.cn
　　　编辑部：(010)64523533　　发行部：(010)64523620
经　　销：全国新华书店
印　　刷：北京晨旭印刷厂
2012 年 5 月第 1 版　　2012 年 5 月第 1 次印刷
787×1092 毫米　开本：1/16　印张：15
字数：382 千字
定价：58.00 元
（如出现印装质量问题，我社发行部负责调换）

《石油天然气钻井工程工程量清单计价方法》
编　写　组

主　编：黄伟和

副主编：刘文涛　司　光　吴贤顺

成　员：孙立国　张新兰　李庆军　王元成　赵连起　赵林生

严学文　余显炉　冉诚实　张满仓　戴正海　王希岩

种德俊　马维石　金　丽　周建平　赵景琦　郭　正

刘崇利　陈毓云　张桂合　刘　海　张云怡　孙晓军

王　方　侯长江　景少穆　梁　俊　吕雪晴　郝明祥

马建新　许　芹

前　言

我国推行工程量清单计价方法已有 10 年,国家标准《建设工程工程量清单计价规范》已经发布 3 个版本,建设工程招标投标推行工程量清单计价是当前和今后一段时间改革建设工程计价依据和规范建设市场计价行为的一项重要工作。目前,在石油钻井行业中,尚没有推广工程量清单计价方法,也没有一套成熟配套的工程量清单计价模式。《石油天然气钻井工程工程量清单计价方法》是在已往研究成果《石油天然气勘探与钻井工程量清单计价规范研究》和《石油天然气钻井工程造价理论与方法》的基础上,继续深入研究和不断完善,并在 2010 年和 2011 年中国石油钻井工程造价管理培训班试用后,整理出版。该套工程量清单计价方法将为建立我国石油钻井市场配套的管理体制提供有益的重要参考。出版本书的主要目的和意义基于以下几点。

一是适应国家有关规定的新要求。2008 年,中华人民共和国住房和城乡建设部发布第 63 号公告,即"关于发布国家标准《建设工程工程量清单计价规范》的公告"。《建设工程工程量清单计价规范》为国家标准 GB 50500—2008,自 2008 年 12 月 1 日起施行。其中强制性条文 1.0.3 指出,"全部使用国有资金投资或国有资金投资为主的工程建设项目,必须采用工程量清单计价"。国有资金投资的工程建设项目指使用国有企事业单位自有资金,并且国有资产投资者实际拥有控制权的项目。按此公告要求,中国石油、中国石化等国有石油公司的钻井工程投资项目均必须采取工程量清单计价方法。

二是满足石油钻井市场发展的需要。石油钻井行业近年来实施一系列改革重组,建立以市场为导向的经营机制,大力推行石油钻井市场化运作,逐步实现在工程招标投标中采用工程量清单计价、竞争性报价的市场定价机制,努力提高规范化管理水平。因此,迫切需要一套石油钻井工程工程量清单计价方法。

三是推行石油钻井市场工程量清单计价模式的基础。本书通过分析借鉴国内外石油钻井工程计价方法和国家标准 GB 50500—2008《建设工程工程量清单计价规范》,将钻井工程分为钻前工程、钻进工程、固井工程、录井工程、测井工程、试油工程、压裂(酸化)工程等 7 个单项工程,详细介绍了每个单项工程的工程量清单项目及计算规则、工程造价构成及计算方法、工程量清单编制方法、综合单价编制方法,并举例说明工程造价计算方法,给出了基于工程量清单模式的钻井工程招标、投标、评标文件格式。实用性强,可操作性高,可为石油钻井市场推广工程量清单计价模式打下良好基础。

由于石油钻井工程和市场非常复杂,涉及面广,加之编者水平和知识所限,书中的缺点和不足在所难免,敬请广大读者批评指正,以便今后不断完善。

目　　录

1　基　本　概　念

1.1　钻井工程基本概念

1.1.1　钻井工程概念

钻井工程是建设地下石油天然气开采通道的隐蔽性工程,即采用大型钻井设备和一系列高精密测量仪器,按一定的方向和深度向地下钻井,采集地下的地层和石油、天然气、水等资料,并且建立石油天然气生产的安全通道。钻井工程内容包括钻前工程、钻进工程、固井工程、录井工程、测井工程、试油工程、压裂(酸化)工程等7个单项工程,建设单位管理贯穿于建设全过程。

1.1.2　钻前工程概念

钻前工程是为油气井开钻提供必要条件所进行的各项准备工作。钻前工程工程量由井位勘测、道路修建、井场修建、钻前准备和其他作业等5个部分构成。

1.1.3　钻进工程概念

钻进工程是按照钻井地质设计和钻井工程设计规定的井径、方位、位移、深度等要求,采用钻机从地面开始向地下钻进,钻达设计目的层,建成油气通道。钻进工程是一个重复作业过程,包括一开钻进、二开钻进、三开钻进,甚至多开钻进。钻进工程工程量由钻进作业、主要材料、大宗材料运输、技术服务和其他作业等5个部分构成。

1.1.4　固井工程概念

固井工程指在完钻后,根据测井解释结果进行固井设计、下套管、注水泥封固井眼与套管环空的整个作业过程。固井工程通常与钻进工程相一致,分为一开固井、二开固井、三开固井等。固井工程工程量由固井作业、主要材料、大宗材料运输、技术服务和其他作业等5个部分构成。

1.1.5　录井工程概念

录井工程是在钻井过程中采集和分析地质及工程资料的作业。录井工程通常与钻进工程相一致,分为一开录井、二开录井、三开录井等。录井工程工程量由录井作业、技术服务和其他作业等3个部分构成。

1.1.6　测井工程概念

测井工程是沿已钻的井眼连续测量或定点测量地层或井内流体的电、磁、声、核、力、热等物理性质的作业。测井工程通常与钻进工程相一致,分为一开测井、二开测井、三开测井等。测井工程工程量由裸眼测井作业、固井质量测井作业、技术服务、资料处理解释和其他作业等5个部分构成。

1.1.7 试油工程概念

试油工程是在钻达设计要求的完钻井深后,按设计确定的完井方式进行施工,直至交井。试油工程工程量由试油作业、主要材料、大宗材料运输、技术服务和其他作业等5个部分构成。

1.1.8 压裂(酸化)工程概念

压裂是油气层水力压裂的简称。通过压裂设备向油气层高压注入压裂液,在油气层形成一条或几条水平或垂直的裂缝,增大排流面积,降低液体流动阻力,达到油气井增产的目的。

酸化是油气层酸化的简称。将配置好的酸液通过油管注入油气层中,溶解油气层中的堵塞物和碳酸盐岩、钙质胶结物等,降低油气渗流阻力,达到增产增注的目的。

压裂和酸化均是一种储层改造工艺措施,二者施工程序和所用的大型施工设备基本一致。因此,这里将压裂和酸化归集为压裂(酸化)工程,压裂(酸化)工程工程量由压裂(酸化)准备、压裂(酸化)作业、压裂(酸化)收尾、主要材料等4个部分构成。

1.2 工程量清单计价基本概念

1.2.1 石油天然气钻井工程工程量清单计价方法

石油天然气钻井工程工程量清单计价方法是按照石油天然气钻井工程工程量清单项目和计算规则,采用工程量清单中的工程量和综合单价进行工程计价的一种方法和模式。主要用于石油钻井市场招标投标和工程预算结算。招标人按照统一的工程量清单计价要求编制和提供工程量清单,并可依据工程量清单编制工程预算和招标标底;投标人依据此工程量清单、钻井工程施工方案,结合自身实际情况,并考虑风险因素,进行投标报价,签订合同。进而用于工程施工过程中和完工后的工程结算。

1.2.2 钻井工程工程量清单

1.2.2.1 钻井工程工程量清单概念

钻井工程工程量清单是钻井工程的分部分项工程项目的名称和相应数量等的明细清单。分部分项工程量清单包括项目编码、项目名称、项目特征、计量单位、工程量计算规则、工程内容。

1.2.2.2 项目编码

项目编码是工程量清单项目名称的数字标识,共由6位数字组成。第一位数字代表单项工程,第二位数字代表单位工程,第三位数字代表分部工程,第四位数字代表分项工程,第五位和第六位数字代表子项工程。对于个别特殊情况,还可增加1位用英文字母标识的工程顺序码。

1.2.2.3 项目名称

项目名称是钻井工程中单项工程、单位工程、分部工程、分项工程、子项工程的名称。

1.2.2.4 项目特征

项目特征为构成分部分项工程量清单项目自身价值的本质特征。

1.2.2.5 计量单位

计量单位为钻井工程工程量清单中计量相应工程项目工程量所规定的单位。

1.2.2.6 工程量计算规则

工程量计算规则为钻井工程工程量清单中计算工程量的方法和原则。

1.2.2.7 工程内容

工程内容指钻井工程工程量清单中描述分部分项工程具体施工和管理的内容。

1.2.3 钻井工程综合单价

钻井工程综合单价是完成一个规定计量单位的钻井工程分部分项工程量清单项目所需要的人工费、设备费、材料费、其他直接费、企业管理费、工程风险费、利润的总和。

1.2.3.1 综合单价表现形式

综合单价是一种预算参数，是按施工工序和分项工程将多个同类性质计费项目所对应的费用参数或消耗参数乘以相关价格得出的费用进行综合，形成综合单价，便于计算和管理。表现形式主要有以下三种：

（1）时间类综合单价：以工时、台时、日或台月为单位进行计价。如钻井日费、录井日费、试油日费等单价。

（2）长度类综合单价：以行驶距离或测量长度为单位进行计价。如测井工程中的资料采集计价米单价等。

（3）井次类综合单价：以 1 口井或施工 1 井次为单位进行计价。如钻前工程中的钻机搬迁费单价、固井工程中的固井施工费单价等。

1.2.3.2 综合单价构成

综合单价由直接费、间接费、利润 3 部分构成，具体项目见图 1－1。

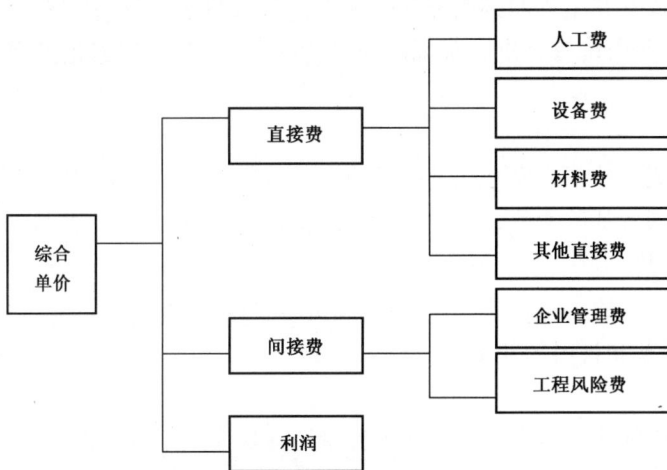

图 1－1 综合单价构成项目

1.2.3.3 综合单价编制方法和相关参数

综合单价编制流程见图 1－2。

1.2.3.3.1 基础参数

基础参数指一定管理模式和生产组织方式下设备和人员的配备数量以及相关技术标准和规定，代表了当前油气田企业的生产力水平，是编制消耗参数和费用参数的基础。

基础参数 → 消耗参数 / 费用参数 → 综合单价

消耗参数:
(1)工时参数
(2)材料参数

基础参数:
(1)定员参数
(2)设备参数
(3)技术参数

费用参数:
(1)人工费参数
(2)设备费参数
(3)材料费参数
(4)其他直接费参数
(5)企业管理费参数
(6)工程风险费参数
(7)利润参数
(8)相关价格

综合单价:
(1)时间类综合单价
(2)长度类综合单价
(3)井次类综合单价

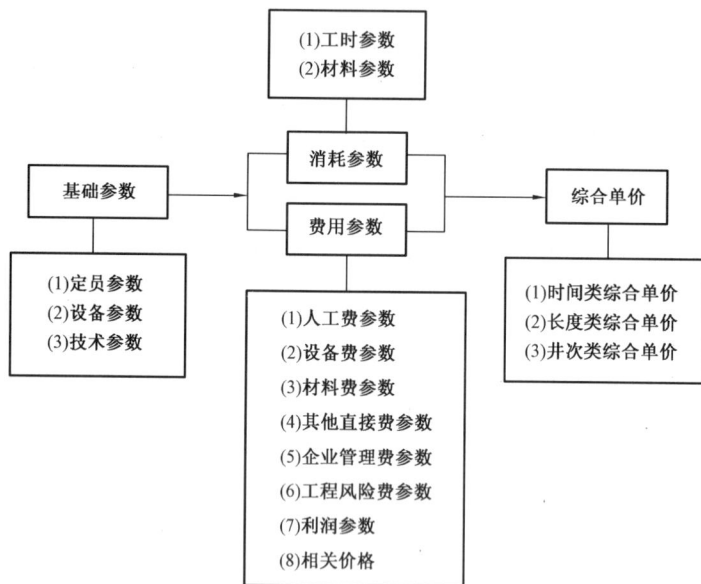

图 1-2　综合单价编制流程

（1）定员参数。

定员参数指完成钻井工程而必须配备的施工队伍定员数量。如钻井队定员、固井设备定员、测井队定员、试油队定员和压裂队定员等，以及与定员相配套的年人工费参数。

（2）设备参数。

设备参数指完成钻井工程而必须配备的施工设备数量。如钻机配套标准、固井作业设备标准、各种系列测井设备配置标准和常规测井组合标准等，以及与之相配套的资产原值、折旧和修理费率。

（3）技术参数。

技术参数指完成钻井工程而必须具备的施工条件参数。如年额定工作时间、钻机钻深能力、井场占地面积、固定基础参数、活动基础参数、特车平均行驶速度、井身结构参数等。

1.2.3.3.2　消耗参数

消耗参数指在一定的工艺技术、生产组织和设备条件下，为完成钻井工程中分项工程量所必须消耗的人工、设备和材料的数量。

（1）工时参数。

工时参数指完成钻井工程中某一分项工程量消耗的人工工时和设备台时数量。大部分钻井作业是人机合一状态，人工工时和设备台时是一致的，如钻机搬迁安装、钻进、固井、测井、完井等工序施工过程中钻井队人工工时消耗和钻机台时消耗是一致的。部分工作可以分为人工工时和设备台时，如供水供电安装工程的人工工时、吊车工作台时等。

（2）材料参数。

材料参数指完成钻井工程中某一分项工程量所消耗的常规材料数量，如钻机的油料、钻头、套管、水泥、钻井液等。

1.2.3.3.3　费用参数

费用参数指在基础参数和消耗参数所规定的生产条件下，完成钻井工程中某一分项工程量所必须消耗的单位费用。

（1）人工费参数。

人工费参数指完成钻井工程中某一分项工程量所必须消耗的单位人工费。一般按队型、工种、岗位分别确定人工费,包括技能工资、岗位工资、各种津贴、保险等与人员有关的全部费用,再按一定的计算方法测算出单位人工费。

（2）设备费参数。

设备费参数指完成钻井工程中某一分项工程量所必须消耗的单位设备费。包括设备折旧、修理费,有些设备和重复使用的工具按摊销费计算。根据设备标准配套和相关规定,测算出单位设备费等。

（3）材料费参数。

材料费参数指完成钻井工程中某一分项工程量所必须消耗的单位材料费。主要材料由材料消耗参数乘以相关价格确定单位材料费,如油料费、水费等;对于消耗品种多、价值较低、在工程造价中所占比重不大的一般材料消耗,直接以费用形式或者按费用比例确定,如钻进工程中的其他材料费。

（4）其他直接费参数。

其他直接费参数指完成钻井工程中某一分项工程量所必须直接消耗的但不能归入上述三种费用参数的相关费用,如钻进工程中的通讯费、日常运输费等。

（5）企业管理费参数。

企业管理费参数指完成钻井工程中某一分项工程量所要分摊的管理性和辅助性费用,是施工企业管理费,包括项目组（部）、分（子）公司和公司总部三级管理费。

（6）工程风险费参数。

工程风险费参数指完成钻井工程中某一分项工程量所要分摊的工程风险性费用。工程风险性费用指意外情况下发生的自然灾害、井下复杂情况和事故,造成大幅度时间和材料增加而发生的费用。

（7）利润参数。

利润参数指施工企业进行钻井工程施工而应得的行业平均名义利润。

（8）相关价格。

相关价格指钻井工程中某一分项工程施工所必须消耗材料、运输等的相关价格。如油料、套管、水泥、钻头、钻井液、水、电、运输等价格,是编制综合单价及工程预算必需的重要依据。一般可根据上一年的全年平均价格、年底价格或有关协议,确定出各类主要消耗材料的预期价格,作为某个时期内相对固定的参考价格。

1.2.4 税费

1.2.4.1 税费概念

税费指国家和当地政府有关部门制定的税费标准。我国陆上油田一般指应计入钻井工程造价的增值税或营业税、城乡维护建设税和教育费附加。

1.2.4.1.1 增值税

应纳税额 = 销项税额 − 进项税额

销项税额 = 销售额 × 增值税率 = 销售收入（含税销售额）÷（1 + 增值税率）× 增值税率

进项税额 = 外购原材料、燃料及动力费 ÷（1 + 增值税率）× 增值税率目前适用增值税率为17%。

1.2.4.1.2 营业税

应纳税额=营业额×适用税率

目前建筑业适用税率为3%。

1.2.4.1.3 城乡维护建设税

应纳税额=增值税(营业税)应纳税额×适用税率

目前市区适用税率为7%,县城、建制镇适用税率为5%,农村适用税率为1%。

1.2.4.1.4 教育费附加

应纳教育费附加额=增值税(营业税)应纳税额×适用税率

目前国家适用费率3%;有些地区还要征收地方教育费附加,费率1%-2%。

1.2.4.2 折算税率

对于大多数油田钻井工程,建设单位和施工单位属于关联交易方,需要交纳增值税、城乡维护建设税和教育费附加3项税费。由于增值税是个变数,3项税费有所变化,计算钻井工程造价中的税费时,3项税费折算税率一般是0.9%~1.0%。注意:签订合同时,合同额中要考虑17%的增值税;结算开发票时,需要开增值税发票,也要考虑到17%增值税。

对于少数油田钻井工程,需要交纳营业税、城乡维护建设税和教育费附加3项税费。由于营业税及附加等3项税费是价内税,以营业额为计税基数,即招投标时以工程合同额为基数,而计算工程造价时是以工程费为基数,需要进行税费折算,表1-1给出了各种税率和折算税率示例。折算税率计算公式为:

折算税率=营业税率×(1+城乡维护建设税率+教育费附加费率)÷[1-(1+城乡维护建设税率+教育费附加费率)]。

在钻井工程造价中税费计算公式为:税费=工程费×折算税率。

表1-1 钻井工程适用税率和折算税率

行业	纳税人所在地	单位	营业税率	城乡维护建设税率	教育费附加费率	3项税率合计	折算税率
建筑业	市区	%	3.00	7.00	3.00	3.30	3.41
	县城、建制镇	%	3.00	5.00	3.00	3.24	3.35
	农村	%	3.00	1.00	3.00	3.12	3.22
	市区	%	3.00	7.00	4.00	3.33	3.44
	县城、建制镇	%	3.00	5.00	4.00	3.27	3.38
	农村	%	3.00	1.00	4.00	3.15	3.25

2 钻前工程工程量清单计价方法

2.1 钻前工程工程量清单项目及计算规则

钻前工程工程量由井位勘测、道路修建、井场修建、钻前准备和其他作业等5个部分构成。钻前工程工程量清单项目及计算规则如表2-1至表2-5所示。若有钻前工程的子项目未包含在已设立钻前工程项目中,则放在相应的分部分项工程下面,并补充相关内容。

表2-1 井位勘测(编码:110000)

项目编码	项目名称	项目特征	计量单位	工程量计算规则	工程内容
111000	道路勘测	(1)道路长度; (2)勘测方法; (3)勘测要求	次	按勘测次数计算	(1)沿途勘察路况; (2)测量道路长度; (3)编写勘测报告; (4)进井路施工设计
112000	井场勘测	(1)井场面积; (2)勘测方法; (3)勘测要求		按勘测次数计算	(1)勘察井场环境; (2)测量安全距离; (3)井场施工设计
113000	井位测量	(1)测量方法; (2)测量要求		按测量次数计算	(1)现场测量井位; (2)设立井位标志

表2-2 道路修建(编码:120000)

项目编码	项目名称	项目特征	计量单位	工程量计算规则	工程内容
121000	道路建设	(1)地表条件; (2)建设要求	km	按设计新建道路长度计算	(1)挖填土石方; (2)铺垫; (3)碾压; (4)平整; (5)构筑护坡
122000	道路维修	(1)道路条件; (2)维修要求		按设计维修道路长度计算	(1)铺垫; (2)碾压; (3)平整
123000	桥涵修建	(1)桥涵长度; (2)修建要求	座	按设计修建桥涵数量计算	(1)桥涵加固; (2)简易桥涵架设

表2-3 井场修建(编码:130000)

项目编码	项目名称	项目特征	计量单位	工程量计算规则	工程内容
131000	井场平整	(1)地表条件; (2)面积; (3)平整要求	次	按平整次数计算	(1)铺垫; (2)平整; (3)压实; (4)转移余土

项目编码	项目名称	项目特征	计量单位	工程量计算规则	工程内容
132000	池类构筑	(1)类型; (2)构筑要求	组	按设计构筑数量计算	(1)开挖土方; (2)砌筑; (3)防渗
133000	现浇基础构筑	(1)基础类型; (2)构筑要求	组	按设计组数计算	(1)开挖基础坑; (2)浇筑基础; (3)养护基础
134000	生活区平整	(1)地表条件; (2)面积; (3)平整要求	次	按平整次数计算	(1)铺垫; (2)平整; (3)压实; (4)转移余土

表 2 - 4　钻前准备(编码:140000)

项目编码	项目名称	项目特征	计量单位	工程量计算规则	工程内容
141000	钻机搬迁	(1)钻机型号; (2)拆卸安装要求; (3)搬迁方法	次	按搬迁次数计算	(1)钻机拆卸; (2)钻机安装; (3)钻机运输
142000	井场供水				
142100	泵站供水	(1)距水源距离; (2)供水要求	次	按安装次数计算	(1)设立泵站; (2)铺设管线; (3)设置水罐; (4)架设电线; (5)水管线安装; (6)运输
142200	水井供水	(1)水井深度; (2)供水要求	口	按水井口数计算	(1)打水井; (2)设立泵站; (3)铺设管线; (4)设置水罐; (5)架设电线; (6)水管线安装; (7)运输
143000	井场供电	(1)供电方式; (2)配电要求	次	按拆卸安装次数计算	(1)供电线路拆除; (2)电器拆卸; (3)供电线路安装; (4)电器安装
144000	井场供暖	(1)供暖方式; (2)供暖要求	次	按拆卸安装次数计算	(1)供暖线路拆除; (2)供暖线路安装; (3)锅炉安装拆卸

表 2 - 5　其他作业（编码：150000）

项目编码	项目名称	项目特征	计量单位	工程量计算规则	工程内容
151000	井场围堰构筑	(1)地表条件； (2)施工要求	m	按设计长度计算	(1)测量； (2)铺垫； (3)砌筑
152000	隔离带构筑	(1)地表条件； (2)施工要求	m	按设计长度计算	(1)测量； (2)施工
153000	桩基基础构筑	(1)桩截面； (2)桩长度； (3)构筑要求	根	按设计尺寸以根数计算	(1)桩制作； (2)运输； (3)打桩

2.2　钻前工程造价构成及计算方法

钻前工程造价由井位勘测费、道路修建费、井场修建费、钻前准备费、其他作业费和税费6部分构成。钻前工程造价构成内容及计算方法如表2-6所示。钻前工程的分部分项工程造价构成内容及计算方法如表2-7所示。

表 2 - 6　钻前工程造价构成

项目编码	项目名称	计价单位	造价计算方法（数字编码代表对应项目）
100000	钻前工程费	元/口井	110000 + 120000 + 130000 + 140000 + 150000 + 160000
110000	井位勘测费	元/口井	分部分项工程造价110000
120000	道路修建费	元/口井	分部分项工程造价120000
130000	井场修建费	元/口井	分部分项工程造价130000
140000	钻前准备费	元/口井	分部分项工程造价140000
150000	其他作业费	元/口井	分部分项工程造价150000
160000	税费	元/口井	(110000 + 120000 + 130000 + 140000 + 150000)×折算税率

表 2 - 7　分部分项工程造价构成

项目编码	项目名称	计价单位	造价计算方法（数字编码代表对应项目）
110000	井位勘测	元/口井	111000 + 112000 + 113000
111000	道路勘测	元/口井	∑综合单价(元/次)×勘测次数(次)
112000	井场勘测	元/口井	
113000	井位测量	元/口井	∑综合单价(元/次)×测量次数(次)
120000	道路修建	元/口井	121000 + 122000 + 123000
121000	道路建设	元/口井	∑综合单价(元/km)×建设长度(km)
122000	道路维修	元/口井	∑综合单价(元/km)×维修长度(km)
123000	桥涵修建	元/口井	∑综合单价(元/座)×修建数量(座)

项目编码	项目名称	计价单位	造价计算方法(数字编码代表对应项目)
130000	井场修建	元/口井	131000 + 132000 + 133000 + 134000
131000	井场平整	元/口井	∑综合单价(元/次)×平整次数(次)
132000	池类构筑	元/口井	∑综合单价(元/组)×构筑数量(组)
133000	现浇基础构筑	元/口井	∑综合单价(元/组)×构筑数量(组)
134000	生活区平整	元/口井	∑综合单价(元/次)×平整次数(次)
140000	钻前准备	元/口井	141000 + 142000 + 143000 + 144000
141000	钻机搬迁	元/口井	∑综合单价(元/次)×搬迁次数(次)
142000	井场供水	元/口井	142100 + 142200
142100	泵站供水	元/口井	∑综合单价(元/次)×安装次数(次)
142200	水井供水	元/口井	∑综合单价(元/口)×水井数量(口)
143000	井场供电	元/口井	∑综合单价(元/次)×设备拆安次数(次)
144000	井场供暖	元/口井	∑综合单价(元/次)×设备拆安次数(次)
150000	其他作业	元/口井	151000 + 152000 + 153000
151000	井场围堰构筑	元/口井	∑综合单价(元/m)×构筑长度(m)
152000	隔离带构筑	元/口井	
153000	桩基基础构筑	元/口井	∑综合单价(元/根)×构筑数量(根)

2.3 钻前工程工程量清单编制方法

编制钻前工程工程量清单时,按钻前工程工程量项目和计算规则要求,以分部分项工程为基础编制工程量清单。若认为现有工程量清单有必要细分,还可以进一步细化。如池类构筑还可以细分为沉沙池构筑、废液池构筑、放喷池构筑、垃圾坑构筑、圆井(方井)构筑,参见表2-8;钻机搬迁还可以细分为钻井设备搬迁、野营房搬迁、活动基础搬迁等,参见表2-9。若有特殊钻前工程项目,未包含在已设立钻前工程项目,则放在项目编码150000其他作业下面,按同样规则确定。

表2-8 井场修建(编码:130000)

项目编码	项目名称	项目特征	计量单位	工程量计算规则	工程内容
132000	池类构筑				
132100	沉沙池构筑	(1)体积; (2)类型; (3)构筑要求	个	按设计构筑数量计算	(1)开挖土方; (2)砌筑; (3)防渗
132200	废液池构筑				
132300	放喷池构筑				
132400	垃圾坑构筑				
132500	圆井(方井)构筑				

表2-9 钻前准备(编码:140000)

项目编码	项目名称	项目特征	计量单位	工程量计算规则	工程内容
141000	钻机搬迁				
141100	钻井设备搬迁	(1)钻机型号; (2)搬迁方法; (3)搬迁距离	次	按搬迁次数计算	(1)拆卸; (2)安装; (3)运输
141200	野营房搬迁	(1)规格; (2)数量;			
141300	活动基础搬迁	(3)搬迁方法; (4)搬迁距离			

2.3.1 井位勘测

2.3.1.1 道路勘测

道路勘测是对搬迁钻井设备等所经道路和拟修建道路进行实地调查了解,为顺利安全搬迁所做的准备工作。道路勘测的主要内容是施工单位有关人员勘察沿途的道路路况、隧道、工业和民用建筑以及桥梁和涵洞的承载能力,掌握沿途横跨道路的通讯线、电力线、高架管线及其他障碍物的情况,估算道路里程,估计土石方、桥梁、涵洞等工程数量,估计修路长度及越岭线的高差等,并编写调查报告,据此确定施工方案。

根据钻井地质设计中地理简况提供条件,确定道路勘测起始点和终点、道路长度。若有勘测方法和勘测要求,需要明确提出。1条道路一般按勘测1次计算。

2.3.1.2 井场勘测

井场勘测是实地勘查测量钻井施工井场,进行井场设计,编写井场勘测报告。

根据钻井地质设计中地理简况提供条件和钻井工程设计中钻机选型,确定井场面积,若有勘测方法和勘测要求,需要明确提出。1个井场一般按勘测1次计算。

2.3.1.3 井位测量

井位测量是按钻井地质设计要求,结合地形、水文、地质及施工条件,采用全站仪或卫星定位仪测量确定井口位置。

根据钻井地质设计中井位坐标等有关要求,明确测量方法(全站仪或卫星定位仪),提出测量次数。一般1口井的井位测量分为2次,即井位初测和设备就位后的井位复测。《石油天然气井位测量规范》(SY/T 5518—2000)规定:在井位测量中,初测误差要求开发井小于10m、评价井小于30m、预探井小于50m,复测误差要求开发井和评价井小于3m、预探井小于5m。

2.3.2 道路修建

2.3.2.1 道路建设

道路建设主要内容是建设新的简易进井场道路或达到四级公路标准的进井场道路。

根据钻井地质设计中地理简况提供条件,必要时需要进行现场踏勘,说明地表条件和建设要求,确定道路建设起始点和终点、道路长度。

2.3.2.2 道路维修

道路维修主要内容是对进井场道路进行维护和修整。

根据钻井地质设计中地理简况提供条件,必要时需要进行现场踏勘,说明维修要求,确定道路维修起始点和终点、道路长度。

2.3.2.3 桥涵修建

桥涵修建通常是在通往井场的道路中,原有桥涵承载能力不够,在上部铺钢板或钻杆(套管)排;或在没有桥梁处的河沟上架设简易桥。桥涵载荷以通过40t平板挂车计算。

根据钻井地质设计中地理简况提供条件,必要时需要进行现场踏勘,说明桥涵修建要求,每一处桥涵修建按1座计算。

2.3.3 井场修建

2.3.3.1 井场平整

井场平整主要是铺垫和平整井场,清理转移余土。

根据钻井地质设计中地理简况提供条件和钻井工程设计中钻机选型,参考相关技术标准或定额,分别确定井场面积。通常情况下,1口井井场平整按1次计算,1个钻井平台上有多口井时,井场平整按1次计算。

2.3.3.2 池类构筑

池类构筑主要是构筑沉沙池、废液池、放喷池、垃圾坑、圆井(方井)等,不同地区、不同钻机、不同井别会有差异。

根据钻井地质设计中地理简况提供条件、钻井工程设计中钻机选型和井身结构,参考相关技术标准或定额,提出构筑要求。通常情况下,1口井按1组计算,包括构筑沉沙池1个、废液池1~2个、放喷池1~2个、垃圾坑2个(井场和生活区各1个)、圆井(方井)1个。

2.3.3.3 现浇基础构筑

现浇基础又名固定基础或死基础,是现场浇筑的一次性使用的基础,有混凝土浇筑基础、填石灌浆基础二种。填石灌浆基础在现场施工中被普遍采用。其方法是在挖好的基础坑内按技术要求码放块石,然后用混凝土浇灌并抹光找平,按规定时间养护后即可使用,多用于钻机(井架)基础、设备(机泵房、净化装置)基础。

根据钻井地质设计中地理简况提供条件和钻井工程设计中钻机选型,参考相关技术标准或定额,确定需要构筑现浇基础。通常情况下,1口井现浇基础构筑按1组计算,包括钻机基础和设备基础;1个钻井平台上有多口井时,可能有多组钻机基础构筑和1组设备基础构筑,此时钻机基础构筑按多组计算,设备基础构筑按1组计算。

2.3.3.4 生活区平整

生活区平整主要是铺垫和平整生活区,清理转移余土。

根据钻井地质设计中地理简况提供条件和钻井工程设计中钻机选型,参考相关技术标准或定额,确定生活区面积。通常1口井生活区平整按1次计算,1个钻井平台上有多口井时,生活区平整仍按1次计算。

2.3.4 钻前准备

2.3.4.1 钻机搬迁

钻机搬迁包括钻井设备拆卸、运输、安装3个环节。钻井设备包括井架、钻台设备及辅助设备、动力系统、循环系统、钻井液净化系统、井控系统、野营房、活动基础、机泵房(防砂棚)、顶部驱动装置等设备。

钻机拆卸和安装的施工工艺过程往往相反。井架分为塔形井架和自升式井架两种。塔形井架安装有 3 种方法:自下而上的安装法,自上而下凯森堡安装法,地面整体组装提升法,现大部分都采用自下而上的旋转扒杆安装法。自升式井架安装主要内容有摆放和固定底座、摆放和连接井架、装天车、摆放游车、穿钢丝绳、起井架等。

钻机运输包括钻井设备的装配车、绑车、运输、卸车等。井架除了正常运输搬迁外,还可以采用整体运移方法,主要有以下三种:履带(或轮胎)式托架运移法、滑轮运移法、直拖运移法。

在部分油田成批钻井时,有时钻井井位距离较近,钻井队生活用房往往不同钻机一起搬迁,钻井设备搬迁几次后,生活用房才搬迁 1 次。

根据钻井工程设计中钻机选型,明确钻机搬迁方法。通常 1 口井钻机搬迁按 1 次计算。

2.3.4.2 井场供水

井场供水是为钻井提供生产和生活用水的临时性配套工程。井场供水分为罐车运水、泵站供水和水井供水三种形式。罐车运水主要在钻进工程中实施,不在此项范围。

2.3.4.2.1 泵站供水

泵站供水常用井场外自然河流、湖泊或水井等水源,主要工程内容是设立水泵站、铺设管线、设置储水罐、架设电线、安装水管线、安装专用水罐等。

根据钻井工程设计中井区自然状况、井身结构和健康、安全与环境管理要求,确定用水量,明确井场距水源距离。通常 1 口井泵站安装按 1 次计算。

2.3.4.2.2 水井供水

水井供水主要是在井场内或井场附近打 1 口水井,主要工程内容是打水井 1 口、设置临时泵站、配 2 台水泵、连接和安装井场和生活区水管线、安装专用水罐等。

根据钻井工程设计中井区自然状况、井身结构和健康、安全与环境管理要求,确定用水量,明确水井深度。通常 1 口油气井或 1 组油气井按打 1 口水井计算。

2.3.4.3 井场供电

井场供电是为钻井提供生产和生活用电的临时性配套工程。井场供电分为自发电供电和外接电供电两种形式。

自发电供电一般需要配备 2 台以上发电机。自发电供电工程主要内容是施工场地内外电器、供电线路拆除和安装。

外接电供电指从地方电力系统的枢纽变电所或输电线路外接线路,经变压后输送至钻井施工工地。主要工程内容是施工场地外供电线路、设施修建安装,以及配电设施、变电设施、供电路线安装、拆除等。外接电供电井场内供电内容同自发电供电,只是增加 1 台变压器、电源至变压器的高压电线和电杆、变压器至井场电缆等。

根据钻井工程设计中钻机选型和油田电网情况,结合相关设备配套标准,明确发电方式和配电要求。通常 1 口井井场供电按 1 次计算。

2.3.4.4 井场供暖

井场供暖是为冬季钻井提供生产和生活供暖的配套工程,主要工程内容是供暖锅炉、管汇的拆除和安装。主要供暖保温区有井口、钻台、钻井液净化系统、机房、泵房、供水系统、井场值班房、生活区等。供暖方式有锅炉蒸汽供暖、燃油热风供暖、电热器供暖三种。

根据钻井工程设计中钻机选型和拟开工时间,明确供暖方式。通常 1 口井井场供暖按 1 次计算。

2.3.5 其他作业

2.3.5.1 井场围堰构筑

井场围堰构筑指在大风雪地区、滩涂附近的井场周围筑围堰,避免风吹的积雪、河水或海水进入井场。构筑围堰一般就地取材或从周边地区取材,在井场使用面积外围,砌筑梯形截面的低矮围堰,仅留两个出入口,紧急情况时全封闭。一般围堰延长米为 500 ~ 600m,总土方量 2200 ~ 3000m³。

根据钻井工程设计中井区自然状况、钻机选型,确定地表条件和井场周长,进而确定围堰长度,若对围堰高度、宽度、材料等有施工要求,明确提出。

2.3.5.2 隔离带构筑

隔离带构筑指在草原、林区、苇田等易引起火灾地区和大风雪地区修建隔离带,避免草原、林区、苇田的火源进入井场或风吹的积雪进入井场。通常情况下,在井场使用面积外围,利用推土机等施工机械,推成一个宽 8 ~ 20m 不含任何杂草的光秃地带,施工延长米为 500 ~ 750m。

根据钻井工程设计中井区自然状况、钻机选型,确定地表条件和井场周长,进而确定隔离带长度,若对隔离带宽度等有施工要求,明确提出。

2.3.5.3 桩基基础构筑

当井场地基处在淤泥或软质土层较厚时,常采用桩基基础来满足钻机设备基础的承载能力。其作用是将钻机载荷通过桩传给埋藏较深的坚硬土层,或通过桩周围的摩擦力传给基础。前者称为端承桩,后者称为摩擦桩。

根据钻井地质设计中地理简况提供条件和钻前工程施工方案,以及钻井工程设计中钻机选型,参考相关技术标准或定额,确定需要构筑的桩基基础。桩基基础构筑按设计要求以根数计算。

2.4 钻前工程综合单价编制方法

钻前工程涉及内容复杂,其综合单价需要根据具体情况进行编制和确定,总体上可以分为三种方法。一是直接套用或参考使用企业定额;二是直接套用或参考相关行业或地区定额;三是自行编制综合单价,这里举例说明道路修建和井场修建综合单价编制方法。

2.4.1 直接套用或参考使用企业定额

每个油田和钻探企业通常都有一套企业定额,编制综合单价时可直接套用或参考使用。这里选取部分企业定额示例,如表 2-10 至表 2-14 所示。

表 2-10 井位踏勘费

序 号	项 目	单位	100km 以内	100 ~ 200km	200 ~ 300km	300km 以上
1	井位勘定及踏勘	元	2450	3700	5550	9250

表 2-11 井场测量费

序 号	项 目	单 位	金 额
1	井场测量	元/口井	2000

表 2-12 道路测量费

序 号	项 目	单 位	金 额
1	道路测量	元/km	2400

表 2-13 井位测量（按井别计价）

序 号	油 田	项 目	单 位	探 井	开发井
1	A 油田	井位测量	元/井次	20000	20000
2	B 油田	井位测量	元/口井	2845	2845
3	C 油田	井位测量	元/井次	1859	1859
4	D 油田	井位测量	元/井次	4057	3046
5	E 油田	井位测量	元/井次	4100	2935

表 2-14 井位测量（按设备类型计价）

序 号	油 田	项 目	单 位	全站仪	卫星定位仪
1	X 油田	井位测量	元/井次	3618	5397
2	Y 油田	井位测量	元/井次	1218	1218

直接套用或参考使用企业定额需要注意以下三个方面的问题。

（1）注意综合单价包含费用内容是否完全。

综合单价是完成一个规定计量单位的分部分项工程量清单项目所需的人工费、设备费、材料费、其他直接费、企业管理费、工程风险费、利润的总和，而企业定额往往是直接费性质的费用，常常不包括企业管理费、工程风险费、利润等内容。

（2）注意企业定额是否与工程量清单项目相对应。

如表 2-13 中 B 油田井位测量，企业定额是按口井计价的，而工程量清单项目是按次计价的，并且通常一口井需要测量两次井位，若直接套用 B 油田企业定额，就会产生偏差。

（3）注意企业定额的适用范围。

目前大部分企业定额是根据所在油田的工况条件编制的，有时工程量清单所对应的项目是其他油田的，相应的人工、材料价格以及消耗可能有所不同，需要进行相应调整。

2.4.2 直接套用或参考使用相关行业或地区定额

在山区钻井或部分探井钻前工程中，要实施进井场道路、井位、线路、水源的勘定和测量、工程地质勘察和设计等工作，此部分工程可分别套用相关行业或地区定额和计价标准。勘察部分可参照国家工程水文地质勘察收费标准；测量部分可参照国家测绘局颁发的设计收费标准；工程设计部分可参照国家建设部颁发的工程设计收费标准。

2.4.3 道路修建综合单价编制方法

以平原地形地貌为例，说明一套新建 1km 简易道路的综合单价编制方法。

2.4.3.1 基础参数

2.4.3.1.1 新建简易道路参数

新建简易道路参数(表2-15)根据相关道路建设规定和标准、道路勘测报告确定。

表2-15 新建简易道路参数

项　目			地形地貌
			平　原
序　号	名　称	单　位	数　量
1	道路长度	m	1000.00
2	路基宽度	m	6.00
3	路面宽度	m	4.00
4	路面铺垫厚度	m	0.80

注:未考虑错车道。

2.4.3.1.2 车辆平均行驶速度

车辆平均行驶速度(表2-16)根据企业相关管理规定和定额确定。

表2-16 车辆平均行驶速度

项　目			地形地貌
			平　原
序　号	名　称	单　位	数　量
1	平均行驶速度	km/h	30.00

2.4.3.1.3 平均运输距离

平均运输距离(表2-17)根据道路勘测报告确定。

表2-17 平均运输距离

序　号	起　点	终　点	单　位	数　量
1	基地	进井场道路	km/趟	30.00
2	进井场道路	碎石拉运处	km/趟	15.00

2.4.3.1.4 平均运输单趟工作时间

平均运输单趟工作时间(表2-18)根据道路勘测报告测算确定。

表2-18 平均运输单趟工作时间

序　号	名　称	单　位	数　量
	合计	台时	3.00
1	进井场道路至碎石拉运处往返	台时	1.00
2	装车时间	台时	1.00
3	卸车时间	台时	1.00

2.4.3.2 消耗参数

2.4.3.2.1 路基施工

工程内容:钉桩,放线,场地清理,填土,压实。路基施工消耗参数(表2-19)根据相关管理规定、基础参数测算确定。

表2-19 路基施工消耗参数　　　　　　　计量单位:km

项　目				地形地貌
				平　原
序　号	名　　称	规格型号	单　位	数　量
1	人工		工日	6.00
2	设备			
2.1	推土机	T-170	台时	96.00
2.2	平板拖车	30t	台时	16.00
2.3	油罐车	8t	台时	8.00
2.4	值班车		台时	24.00

2.4.3.2.2 路面施工

工程内容:拉运碎石3360m³,铺垫碎石,压实。路面施工消耗参数(表2-20)根据相关管理规定测算确定。

表2-20 路面施工消耗参数　　　　　　　计量单位:km

项　目				地形地貌
				平　原
序　号	名　　称	规格型号	单　位	数　量
1	人工		工日	16.00
2	设备			
2.1	推土机	T-170	台时	128.00
2.2	平板拖车	25t	台时	16.00
2.3	油罐车	8t	台时	32.00
2.4	值班车		台时	64.00
2.5	挖掘机		台时	48.00
2.6	卡车	25t	台时	1008.00
3	材料			
3.1	碎石		m³	3360.00

2.4.3.3 费用参数

2.4.3.3.1 人工费参数

人工费参数(表2-21)根据企业定额和市场价格确定。

表2-21 人工费参数　　　　　　　　　　计量单位:工日

序　号	名　　称	单　位	金　额
1	人工费	元	43.35

2.4.3.3.2　其他直接费参数

其他直接费参数(表2-22)包括手用工具、临时用料、劳保用品等费用,根据企业财务数据和经验数据确定。

表2-22　其他直接费参数

序　号	名　　称	单　位	费　率
1	其他直接费	%	5.00

注:以人工费、设备费、材料费为基数。

2.4.3.3.3　企业管理费参数

企业管理费参数(表2-23)根据企业财务数据、地区定额和行业定额确定。

表2-23　企业管理费参数

序　号	名　　称	单　位	费　率
1	企业管理费	%	4.50

注:以直接费为基数。

2.4.3.3.4　工程风险费参数

工程风险费参数(表2-24)根据企业财务数据和经验数据确定。

表2-24　工程风险费参数

序　号	名　　称	单　位	费　率
1	工程风险费	%	3.00

注:以直接费为基数。

2.4.3.3.5　利润参数

利润参数(表2-25)根据企业财务数据、地区定额和行业定额确定。

表2-25　利润参数

序　号	名　　称	单　位	费　率
1	利润	%	7.00

注:以直接费和间接费为基数。

2.4.3.3.6　相关价格

设备价格和材料价格(表2-26和表2-27)根据企业有关规定和市场价格确定。

表2-26　设备价格　　　　　　　　　　　　　　计量单位:台时

序　号	名　称	规格型号	单　位	金　额
1	推土机	T-170	元	107.14
2	平板拖车	25t	元	140.79
3	油罐车	8t	元	61.25
4	值班车		元	35.00
5	挖掘机		元	184.56
6	卡车	25t	元	132.13

表 2 - 27　材料价格　　　　　　　　　　　　　　　　　　　　　计量单位:m³

序　号	名　　称	规格型号	单　位	金　额
1	碎石		元	40.00

2.4.3.4　综合单价

分项工程综合单价计算方法如下:

综合单价 = 直接费 + 间接费 + 利润

　　直接费 = 人工费 + 设备费 + 材料费 + 其他直接费

　　　　人工费 = 人工价格(元/工日)×人工消耗(工日)

　　　　设备费 = 设备价格(元/台时)×设备消耗(台时)

　　　　材料费 = 材料价格(元/m³)×材料消耗(m³)

　　　　其他直接费 = (人工费 + 设备费 + 材料费)×费率(%)

　　间接费 = 企业管理费 + 工程风险费

　　　　企业管理费 = 直接费×费率(%)

　　　　工程风险费 = 直接费×费率(%)

　　利润 = (直接费 + 间接费)×费率(%)

2.4.3.4.1　路基施工综合单价

工程内容:钉桩,放线,场地清理,填土,压实。路基施工综合单价参见表 2 - 28。

表 2 - 28　路基施工综合单价　　　　　　　　　　　　　　　　计量单位:km

项　　目			地形地貌	
			平　原	
序　号	名　　称	单　位	金　额	
	综合单价	元	17063.49	
1	直接费	元	14834.59	
1.1	人工费	元	260.10	
1.2	设备费	元	13868.08	
1.2.1	推土机	元	10285.44	
1.2.2	平板拖车	元	2252.64	
1.2.3	油罐车	元	490.00	
1.2.4	值班车	元	840.00	
1.3	其他直接费	元	706.41	
2	间接费	元	1112.59	
2.1	企业管理费	元	667.56	
2.2	工程风险费	元	445.03	
3	利润	元	1116.30	

2.4.3.4.2　路面施工综合单价

工程内容:拉运碎石 3360m³,铺垫碎石,压实。路面施工综合单价参见表 2 - 29。

表 2 – 29　路面施工综合单价　　　　　　　　　　　　　计量单位:km

项　目			地形地貌
			平　原
序　号	名　称	单　位	金　额
	综合单价	元	359075.13
1	直接费	元	312171.38
1.1	人工费	元	693.60
1.2	设备费	元	162212.48
1.2.1	推土机	元	13713.92
1.2.2	平板拖车	元	2252.64
1.2.3	油罐车	元	1960.00
1.2.4	值班车	元	2240.00
1.2.5	挖掘机	元	8858.88
1.2.6	卡车	元	133187.04
1.3	材料费	元	134400.00
1.3.1	碎石	元	134400.00
1.4	其他直接费	元	14865.30
2	间接费	元	23412.85
2.1	企业管理费	元	14047.71
2.2	工程风险费	元	9365.14
3	利润	元	23490.90

2.4.3.4.3　新建道路综合单价

将路基施工综合单价和路面施工综合单价汇总,形成新建道路综合单价(表 2 – 30)。

表 2 – 30　新建道路综合单价　　　　　　　　　　　　　计量单位:km

项　目			地形地貌
			平　原
序　号	名　称	单　位	金　额
	综合单价	元	376138.62
1	路基施工	元	17063.49
2	路面施工	元	359075.13

2.4.4　井场修建综合单价编制方法

以某油田 ZJ70D、ZJ – 70L 钻机为例,说明一套井场修建综合单价编制方法。

2.4.4.1　基础参数

基础参数根据相关技术标准确定。

(1)井场及生活区面积参数参见表 2 – 31。

表2-31 井场及生活区面积参数

项 目	钻机类型		
	ZJ-70D、ZJ-70L		
	长(m)	宽(m)	面积(m²)
序 号　名 称	数 量		
1　井场	120.00	100.00	12000.00
2　生活区	60.00	40.00	2400.00

（2）井场构筑物参数参见表2-32。

表2-32 井场构筑物参数

项 目	钻机类型			
	ZJ-70D、ZJ-70L			
	长(m)	宽(m)	深度(m)	体积(m²)
序 号　名 称	数 量			
合计				9296.50
1　井场地表土	120.00	100.00	0.30	3600.00
2　沉沙池	75.00	15.00	4.00	4500.00
3　废液池	10.00	2.00	2.00	40.00
4　放喷池	10.00	5.00	4.00	400.00
5　垃圾坑	3.00	2.00	2.00	24.00
6　方井	2.50	2.50	2.00	12.50
7　生活区地表土	60.00	40.00	0.30	720.00

注:放喷池和垃圾坑各2个。

2.4.4.2 消耗参数

消耗参数根据油田生产组织方式、相关管理规定、技术标准和基础参数测算确定。

2.4.4.2.1 井场平整参数

工程内容:推井场地表土,土方量3600m³,平整井场。井场平整参数参见表2-33。

表2-33 井场平整参数　　　　　　　　　　　　计量单位:口井

项 目				钻机类型
				ZJ-70D、ZJ-70L
序 号	名 称	规格型号	单 位	数 量
1	人工		工日	8.00
2	设备			
2.1	推土机	T-170	台时	340.00
2.2	推土机	b-170MI	台时	340.00
2.3	平板拖车	30t	台时	32.00
2.4	铲车		台时	12.00
2.5	油罐车	8t	台时	68.00
2.6	值班车		台时	98.00

2.4.4.2.2　沉沙池构筑参数

工程内容:挖建沉沙池,土方量4500m³,铺塑料布2025m²。沉沙池构筑参数参见表2-34。

表2-34　沉沙池构筑参数　　　　　　　　　　　　计量单位:口井

项　目				钻机类型
				ZJ-70D、ZJ-70L
序　号	名　　称	规格型号	单　位	数　　量
1	人工		工日	18.00
2	设备			
2.1	挖沟机	1.5m³	台时	75.00
2.2	平板拖车	30t	台时	8.00
2.3	自卸车	12t	台时	225.00
2.4	油罐车	8t	台时	32.00
2.5	值班车		台时	64.00
3	材料			
3.1	塑料布		t	5.67

2.4.4.2.3　废液池构筑参数

工程内容:挖建废液池,土方量40m³,铺塑料布92m²。废液池构筑参数参见表2-35。

表2-35　废液池构筑参数　　　　　　　　　　　　计量单位:口井

项　目				钻机类型
				ZJ-70D、ZJ-70L
序　号	名　　称	规格型号	单　位	数　　量
1	人工		工日	0.50
2	设备			
2.1	挖沟机	1.5m³	台时	1.00
2.2	自卸车	12t	台时	2.00
3	材料			
3.1	塑料布		t	0.26

2.4.4.2.4　放喷池构筑参数

工程内容:挖建放喷池,土方量400m³,铺塑料布400m²。放喷池构筑参数参见表2-36。

表2-36　放喷池构筑参数　　　　　　　　　　　　计量单位:口井

项　目				钻机类型
				ZJ-70D、ZJ-70L
序　号	名　　称	规格型号	单　位	数　　量
1	人工		工日	1.00
2	设备			
2.1	挖沟机	1.5m³	台时	8.00
2.2	自卸车	12t	台时	20.00

项目				钻机类型
				ZJ-70D、ZJ-70L
序 号	名 称	规格型号	单 位	数 量
2.3	油罐车	8t	台时	4.00
2.4	值班车		台时	8.00
3	材料			
3.1	塑料布		t	1.12

2.4.4.2.5 垃圾坑构筑参数

工程内容:挖建垃圾坑,土方量24m³,铺塑料布72m²。垃圾坑构筑参数参见表2-37。

表2-37 垃圾坑构筑参数   计量单位:口井

项目				钻机类型
				ZJ-70D、ZJ-70L
序 号	名 称	规格型号	单 位	数 量
1	人工		工日	0.50
2	设备			
2.1	挖沟机	1.5m³	台时	1.00
2.2	自卸车	12t	台时	2.00
3	材料			
3.1	塑料布		t	0.20

2.4.4.2.6 方井构筑参数

工程内容:挖方井,土方量12.5m³;吊水泥板4块,焊水泥板4块;铺塑料布36m²。方井构筑参数参见表2-38。

表2-38 方井构筑参数   计量单位:口井

项目				钻机类型
				ZJ-70D、ZJ-70L
序 号	名 称	规格型号	单 位	数 量
1	人工		工日	5.00
2	设备			
2.1	挖沟机	1.5m³	台时	1.00
2.2	自卸车	12t	台时	1.00
2.3	卡车	10t	台时	8.00
2.4	电焊车		台时	8.00
2.5	吊车	25t	台时	8.00
2.6	值班车		台时	8.00
3	材料			
3.1	水泥板	2.2m×2.2m×0.2m	块	4.00
3.2	塑料布		t	0.10

2.4.4.2.7 生活区平整参数

工程内容:推生活区地表土,土方量720m³,平整生活区。生活区平整参数参见表2-39。

表2-39 生活区平整参数　　　　　　　　　计量单位:口井

项　　目				钻机类型
				ZJ-70D、ZJ-70L
序　号	名　　称	规格型号	单　位	数　量
1	人工		工日	2.00
2	设备			
2.1	推土机	T-170	台时	36.00
2.2	推土机	b-170MI	台时	36.00
2.3	铲车		台时	4.00
2.4	油罐车	8t	台时	8.00
2.5	值班车		台时	16.00

2.4.4.3 费用参数

2.4.4.3.1 人工费参数

人工费参数(表2-40)根据企业定额和市场价格确定。

表2-40 人工费参数　　　　　　　　　计量单位:工日

序　　号	名　　称	单　位	金　额
1	人工费	元	96.91

2.4.4.3.2 其他直接费参数

其他直接费参数(表2-41)包括手用工具、临时用料、木板、包装材料、劳保用品等费用,根据企业财务数据和经验确定。

表2-41 其他直接费参数

序　　号	名　　称	单　位	费　率
1	其他直接费	%	3.00

注:以人工费、设备费、材料费为基数。

2.4.4.3.3 企业管理费参数

企业管理费参数(表2-42)根据企业财务数据、地区定额和行业定额确定。

表2-42 企业管理费参数

序　　号	名　　称	单　位	费　率
1	企业管理费	%	5.00

注:以直接费为基数。

2.4.4.3.4 工程风险费参数

工程风险费参数(表2-43)根据企业财务数据、地区定额和现场经验确定。

表 2 - 43 工程风险费参数

序　号	名　称	单　位	费　率
1	工程风险费	%	2.00

注:以直接费为基数。

2.4.4.3.5 利润参数

利润参数(表 2 - 44)根据企业财务数据、地区定额和行业定额确定。

表 2 - 44 利润参数

序　号	名　称	单　位	费　率
1	利润	%	10.00

注:以直接费和间接费为基数。

2.4.4.3.6 相关价格

设备价格和材料价格(表 2 - 45 和表 2 - 46)根据企业定额和市场价格确定。

表 2 - 45 设备价格　　　　　计量单位:台时

序　号	名　称	规格型号	单　位	金　额
1	推土机	T - 170	元	75.67
2	推土机	b - 170MI	元	107.52
3	平板拖车	30t	元	156.52
4	铲车		元	51.24
5	油罐车	8t	元	24.50
6	值班车	15 座	元	15.96
7	挖沟机	1.5m³	元	113.61
8	自卸车	12t	元	80.64
9	卡车	10t	元	168.49
10	电焊车		元	42.00
11	吊车	25t	元	81.06

表 2 - 46 材料价格

序　号	名　称	规格型号	单　位	金　额
1	塑料布		元/t	14000.00
2	水泥板	2.2m×2.2m×0.2m	元/块	931.70

2.4.4.4 综合单价

分项工程综合单价计算方法如下:

综合单价 = 直接费 + 间接费 + 利润

　　直接费 = 人工费 + 设备费 + 材料费 + 其他直接费

　　　　人工费 = 人工价格(元/工日)×人工消耗(工日)

　　　　设备费 = 设备价格(元/台时)×设备消耗(台时)

　　　　材料费 = 材料价格(元/t 或块)×材料消耗(t 或块)

其他直接费 =（人工费 + 设备费 + 材料费）× 费率（%）

间接费 = 企业管理费 + 工程风险费

企业管理费 = 直接费 × 费率（%）

工程风险费 = 直接费 × 费率（%）

利润 =（直接费 + 间接费）× 费率（%）

2.4.4.4.1 井场平整综合单价

工程内容：推井场地表土，土方量 $3600m^3$，平整井场。井场平整综合单价参见表 2－47。

表 2－47 井场平整综合单价   计量单位：口井

项　目			钻机类型
			ZJ－70D、ZJ－70L
序　号	名　称	单　位	金　额
	综合单价	元	47915.66
1	直接费	元	40709.99
1.1	人工费	元	969.10
1.2	设备费	元	30555.16
1.2.1	T－170 推土机	元	13620.60
1.2.2	b－170MI 推土机	元	19353.60
1.2.3	30t 平板拖车	元	2504.32
1.2.4	铲车	元	819.84
1.2.5	8t 油罐车	元	980.00
1.2.6	15 座值班车	元	1276.80
1.3	其他直接费	元	1185.73
2	间接费	元	2849.70
2.1	企业管理费	元	2035.50
2.2	工程风险费	元	814.20
3	利润	元	4355.97

2.4.4.4.2 沉沙池构筑综合单价

工程内容：挖建沉沙池，土方量 $4500m^3$，铺塑料布 $2025m^2$。沉沙池构筑综合单价参见表2－48。

表 2－48 沉沙池构筑综合单价   计量单位：口井

项　目			钻机类型
			ZJ－70D、ZJ－70L
序　号	名　称	单　位	金　额
	综合单价	元	134380.60
1	直接费	元	114172.13
1.1	人工费	元	1744.38
1.2	设备费	元	29722.35
1.2.1	挖沟机	元	8520.75

项 目			钻机类型
			ZJ－70D、ZJ－70L
序 号	名 称	单 位	金 额
1.2.2	平板拖车	元	1252.16
1.2.3	自卸车	元	18144.00
1.2.4	油罐车	元	784.00
1.2.5	值班车	元	1021.44
1.3	材料费	元	79380.00
1.3.1	塑料布	元	79380.00
1.4	其他直接费	元	3325.40
2	间接费	元	7992.05
2.1	企业管理费	元	5708.61
2.2	工程风险费	元	2283.44
3	利润	元	12216.42

2.4.4.4.3 废液池构筑综合单价

工程内容:挖建废液池,土方量 40m³,铺塑料布 92m²。废液池构筑综合单价参见表2－49。

表2－49 废液池构筑综合单价 计量单位:口井

项 目			钻机类型
			ZJ－70D、ZJ－70L
序 号	名 称	单 位	金 额
	综合单价	元	4764.07
1	直接费	元	4047.64
1.1	人工费	元	48.46
1.2	设备费	元	274.89
1.2.1	挖沟机	元	113.61
1.2.2	自卸车	元	161.28
1.3	材料费	元	3606.40
1.3.1	塑料布	元	3606.40
1.4	其他直接费	元	117.89
2	间接费	元	283.33
2.1	企业管理费	元	202.38
2.2	工程风险费	元	80.95
3	利润	元	433.10

2.4.4.4.4 放喷池构筑综合单价

工程内容:挖建放喷池,土方量 400m³,铺塑料布 400m²。放喷池构筑综合单价参见表2－50。

表 2 - 50　放喷池构筑综合单价　　　　　　计量单位:口井

项　目			钻机类型
			ZJ - 70D、ZJ - 70L
序　号	名　称	单　位	金　额
	综合单价	元	22457.16
1	直接费	元	19080.00
1.1	人工费	元	96.91
1.2	设备费	元	2747.36
1.2.1	挖沟机	元	908.88
1.2.2	自卸车	元	1612.80
1.2.3	油罐车	元	98.00
1.2.4	值班车	元	127.68
1.3	材料费	元	15680.00
1.3.1	塑料布	元	15680.00
1.4	其他直接费	元	555.73
2	间接费	元	1335.60
2.1	企业管理费	元	954.00
2.2	工程风险费	元	381.60
3	利润	元	2041.56

2.4.4.4.5　垃圾坑构筑综合单价

工程内容:挖建垃圾坑,土方量24m³,铺塑料布72m²。垃圾坑构筑综合单价参见表2-51。

表 2 - 51　垃圾坑构筑综合单价　　　　　　计量单位:口井

项　目			钻机类型
			ZJ - 70D、ZJ - 70L
序　号	名　称	单　位	金　额
	综合单价	元	3813.62
1	直接费	元	3240.12
1.1	人工费	元	48.46
1.2	设备费	元	274.89
1.2.1	挖沟机	元	113.61
1.2.2	自卸车	元	161.28
1.3	材料费	元	2822.40
1.3.1	塑料布	元	2822.40
1.4	其他直接费	元	94.37
2	间接费	元	226.81
2.1	企业管理费	元	162.01
2.2	工程风险费	元	64.80
3	利润	元	346.69

2.4.4.4.6 方井构筑综合单价

工程内容:挖方井,土方量12.5m³;吊水泥板4块,焊水泥板4块;铺塑料布36m²。方井构筑综合单价参见表2-52。

表2-52 方井构筑综合单价 计量单位:口井

			钻机类型
项 目			ZJ-70D、ZJ-70L
序 号	名 称	单 位	金 额
	综合单价	元	10034.14
1	直接费	元	8525.19
1.1	人工费	元	484.55
1.2	设备费	元	2654.33
1.2.1	挖沟机	元	113.61
1.2.2	自卸车	元	80.64
1.2.3	卡车	元	1347.92
1.2.4	电焊车	元	336.00
1.2.5	吊车	元	648.48
1.2.6	值班车	元	127.68
1.3	材料费	元	5138.00
1.3.1	水泥板	元	3726.80
1.3.2	塑料布	元	1411.20
1.4	其他直接费	元	248.31
2	间接费	元	596.76
2.1	企业管理费	元	426.26
2.2	工程风险费	元	170.50
3	利润	元	912.19

2.4.4.4.7 生活区平整综合单价

工程内容:推生活区地表土,土方量720m³,平整生活区。生活区平整综合单价参见表2-53。

表2-53 生活区平整综合单价 计量单位:口井

			钻机类型
项 目			ZJ-70D、ZJ-70L
序 号	名 称	单 位	金 额
	综合单价	元	9025.62
1	直接费	元	7668.33
1.1	人工费	元	193.82
1.2	设备费	元	7251.16
1.2.1	T-170推土机	元	2724.12

项　目			钻机类型
			ZJ－70D、ZJ－70L
序　号	名　称	单　位	金　额
1.2.2	b－170MI 推土机	元	3870.72
1.2.3	铲车	元	204.96
1.2.4	8t 油罐车	元	196.00
1.2.5	15 座值班车	元	255.36
1.3	其他直接费	元	223.35
2	间接费	元	536.78
2.1	企业管理费	元	383.42
2.2	工程风险费	元	153.37
3	利润	元	820.51

2.4.4.4.8　井场修建综合单价

将上述 7 项综合单价分别汇总,可形成工程量清单需要的井场平整综合单价、池类构筑综合单价、生活区平整综合单价。进一步汇总,可形成井场修建综合单价,参见表 2－54。

表 2－54　井场修建综合单价　　　　　　　　　　计量单位:口井

项　目			钻机类型
			ZJ－70D、ZJ－70L
序　号	名　称	单　位	金　额
	综合单价	元	232390.87
1	井场平整	元	47915.66
2	池类构筑	元	175449.59
2.1	沉沙池构筑	元	134380.60
2.2	废液池构筑	元	4764.07
2.3	放喷池构筑	元	22457.16
2.4	垃圾坑构筑	元	3813.62
2.5	方井构筑	元	10034.14
3	生活区平整	元	9025.62

2.5 ．钻前工程造价计算举例

钻前工程造价计算主要分为钻前工程工程量清单编制、分部分项工程量清单计价和钻前工程造价计算三部分。根据钻井工程设计、现场踏勘情况和相关技术标准要求,编制钻前工程工程量清单;依据钻前工程工程量清单和相关综合单价,进行分部分项工程量清单计价;再按单位工程费进行汇总,并计算税费,计算出钻前工程造价。

2.5.1 钻前工程工程量清单编制

编制钻前工程工程量清单时,按钻前工程工程量计算规则要求,以分部分项工程为基础编制工程量清单。表2-55至表2-58给出了井位勘测、道路修建、井场修建、钻前准备的示例。

表2-55 井位勘测

序号	项目编码	项目名称	项目特征	计量单位	工程量	备注
1	111000	道路勘测	道路长度2km,常规勘测	次	1	
2	112000	井场勘测	场地面积12000m² ,常规勘测	次	1	
3	113000	井位测量	全站仪测量	次	2	

表2-56 道路修建

序号	项目编码	项目名称	项目特征	计量单位	工程量	备注
1	121000	道路建设	在基本农田上修建临时性进井场道路,铺碎石	km	0.8	
2	122000	道路维修	加宽加固农田机耕道	km	2.0	

表2-57 井场修建

序号	项目编码	项目名称	项目特征	计量单位	工程量	备注
1	131000	井场平整	在基本农田上平整井场9000m²	次	1	
2	132000	池类构筑	沉沙池、废液池、垃圾坑铺塑料薄膜,放喷池四周加挡板	组	1	
3	134000	生活区平整	在基本农田上平整生活区3000m²	次	1	

表2-58 钻前准备

序号	项目编码	项目名称	项目特征	计量单位	工程量	备注
1	141000	钻机搬迁	ZJ50D钻机,常规运输,搬迁距离3km	次	1	
2	142000	井场供水				
3	142200	水井供水	钻水井220m	口	1	
4	143000	井场供电	自发电供电	次	1	

2.5.2 分部分项工程量清单计价

进行钻前工程分部分项工程量清单计价时,根据工程项目选取相应的综合单价,采用工程量乘以综合单价,得出分部工程或分项工程费用金额,再归类合计,得出单位工程造价,表2-59至表2-62给出了井位勘测、道路修建、井场修建和钻前准备的工程量清单计价示例。

表2-59 井位勘测工程量清单计价

序号	项目编码	项目名称	项目特征	计量单位	工程量	综合单价(元)	金额(元)	备注
	110000	井位勘测					11500.00	
1	111000	道路勘测	道路长度2km,常规勘测	次	1	2500.00	2500.00	
2	112000	井场勘测	场地面积12000m² ,常规勘测	次	1	2000.00	2000.00	
3	113000	井位测量	全站仪测量	次	2	3500.00	7000.00	

表 2-60　道路修建工程量清单计价

序号	项目编码	项目名称	项目特征	计量单位	工程量	综合单价（元）	金额（元）	备注
	120000	道路修建					181309.69	
1	121000	道路建设	在基本农田上修建临时性进井场道路,铺碎石	km	0.8	189137.11	151309.69	
2	122000	道路维修	加宽加固农田机耕道	km	2.0	15000.00	30000.00	

表 2-61　井场修建工程量清单计价

序号	项目编码	项目名称	项目特征	计量单位	工程量	综合单价（元）	金额（元）	备注
	130000	井场修建					89158.50	
1	131000	井场平整	在基本农田上平整井场9000m^2	次	1	20365.00	20365.00	
2	132000	池类构筑	沉沙池、废液池、垃圾坑铺塑料薄膜,放喷池四周加挡板	组	1	65793.50	65793.50	
3	134000	生活区平整	在基本农田上平整生活区3000m^2	次	1	3000.00	3000.00	

表 2-62　钻前准备工程量清单计价

序号	项目编码	项目名称	项目特征	计量单位	工程量	综合单价（元）	金额（元）	备注
	140000	钻前准备					116552.00	
1	141000	钻机搬迁	ZJ50D钻机,常规运输,搬迁距离3km	次	1	88980.00	88980.00	
2	142000	井场供水					16850.00	
3	142200	水井供水	钻水井220m	口	1	16850.00	16850.00	
4	143000	井场供电	自发电供电	次	1	10722.00	10722.00	

2.5.3　钻前工程造价计算

按分部分项工程量清单计价中单位工程费进行汇总,并计算税费,计算出钻前工程造价,参见表2-63。

表 2-63　钻前工程造价计算

项目编码	项目名称	单位	金额	备注（数字编码代表对应项目）
100000	钻前工程费	元	402505.39	110000 + 120000 + 130000 + 140000 + 160000
110000	井位勘测费	元	11500.00	井位勘测工程量清单计价110000
120000	道路修建费	元	181309.69	道路修建工程量清单计价120000
130000	井场修建费	元	89158.50	井场修建工程量清单计价130000
140000	钻前准备费	元	116552.00	钻前准备工程量清单计价140000
160000	税费	元	3985.20	(110000 + 120000 + 130000 + 140000)×折算税率1%

3 钻进工程工程量清单计价方法

3.1 钻进工程工程量清单项目及计算规则

钻进工程工程量由钻进作业、主要材料、大宗材料运输、技术服务和其他作业等 5 个部分构成。钻进工程工程量清单项目及计算规则如表 3 – 1 至表 3 – 5 所示。若有钻进工程的子项目未包含在已设立钻进工程项目中,则放在相应的分部分项工程下面,并补充相关内容。

表 3 – 1 钻进作业(编码:210000)

项目编码	项目名称	项目特征	计量单位	工程量计算规则	工程内容
211000	一开井段				
211100	钻进施工	(1)钻机类型; (2)井眼尺寸; (3)进尺数量	d	按钻井工程设计时间计算	(1)钻进、接单根、划眼、扩眼、起下钻、循环钻井液; (2)处理钻井液、测斜、检查保养设备
211200	完井施工	(1)完钻井深; (2)套管尺寸; (3)套管下深		按钻井工程设计时间计算	(1)配合裸眼测井; (2)下套管; (3)配合固井作业; (4)配合测固井质量; (5)二开钻进准备
212000	二开井段				
212100	钻进施工	(1)钻机类型; (2)井眼尺寸; (3)进尺数量	d	按钻井工程设计时间计算	(1)钻进、接单根、划眼、扩眼、起下钻、循环钻井液; (2)处理钻井液、测斜、检查保养设备
212200	完井施工	(1)完钻井深; (2)套管尺寸; (3)套管下深		按钻井工程设计时间计算	(1)配合裸眼测井; (2)下套管; (3)配合固井作业; (4)配合测固井质量; (5)三开钻进准备
213000	三开井段				
213100	钻进施工	(1)钻机类型; (2)井眼尺寸; (3)进尺数量	d	按钻井工程设计时间计算	(1)钻进、接单根、划眼、扩眼、起下钻、循环钻井液; (2)处理钻井液、测斜、检查保养设备

项目编码	项目名称	项目特征	计量单位	工程量计算规则	工程内容
213200	完井施工	(1)完钻井深; (2)套管尺寸; (3)套管下深	d	按钻井工程设计时间计算	(1)配合裸眼测井; (2)下套管; (3)配合固井作业; (4)配合测固井质量; (5)四开钻进准备
214000	四开井段				
214100	钻进施工	(1)钻机类型; (2)井眼尺寸; (3)进尺数量	d	按钻井工程设计时间计算	(1)钻进、接单根、划眼、扩眼、起下钻、循环钻井液; (2)处理钻井液、测斜、检查保养设备
214200	完井施工	(1)完钻井深; (2)套管尺寸; (3)套管下深		按钻井工程设计时间计算	(1)配合裸眼测井; (2)卜套管; (3)配合固井作业; (4)配合测固井质量; (5)五开钻进准备
215000	五开井段				
215100	钻进施工	(1)钻机类型; (2)井眼尺寸; (3)进尺数量	d	按钻井工程设计时间计算	(1)钻进、接单根、划眼、扩眼、起下钻、循环钻井液; (2)处理钻井液、测斜、检查保养设备
215200	完井施工	(1)完钻井深; (2)套管尺寸; (3)套管下深		按钻井工程设计时间计算	(1)配合裸眼测井; (2)下套管; (3)配合固井作业; (4)配合测固井质量
216000	其他施工				
216100	取心钻进	(1)取心方式; (2)取心进尺	d	按钻井工程设计时间计算	(1)接取心工具; (2)起下钻、钻进; (3)割心、取出岩心; (4)卸取心工具
216200	钻杆测试	(1)测试方法; (2)测试工具	d	按钻井工程设计时间计算	(1)接测试工具; (2)起下钻; (3)配合测试; (4)卸测试工具

表 3-2 主要材料(编码:220000)

项目编码	项目名称	项目特征	计量单位	工程量计算规则	工程内容
221000	钻头				
221100	一开井段				
221200	二开井段				
221300	三开井段	(1)钻头尺寸; (2)钻头类型; (3)钻头要求	m	按设计进尺数量计算	(1)现场检测; (2)现场使用; (3)现场维护
221400	四开井段				
221500	五开井段				
221600	取心钻进				
222000	钻井液材料				
222100	一开井段				
222200	二开井段	(1)钻井液体系; (2)钻井液性能; (3)材料要求	m	按设计进尺数量计算	(1)现场检测; (2)现场使用; (3)现场维护
222300	三开井段				
222400	四开井段				
222500	五开井段				
223000	水	用水要求	m^2	按设计用水量计算	
224000	钻具	钻具要求	m	按设计完井井深计算	

表 3-3 大宗材料运输(编码:230000)

项目编码	项目名称	项目特征	计量单位	工程量计算规则	工程内容
231000	钻头运输	(1)规格、数量; (2)运输要求			
232000	钻井液材料运输		次	按设计次数计算	(1)装车; (2)运输; (3)卸车
233000	水运输	(1)重量或体积; (2)运输要求			
234000	钻具运输				

表 3-4 技术服务(编码:240000)

项目编码	项目名称	项目特征	计量单位	工程量计算规则	工程内容
241000	钻井液服务				
241100	搬迁	(1)搬迁方式; (2)搬迁要求	次	按设计搬迁次数计算	人员和设备搬迁
241200	现场服务	(1)仪器规格; (2)人员数量; (3)服务要求	d	按设计服务时间计算	(1)钻井液设计; (2)钻井液配制; (3)现场施工服务
242000	定向井服务				
242100	搬迁	(1)搬迁方式; (2)搬迁要求	次	按设计搬迁次数计算	人员和设备搬迁
242200	定向施工	(1)仪器型号; (2)工具类型; (3)施工要求	d	按设计服务时间计算	(1)接定向工具; (2)定向施工跟踪; (3)卸定向工具

项目编码	项目名称	项目特征	计量单位	工程量计算规则	工程内容
243000	欠平衡服务				
243100	搬迁	(1)搬迁方式； (2)搬迁要求	次	按设计搬迁次数计算	人员和设备搬迁
243200	欠平衡施工	(1)设备型号； (2)工具类型； (3)施工方式	d	按设计服务时间计算	(1)接欠平衡工具； (2)欠平衡施工跟踪； (3)卸欠平衡工具
244000	钻杆测试服务				
244100	路途行驶	(1)车辆数量； (2)行驶要求	次	按设计行驶次数计算	设备和人员搬迁
244200	测试施工	(1)工具类型； (2)测试方法	层/次	按设计测试层数或次数计算	(1)接测试工具； (2)现场测试； (3)卸测试工具

表 3-5　其他作业(编码:250000)

项目编码	项目名称	项目特征	计量单位	工程量计算规则	工程内容
251000	环保处理	(1)处理方式； (2)处理数量	次	按设计次数计算	(1)污水处理； (2)废液处理； (3)废物处理； (4)废气处理； (5)噪声处理
252000	地貌恢复	(1)场地面积； (2)回填要求； (3)绿化要求			(1)清除垃圾； (2)回填池坑； (3)平整场地； (4)绿化

3.2　钻进工程造价构成及计算方法

钻进工程造价由钻进作业费、主要材料费、大宗材料运输费、技术服务费、其他作业费和税费6部分构成。钻进工程造价构成内容及计算方法如表3-6所示。分部分项工程造价构成内容及计算方法见表3-7。

表 3-6　钻进工程造价构成

项目编码	项目名称	计价单位	造价计算方法(数字编码代表对应项目)
200000	钻进工程费	元/口井	210000 + 220000 + 230000 + 240000 + 250000 + 260000
210000	钻进作业费	元/口井	分部分项工程造价210000
220000	主要材料费	元/口井	分部分项工程造价220000
230000	大宗材料运输费	元/口井	分部分项工程造价230000
240000	技术服务费	元/口井	分部分项工程造价240000
250000	其他作业费	元/口井	分部分项工程造价250000
260000	税费	元/口井	(210000 + 220000 + 230000 + 240000 + 250000)×折算税率

表3-7 分部分项工程造价构成

项目编码	项目名称	计价单位	造价计算方法(数字编码代表对应项目)
210000	钻进作业	元/口井	211000 + 212000 + 213000 + 214000 + 215000 + 216000
211000	一开井段	元/口井	211100 + 211200
211100	钻进施工	元/口井	$\sum$综合单价(元/d)×作业时间(d)
211200	完井施工	元/口井	
212000	二开井段	元/口井	212100 + 212200
212100	钻进施工	元/口井	$\sum$综合单价(元/d)×作业时间(d)
212200	完井施工	元/口井	
213000	三开井段	元/口井	213100 + 213200
213100	钻进施工	元/口井	$\sum$综合单价(元/d)×作业时间(d)
213200	完井施工	元/口井	
214000	四开井段	元/口井	214100 + 214200
214100	钻进施工	元/口井	$\sum$综合单价(元/d)×作业时间(d)
214200	完井施工	元/口井	
215000	五开井段	元/口井	215100 + 215200
215100	钻进施工	元/口井	$\sum$综合单价(元/d)×作业时间(d)
215200	完井施工	元/口井	
216000	其他施工	元/口井	216100 + 216200
216100	取心钻进	元/口井	$\sum$综合单价(元/d)×作业时间(d)
216200	钻杆测试	元/口井	
220000	主要材料	元/口井	221000 + 222000 + 223000 + 224000
221000	钻头	元/口井	221100 + 221200 + 221300 + 221400 + 221500 + 221600
221100	一开井段	元/口井	$\sum$综合单价(元/m)×进尺数量(m)
221200	二开井段	元/口井	
221300	三开井段	元/口井	
221400	四开井段	元/口井	
221500	五开井段	元/口井	
221600	取心钻进	元/口井	
222000	钻井液材料	元/口井	222100 + 222200 + 222300 + 222400 + 222500
222100	一开井段	元/口井	$\sum$综合单价(元/m)×进尺数量(m)
222200	二开井段	元/口井	
222300	三开井段	元/口井	
222400	四开井段	元/口井	
222500	五开井段	元/口井	
223000	水	元/口井	$\sum$综合单价(元/m³)×设计用水量(m³)
224000	钻具	元/口井	$\sum$综合单价(元/m)×设计完井井深(m)
230000	大宗材料运输	元/口井	231000 + 232000 + 233000 + 234000

项目编码	项目名称	计价单位	造价计算方法(数字编码代表对应项目)
231000	钻头运输	元/口井	∑综合单价(元/次)×运输次数(次)
232000	钻井液材料运输	元/口井	
233000	水运输	元/口井	
234000	钻具运输	元/口井	
240000	技术服务	元/口井	241000 + 242000 + 243000 + 244000
241000	钻井液服务	元/口井	241100 + 241200
241100	搬迁	元/口井	∑综合单价(元/次)×搬迁次数(次)
241200	现场服务	元/口井	∑综合单价(元/d)×服务时间(d)
242000	定向井服务	元/口井	242100 + 242200
242100	搬迁	元/口井	∑综合单价(元/次)×搬迁次数(次)
242200	定向施工	元/口井	∑综合单价(元/d)×服务时间(d)
243000	欠平衡服务	元/口井	243100 + 243200
243100	搬迁	元/口井	∑综合单价(元/次)×搬迁次数(次)
243200	欠平衡施工	元/口井	∑综合单价(元/d)×服务时间(d)
244000	钻杆测试服务	元/口井	244100 + 244200
244100	路途行驶	元/口井	∑综合单价(元/次)×路途行驶次数(次)
244200	测试施工	元/口井	∑综合单价(元/层或次)×测试数量(层或次)
250000	其他作业	元/口井	251000 + 252000
251000	环保处理	元/口井	∑综合单价(元/次)×设计次数(次)
252000	地貌恢复	元/口井	

3.3 钻进工程工程量清单编制方法

编制钻进工程工程量清单时,按钻进工程工程量项目和计算规则要求,以分部分项工程为基础编制工程量清单。若认为有钻进工程的子项目未包含在已设立钻进工程项目,则放在相应单位工程或分部工程下面,如取心作业需要单独的取心队施工,则可以放在技术服务的下面,设立245000取心服务。若有特殊钻进工程项目,未包含在已设立钻进工程项目,则放在250000其他作业下面,按同样规则确定。

3.3.1 钻进作业

在钻进工程中,钻进作业由钻井队实施,其内容包括钻进、取心钻进、换钻头、接钻杆单根、划眼、起钻、下钻、循环钻井液等;其次是钻井队与测井队、固井队的配合工作;钻井液、定向井、欠平衡和钻杆测试等技术服务经常在钻进作业过程中实施。

根据井身结构设计情况,钻进作业一般分为一开井段、二开井段、三开井段、四开井段,极少数井可能有五开井段甚至六开井段。每个井段分为钻进施工和完井施工,需要确定钻进时间和完井时间。全部钻进时间和完井时间通常称为钻井周期。在钻井工程设计中均有分段的钻井周期数据,可直接采用。

建议钻进时间采用设计进尺数量(m)乘以消耗参数(h/m)计算,完井时间采用设计完钻井深(m)乘以消耗参数(h/m)计算,取心钻进时间采用设计取心进尺数量(m)乘以消耗参数(h/m)计算,钻杆测试时间采用设计测试层数(层)或次数(次)乘以消耗参数(h/层或次)计算。这样便于钻井周期随进尺和井深变化进行调整,利于结算。

钻井周期编制方法归纳如下。

3.3.1.1　历史水平法

根据往年同类井钻井周期实际资料,统计平均确定钻井周期,这种方法应用比较普遍。

3.3.1.2　典型案例法

根据邻井的实际钻井周期,推算出将要设计井的钻井周期,探井钻井周期设计往往采用这种预测方法。

3.3.1.3　学习曲线法

T. P. Wright 先生于 1936 年提出学习曲线理论,指当一个人重复地从事某一项工作时,由于熟练程度不断提高和通过学习不断增长经验,从而使继续从事该项工作所需的时间,随着重复次数的增加而逐渐减少,在降低到一定水平后才趋于稳定。这种方法也叫经验曲线法,已广泛应用到各个领域。T. P. Wright 先生最初提出的学习曲线方程

$$Y = aX^b$$

式中,Y 为人工小时数量的累计平均值;X 为累计制造的单元数;a 为第一单元的直接人工小时数量;b 为对数坐标纸上描述这种关系的斜率。

Brett 和 Millheim 将学习曲线理论应用于钻井领域,建立了如下学习曲线关系式,即

$$T = C_1 e^{C_2(1-n)} + C_3$$

式中,T 为钻序号为 n 井所需的时间;n 为同一地质条件下所钻井的序号;C_1 为常数,反映钻第一口井时间较最后一口井时间到底多出多少;C_2 为常数,反映钻井公司在一个地区达到最短钻井时间的速度,即学习速度;C_3 为常数,反映在理想情况下一个地区的最短钻井时间。

3.3.1.4　工序工时法

按钻井工程全过程的施工工序确定工时,再累加计算出钻井周期。如从钻机安装开始,按一开井段、二开井段、三开井段中每项施工工序,由工程师给出一个工时,最后累计出全井钻井周期。

3.3.1.5　周期定额法

国内普遍采用钻井周期定额编制方法。各油田周期定额表现形式差别较大,大体分为三大类。第一类是分区块按井深段或井身结构,以"h/m"、"h/10m"或"h/100m"形式表现的钻时定额,如新疆油田;有些油田再附加系数,如西南油气田采用井深、井别、井口出露层位、地层倾角、断层、压力系统、钻井液密度及目标系数等八参数法确定难度系数。第二类是按施工内容和井深,以"h/井次"形式表现的定额,如西南油气田的固井作业时间、中途测试占井口时间和华北油田的尾管作业时间定额。第三类是分区块按井型、井别,以"d/口井"、"台月/口井"形式表现的周期定额,如辽河、华北、大港油田的钻井周期基础定额和胜利油田钻井周期预算定额。

3.3.1.6　钻井周期编制方法

在系统分析已往周期定额编制方法、学习曲线法等多种方法的基础上,按照平均先进性的

原则要求,建立了一种"0.3,0.5,0.2"分段加权钻井周期编制方法。下面以某油田开发井实际钻井周期标准编制为例进行说明。

3.3.1.6.1 确定标准井井身结构标准

某油田实际基本钻井工序是:444.5mm钻头钻进一开井段井深700~1100m,下入339.7mm表层套管固井;然后311.1mm钻头钻进二开井段井深2100~2600m,下入244.5mm技术套管固井;最后215.9mm钻头钻进三开井段至完钻井深3600~4000m,下入168.3mm生产套管固井。经统计分析,确定标准井的井身结构标准如表3-8。

表3-8 某油田开发标准井井身结构标准

序号	钻进井段	钻头规格(mm)	钻深(m)	井段长度(m)	套管规格(mm)	套管下深(m)
1	一开井段	444.5	850	850	339.7	850
2	二开井段	311.1	2450	1600	244.5	2450
3	三开井段	215.9	3850	1400	168.3	3850

3.3.1.6.2 单井平均工时测算

将每一种尺寸井眼或套管的每口井钻井参数进行分类统计,井眼钻进取纯钻进井段长度,完井作业取套管下深或当前井深,同时统计对应的实际作业时间,测算出同一个尺寸条件下每一口井的平均工时,计算公式为

$$T_p = T_i \div H_i$$

式中,T_p为某种井眼尺寸或某种套管尺寸条件下的单井平均工时,h/m;i为某种井眼尺寸或某种套管尺寸条件下的统计井数,$i=1,2,3,\cdots$;T_i为某种井眼尺寸或某种套管尺寸条件下的单井实际作业时间,h;H_i为某种井眼尺寸条件下的单井实际井段长或某种套管尺寸条件下的套管下深或当前井深,m。

3.3.1.6.3 工时标准测算方法

按单井平均工时由小到大,将同一井眼尺寸或同一套管尺寸的所有井的参数进行排序,采用下述方法测算工时标准。

当统计样本数N除以3为整数时,工时标准测算公式为

$$T_d = 0.3 \times \sum_{i=1}^{\frac{1}{3}N} T_i \div \sum_{j=1}^{\frac{1}{3}N} H_j + 0.5 \times \sum_{i=(\frac{1}{3}N+1)}^{\frac{2}{3}N} T_i \div \sum_{j=(\frac{1}{3}N+1)}^{\frac{2}{3}N} H_j + 0.2 \times \sum_{i=(\frac{2}{3}N+1)}^{N} T_i \div \sum_{j=(\frac{2}{3}N+1)}^{N} H_j$$

当统计样本数N除以3余1时,工时标准测算公式为

$$T_d = 0.3 \times \sum_{i=1}^{\frac{1}{3}(N-1)} T_i \div \sum_{j=1}^{\frac{1}{3}(N-1)} H_j + 0.5 \times \sum_{i=[\frac{1}{3}(N-1)+1]}^{\frac{2}{3}(N-1)+1} T_i \div \sum_{j=[\frac{1}{3}(N-1)+1]}^{\frac{2}{3}(N-1)+1} H_j$$

$$+ 0.2 \times \sum_{i=[\frac{2}{3}(N-1)+2]}^{N} T_i \div \sum_{j=[\frac{2}{3}(N-1)+2]}^{N} H_j$$

当统计样本数 N 除以 3 余 2 时,工时标准测算公式为

$$T_d = 0.3 \times \sum_{i=1}^{\frac{1}{3}(N+1)} T_i \div \sum_{j=1}^{\frac{1}{3}(N+1)} H_j + 0.5 \times \sum_{i=\left[\frac{1}{3}(N+1)+1\right]}^{\frac{2}{3}(N+1)-1} T_i \div \sum_{j=\left[\frac{1}{3}(N+1)+1\right]}^{\frac{2}{3}(N+1)-1} H_j$$

$$+ 0.2 \times \sum_{i=\frac{2}{3}(N+1)}^{N} T_i \div \sum_{j=\frac{2}{3}(N+1)}^{N} H_j$$

式中,T_d 为某种井眼尺寸或某种套管尺寸条件下的工时标准,h/m;N 为某种井眼尺寸或某种套管尺寸条件下的统计样本井数,$N=1,2,3,\cdots$;T_i 为某种井眼尺寸或某种套管尺寸条件下的单井实际作业时间,h;H_j 为某种井眼尺寸条件下的单井实际井段长或某种套管尺寸条件下的套管下深或当前井深,m。

表 3-9 给出 311.1mm 钻头二开井段工时标准测算方法实例,66 口井简单平均钻时为 0.458h/m,66 口井加权平均钻时为 0.441h/m,确定工时标准为 0.44h/m。工时标准值比平均钻时 0.458h/m 减小了 0.018h/m,水平提高了 3.9%。

表 3-9 311.1mm 钻头二开井段工时标准测算数据

序号	井号	完钻井深(m)	二开井深(m)	段长(m)	时间(d)	工时(h/m)	权数
1	3462X	3829	2327	1487	12.44	0.201	
2	3477	3770	2335	1485	14.08	0.228	
3	3329	3908	2226	1026	10.33	0.242	
4	3480	3790	2392	1510	19.33	0.307	
5	3409	3880	2450	1438	20.23	0.338	
6	3305	3873	2067	1217	17.33	0.342	
7	2355	3873	2175	1325	19.17	0.347	
8	3451X	3816	2244	1394	20.25	0.349	
9	3461X	3822	2380	1530	22.75	0.357	
10	3460	3784	2195	1345	20.13	0.359	
11	3408	3881	2431	1231	18.54	0.361	
12	4023	3816	2400	1445	21.79	0.362	
13	3017	3832	2442	1587	24.50	0.371	
14	3502X	3840	2406	1545	23.85	0.371	
15	3459	3785	2181	1331	20.66	0.372	
16	3464X	3848	2263	1413	22.00	0.374	
17	3443	3862	2154	1349	21.08	0.375	
18	4024	3865	2386	1516	23.96	0.379	
19	3363	3885	2109	879	14.00	0.382	
20	3360X	3920	2200	930	14.83	0.383	
21	3353	3880	2131	874	13.96	0.383	
22	2461	3785	2396	1632	26.42	0.388	
	平均值			1340.41	19.17	0.343	0.3

序号	井号	完钻井深(m)	二开井深(m)	段长(m)	时间(d)	工时(h/m)	权数
23	3419	3870	2392	1542	25.54	0.398	
24	3362	3876	2106	814	13.54	0.399	
25	3309	3894	2144	894	14.94	0.401	
26	3325	3884	2086	786	13.21	0.403	
27	3322	3887	2180	873	14.73	0.405	
28	3361	3876	2140	860	14.72	0.411	
29	3475	3771	2385	1535	26.31	0.411	
30	3470	3782	2253	1375	24.31	0.424	
31	2340	3880	2379	1529	27.04	0.424	
32	3501	3780	2393	1633	29.13	0.428	
33	3426	3900	2248	1196	21.50	0.431	
34	3301	3877	2000	1150	20.69	0.432	
35	3472	3777	2435	1575	28.38	0.432	
36	3500	3780	2397	1437	27.46	0.459	
37	3479X	3820	2337	1417	27.19	0.460	
38	3026	3798	2354	1504	29.00	0.463	
39	3323	3885	2168	1073	21.38	0.478	
40	3315	3880	2079	479	9.69	0.485	
41	3550	3780	2185	1179	24.54	0.500	
42	3473	3784	2366	1516	31.69	0.502	
43	3358	3882	2034	794	16.88	0.510	
44	3457X	3830	2180	930	20.21	0.522	
	平均值			1185.95	21.91	0.443	0.5
45	3548	3873	2219	1369	29.75	0.522	
46	2431X	3865	2155	1240	27.00	0.523	
47	2412	3845	2514	1764	38.63	0.526	
48	3348	3880	2098	783	17.23	0.528	
49	3324	3885	2125	925	20.43	0.530	
50	3317	3886	2160	888	19.96	0.539	
51	3414	3872	2359	1509	34.71	0.552	
52	2548	3870	2364	1514	34.96	0.554	
53	3425	3875	2346	1475	34.75	0.565	
54	3326	3881	2125	745	17.60	0.567	
55	3307	3885	2186	976	23.23	0.571	
56	3304	3890	2037	646	15.56	0.578	
57	3355	3880	2105	785	19.18	0.586	
58	3429	3871	2246	1396	34.27	0.589	

序号	井号	完钻井深(m)	二开井深(m)	段长(m)	时间(d)	工时(h/m)	权数
59	2800K	3870	2271	1421	34.96	0.590	
60	2459A	3781	2356	906	22.73	0.602	
61	3306	3875	2047	813	23.60	0.697	
62	3504X	3840	2475	1275	37.71	0.710	
63	3333	3890	2247	907	27.50	0.728	
64	3334	3890	2219	1019	33.71	0.794	
65	3310	3870	2078	826	31.17	0.906	
66	3354	3883	2085	758	35.83	1.135	
	平均值			1088.18	27.93	0.616	0.2
	66口井加权平均值(标准值)			1212.74	22.29	0.441	
	66口井简单平均值			1204.85	23.00	0.458	

3.3.1.6.4 编制预算标准

采用"0.3,0.5,0.2"分段加权工时标准编制方法,根据不同井段的样本数量,分别采用工时标准测算公式,编制出某油田工时预算标准,表现形式如表3-10。

表3-10 某油田开发井工时预算标准

序　号	项　目	井　型	规　格	完成深度(m)	工时标准(h/m)
1	一开井段				
1.1	钻进施工	直井	444.5mm 钻头	700 < H ≤ 1100	0.22
1.2	完井施工	直井	339.7mm 套管	700 < H ≤ 1100	0.14
2	二开井段				
2.1	钻进施工	直井	311.1mm 钻头	2100 < H ≤ 2600	0.44
2.2	完井施工	直井	244.5mm 套管	2100 < H ≤ 2600	0.11
3	三开井段				
3.1	钻进施工	直井	215.9mm 钻头	3600 < H ≤ 4000	0.67
3.2	完井施工	直井	168.3mm 套管	3600 < H ≤ 4000	0.07
3.3	钻进施工	定向井	215.9mm 钻头	3600 < H ≤ 4000	0.71
3.4	完井施工	定向井	168.3mm 套管	3600 < H ≤ 4000	0.07

3.3.1.6.5 钻井周期计算方法

采用工时标准预测钻井周期的计算公式为

$$T = \sum_{i=1}^{n} (T_{zi} \times H_{zi} + T_{ti} \times H_{ti}) \div 24 + T_q$$

式中,T 为预测钻井周期,d;n 为设计井井身结构层次数,$n = 1, 2, 3, \cdots$;T_{zi} 为设计井某种尺寸井眼钻进井段工时标准,h/m;H_{zi} 为设计井某种尺寸井眼钻进井段段长,m;T_{ti} 为设计井某种尺寸完进作业工时标准,h/m;H_{zi} 为设计井某种尺寸套管下深或当前井深,m;T_q 为其他特殊作业时间,d。

采用上述预算标准,对应相应工程量,测算出标准井钻井周期,参见表3-11。

表3-11 某油田开发标准井钻井周期

序号	项目	井型	规格	完成深度(m)	长度(m)	周期(d)
	合计					103.63
1	一开井段					12.75
1.1	钻进施工	直井	444.5mm钻头	850	850	7.79
1.2	完井施工	直井	339.7mm套管	850	850	4.96
2	二开井段					40.56
2.1	钻进施工	直井	311.1mm钻头	2450	1600	29.33
2.2	完井施工	直井	244.5mm套管	2450	2450	11.23
3	三开井段					50.31
3.1	钻进施工	直井	215.9mm钻头	3850	1400	39.08
3.2	完井施工	直井	168.3mm套管	3850	3850	11.23

3.3.2 主要材料

3.3.2.1 钻头

考虑到投标时不同的投标者具有不同的钻头设计结果,进而报价会产生差异。因此,钻头的工程量按钻井工程设计中各个井段进尺长度计算,而没有直接采用钻头设计结果。

3.3.2.2 钻井液

考虑到投标时不同的投标者具有不同的钻井液设计结果,进而报价会产生差异。因此,钻井液材料的工程量按钻井工程设计中各个井段进尺长度计算,而没有直接采用钻井液设计结果。

3.3.2.3 水

根据钻井工程设计中设计钻井周期和平均日用水量计算。平均日用水量计算方法如下:

平均日用水量(m^3) = 平均日生产用水量(m^3) + 平均日生活用水量(m^3)

平均日生产用水量(m^3) = $\sum$[不同井段长度(m) × 环容(L/m) × 系数 ÷ 钻井时间(d)]

平均日生活用水量(m^3) = 人均日用水量(m^3) × 总人数(人)

3.3.2.4 钻具

根据钻井工程设计中设计完井井深确定。

3.3.3 大宗材料运输

3.3.3.1 基本情况

3.3.3.1.1 钻头运输

钻头运输指从基地或材料库将钻头运到井场。当钻头用量较少时,往往不单独配车运送。

3.3.3.1.2 钻井液材料运输

钻井液材料运输是大宗材料运输的重要组成部分。1口井钻井液材料往往需要消耗数百吨至数千吨,运输工作量很大。

3.3.3.1.3 水运输

水运输主要是采用水罐车,有时生活水和生产水需要不同的水罐车运输。若是采用泵站供水或水井供水,则不需要运输水。

3.3.3.1.4 钻具运输

钻具运输往往根据实际生产运行情况,分批将钻具运到井场。

3.3.3.2 工程量编制方法

考虑到大宗材料运输往往同施工单位的管理办法、运输距离、车辆型号密切相关,具有不确定性。因此,按次计算工程量,各项材料运输通常 1 口井按 1 次计算。

3.3.4 技术服务

3.3.4.1 钻井液服务

钻井液服务指由单独的服务队伍实施钻井液设计、现场配制钻井液和随钻施工服务的一整套技术服务。钻井液俗称泥浆,因此有时称泥浆服务。发生钻井液服务时,一般钻井队中不再设有钻井液工、钻井液工程师(技师、大班)等相关人员。

搬迁通常 1 口井按 1 次计算,如有特殊要求按要求计算。根据钻井液服务设计时间确定现场服务工程量,有时也可以按设计钻井周期确定现场服务工程量。

3.3.4.2 定向井服务

定向井服务指由单独的服务队伍采用专门的定向造斜工具和测量仪器,在一定的工艺技术措施配合下,沿着工程设计的井眼轨道(井身剖面),钻进到目的层位。

搬迁通常 1 口井按 1 次计算,如有特殊要求按要求计算。根据定向井服务设计时间确定定向施工工程量,有时也可以按设计钻井周期中的定向时间确定定向施工工程量。

3.3.4.3 欠平衡服务

欠平衡服务指由单独的服务队伍采用专门的欠平衡钻井设备和工具,在一定的工艺技术措施配合下,实施欠平衡钻井作业。

搬迁通常 1 口井按 1 次计算,如有特殊要求按要求计算。根据欠平衡服务设计时间确定欠平衡施工工程量,有时也可以按设计钻井周期中的欠平衡作业时间确定施工工程量。

3.3.4.4 钻杆测试服务

钻杆测试服务指由测试队采用专门的测试仪器和工具,在一定的工艺技术措施配合下,实施钻杆测试施工。

路途行驶通常 1 口井按 1 次计算,如有特殊要求按要求计算。根据工程设计中测试的层数或次数确定工程量。

3.3.5 其他作业

3.3.5.1 环保处理

钻井现场施工中环境保护要求是使现场排放的"三废"(有害的气体、液体、固体废弃物)减少到最低限度;对有利用价值的废弃物,集中回收;暂时不能利用的废弃物,按政府法令规定的要求,进行无害化处置。具体内容有防治水污染、防治空气污染、防治噪声污染等,其中需要单独发生费用且额度较大的主要有钻井污水处理、废弃钻井液处理。

考虑到环保处理方式多种多样,不同的施工单位可能有不同的处理方式,因此,按次计算工程量,通常 1 口井按 1 次计算。

3.3.5.2 地貌恢复

清除井场所有废料和垃圾,拆除井场内所有地上和地下的障碍物,回收所有井场散失的活动基础。清理生活区,填埋或焚烧生活垃圾。恢复工区周围自然排水通道。钻井队搬迁后,应立即用推土机或挖掘机回填各种池坑,然后平整场地,逐层压实,条件许可时,可撒上草籽或植物种子进行绿化。

考虑到地貌恢复方式多种多样,不同的施工单位可能有不同的处理方式,因此,按次计算工程量,通常1口井按1次计算。

3.4 钻进工程综合单价编制方法

钻进工程综合单价的确定总体上可以分为两类方法。一是直接套用或参考使用企业定额;二是自行编制综合单价,这里举例说明钻进作业和钻头综合单价编制方法。

3.4.1 直接套用或参考使用企业定额

每个油田和钻探企业通常都有一套企业定额,编制综合单价时可直接套用或参考使用,但需要注意三个方面的问题,详见2.4.1部分内容。例如塔里木钻井日费各类费用所含时效划分为10类、12种结算方法,每一种都有其适用条件和范围,其内容介绍如下。

3.4.1.1 钻进日费

钻井队从开钻到完钻过程中钻进进尺和按设计及监督指令进行地层钻进取心的时间,包括起下钻、接单根、钻进过程中阶段循环钻井液、换钻头(含取心钻头和工具)、钻水泥塞等正常作业的时间,按钻进日费付费。将钻进费率作为1,以下各类不同时效付费系数均与钻进日费比较确定。

3.4.1.2 钻前日费

钻井队提前上井,进行设备安装、质量验收、试车、配钻井液、打鼠洞等其他开钻前准备工作的时间,按钻前日费付费。付费系数为0.50。

3.4.1.3 固井日费

指电测完后电测队交还钻井队井口起,至注完水泥拆完水泥头止的时间为固井时间,按固井日费付费。固井时间包括下套管前划眼、下套管、注水泥前的钻井液循环、装拆水泥头、注水泥等工序时间;探水泥面、尾管回接也属固井时间。付费系数为0.83。

3.4.1.4 测井日费

指按设计钻完预定井深,钻井队将井口交给测井队时起,至电测完将井口交还钻井队止的时间为测井时间,按测井日费付费。垂直地震测井时间也计为测井时间。付费系数为0.75。

3.4.1.5 中测日费

钻井队按设计或监督指令下入封隔器(桥塞),从坐封开始至解封起钻止为中测时间,按中测日费付费。付费系数为0.80。

3.4.1.6 完井日费

钻井队钻完设计井深,完井电测完成后或下尾管注完水泥起,至从井架上甩完最后一根钻杆止为完井时间,按完井日费付费。完井电测或下尾管注完水泥后,进行原钻机试油,即按原钻机试油时间和日费计算。试油完毕后装拆井口、甩钻杆等工作,仍计作完井时间,按完井日费付费。付费系数为0.80。

3.4.1.7 原钻机试油日费

从完井电测后或下尾管注完水泥起至整个试油工作的完成,起出最后一个试油工具装上采油树或封住井口止为原钻机试油时间,按原钻机试油的时效费用标准付费。

3.4.1.8 辅助生产日费

辅助生产时间指钻井时效中各种辅助生产时间,包括每钻机月中设备修理定额时间(累计48h)、固井候凝、拆装防喷器、配制处理钻井液及堵漏等时间,按辅助生产日费付费。付费系数为0.75。

3.4.1.9 停工日费

由于甲方或钻井队责任造成井上停工的时间,如组织停工等材料、等处理事故措施、超过设备修理时间定额以外的修理时间,因设备损坏而更换设备的时间等。甲方责任停工付费系数0.68,乙方责任停工付费系数0.39。

3.4.1.10 事故处理日费

由于甲方或钻井队责任造成井下事故如卡钻、顿钻、井下落物、井斜超过规定等。甲方责任事故处理付费系数0.91,乙方责任事故处理付费系数0.75。

3.4.2 钻进作业综合单价编制方法

以某油田 ZJ70D 钻机为例,说明一套钻进作业日费综合单价编制方法。

3.4.2.1 基础参数

3.4.2.1.1 钻井队定员参数

钻井队定员可参照相关企业标准确定,如中国石油天然气集团公司企业标准 Q/SY 1011—2007《钻井工程劳动定员》(即 Q/CNPC 11—2003)规定了钻井作业、钻井技术服务、钻井液技术服务、钻前工程、管具工程、固井工程、钻井工程管理机关的劳动定员。也可以根据施工单位或施工项目的具体情况确定钻井队人数。

这里根据某油田钻井公司的钻井队实际确定钻井队定员,参见表3-12。

表 3-12 ZJ70D 钻机钻井队定员参数　　　　　　计量单位:队

序　号	岗　位	单　位	数　量
	合计	人	56
1	队长	人	2
2	钻井工程师	人	2
3	机电工程师	人	2
4	钻井液工程师	人	2
5	大班	人	2
6	司钻	人	4
7	副司钻	人	4
8	钻工	人	20
9	柴油机司机	人	4

序号	岗　位	单　位	数　量
10	柴油机司助	人	4
11	电工	人	4
12	钻井液作业工	人	4
13	炊管人员	人	4

3.4.2.1.2　钻井队年人工费参数

人工费包括基本工资、岗位津贴、各种补助、基本奖金、各种税费等与人工相关费用。采用上一年22个钻井队年人工费统计加权平均确定。年人工费参数(表3-13)编制公式为

$$C_{zrb} = \sum_{i=1}^{22} C_{zri} \div 22$$

式中，C_{zrb}为钻井队年人工费参数，元/(人·年)；C_{zri}为第i个钻井队上一年人工费，元；22为22个钻井队。

表3-13　钻井队年人工费参数　　　　　　　　计量单位：人·年

序号	项　目	单　位	金　额
1	人工费	元	55538.84

3.4.2.1.3　钻机配备参数

统计分析全部在用钻机型号和实际配备情况，选择出主力机型和设备配备数量，制定出ZJ70D钻机配备参数(表3-14)。

表3-14　ZJ70D钻机配备参数　　　　　　　　计量单位：队

序　号	项　目	规格型号	单位	数量
1	井架及底座	JJ450/45-K5/9-S	套	1
2	提升系统			
2.1	绞车	JC70D4	台	1
2.2	天车	TC-450	台	1
2.3	游车	YC-450	台	1
2.4	大钩	DG-450	个	1
2.5	水龙头	SL450	个	1
2.6	转盘	ZP375	个	1
3	动力与传动系统			
3.1	发电机组	CAT3512B	台	4
3.2	辅助发电机组	VOVOL400kW	台	1
3.3	直流电动机	YZ08/08A	套	7
3.4	SCR控制系统		套	1
3.5	液压传动系统		套	1
3.6	防爆电路		套	1

序号	项　目	规　格　型　号	单位	数量
4	循环处理系统			
4.1	钻井泵	F－1600	台	3
4.2	高压管汇	4in×35MPa（双立管双地面）	套	1
4.3	循环罐		套	1
4.4	振动筛	DRRICR	套	3
4.5	除砂器	NCS300X2	台	1
4.6	除气器	ZCQ1/4	台	1
4.7	清洁器	NQG120×8	台	1
4.8	离心机	LW450－860N	台	2
4.9	剪切泵	JQB6545	台	1
4.10	加重混合漏斗	HQ－200	台	3
4.11	钻井液搅拌器		台	11
5	油气水设施			
5.1	处理剂罐		套	1
5.2	燃油罐（含高架油罐）	$120m^3 + 4m^3$	套	1
5.3	四品油罐	$10m^3$	套	1
5.4	废油罐	$10m^3$	套	1
5.5	供油管汇		套	1
5.6	电动压风机	HP50S	台	2
5.7	空气储存、处理装置		套	1
5.8	供气管汇		套	1
5.9	套装水罐	$60m^3 ×2$	套	2
5.10	软化水罐		套	1
5.11	供水管汇		套	1
6	监测系统			
6.1	指重表、传压器		套	1
6.2	钻井参数仪	I.IBT4	台	1
6.3	测斜仪		套	1
6.4	钻井液液面监测仪		套	1
7	井控系统			
7.1	封井器组合	F35－70	套	1
7.2	节流管汇	JG－SY－70	套	1
7.3	压井管汇	YG－70	套	1
7.4	放喷管线	FGX－88－21	套	1
7.5	燃烧管线		套	1
7.6	远程控制台	FKQ8007B	套	1
7.7	司钻控制台		套	1

序号	项目	规格型号	单位	数量
7.8	节流管汇控制台	JY－70－A	套	1
7.9	液气分离器	DN1200	套	1
7.10	方钻杆上、下旋塞		套	1
7.11	箭形回压阀		套	1
7.12	投入式止回阀		套	1
8	井场用房			
8.1	钻井值班房	12m×3m×3m	栋	1
8.2	钻井监督房	12m×3m×3m	栋	1
8.3	钻台偏房	10m×3m×3m	栋	1
8.4	机房值班房	12m×3m×3m	栋	1
8.5	消防工具房	12m×3m×3m	栋	1
8.6	配件材料房	12m×3m×3m	栋	1
8.7	钻井液材料房	12m×3m×3m	栋	1
8.8	机械修理房	10m×3m×3m	栋	1
8.9	钻井液值班房	12m×3m×3m	栋	1
8.10	工程师房	12m×3m×3m	栋	1
8.11	井口坐岗房	10m×3m×3m	栋	1
8.12	厕所	12m×3m×3m	栋	1
9	辅助工具与设施			
9.1	方钻杆旋扣器		只	1
9.2	液压大钳	Q10Y—M	套	1
9.3	B形大钳		套	2
9.4	动力小绞车	JC3	台	3
9.5	滚子方补心	2⅜in－8⅝in	套	1
9.6	测斜绞车		台	1
9.7	切绳器		台	1
9.8	大绳对接器		套	1
9.9	链条对接器		套	1
9.10	空气包充气装置		套	1
9.11	钻井泵修理工具		套	1
9.12	倒大绳装置		套	1
9.13	下套管扶正台		套	1
9.14	井口工具		套	1
9.15	机房修理工具		套	1
9.16	钻工修理工具		套	1
9.17	套管钳		套	1
9.18	助力器		套	1

序号	项 目	规 格 型 号	单位	数量
9.19	电工维修工具和仪器		套	1
9.20	钻井液性能测试仪器		套	1
9.21	钻杆排放架与猫道		套	1
9.22	电焊设备	AX500	套	1
9.23	气焊设备		套	1
9.24	钻台紧急滑道		套	1
9.25	二层台紧急逃离装置		套	1
9.26	消防工具		套	1
9.27	钻头规、量尺等器具		套	1
9.28	计算机	HPLE8	台	1
9.29	洗眼架和冲洗喷头		套	1
9.30	硫化氢等有毒气体探测器		套	4
9.31	防毒面具		套	25
9.32	主机备件		套	1
9.33	工程机械	多功能工程机	台	1
9.34	钢木基础		套	1
10	生活设施			
10.1	厨房	12m×3m×3m	栋	1
10.2	餐厅	12m×3m×3m	栋	1
10.3	食品储存房	12m×3m×3m	栋	1
10.4	供水系统	12m×3m×3m	套	1
10.5	淋浴洗澡房	12m×3m×3m	栋	1
10.6	洗衣房	12m×3m×3m	栋	1
10.7	职工住房	12m×3m×3m	栋	12
10.8	厕所	12m×3m×3m	栋	1

3.4.2.1.4 钻机设备原值参数

根据财务资产数据,结合上述设备配备参数,确定 ZJ70D 钻机设备原值参数(表3-15)。

表3-15 ZJ70D 钻机设备原值参数   计量单位:队

序号	项 目	单位	金 额
	合计	元	50486911.79
1	井架及底座	元	3795180.69
2	提升系统	元	3573963.89
3	动力与传动系统	元	20549638.55
4	循环处理系统	元	7936964.00
5	油气水设施	元	1465359.00
6	监测系统	元	1610000.00

序号	项 目	单位	金 额
7	井控系统	元	2047879.54
8	井场用房	元	1138554.20
9	辅助工具与设施	元	5902281.00
10	生活设施	元	2467090.99

3.4.2.1.5 设备折旧及修理费率参数

设备折旧及修理费率参数(表3-16)参照有关财务规定和同类型设备相关资料确定。

表3-16 设备折旧及修理费率参数　　　　计量单位:年

序号	钻机类型	单位	折旧	修理
1	ZJ70D	%	10.00	5.25

注:以设备原值为基数。

3.4.2.1.6 年额定工作时间

钻井队年额定工作时间是钻井队和钻机的全部工作时间,包括钻前准备工作时间、钻进工作时间和完井工作时间。根据国家法规,每人年工作时间为251d,8h/d,即2008h,每人年额定工作时间不能超过上述参数。该油田钻井工作制度为四班两倒,现场工作14d,每天工作12h,轮休14d;折算平均每天工作6h,年法定应该工作天数折算为335d(2008h÷6h=335d)。

根据2003—2005年3年22个钻井队实际工作时间统计,平均年工作时间300d。钻井队和钻机为人机合一开展工作,因此综合分析确定钻机和钻井队年额定工作时间为300d(表3-17)。

表3-17 钻井队年额定工作时间　　　　计量单位:队

序号	钻机类型	单 位	数 量
1	ZJ70D	d	300

3.4.2.1.7 车辆平均行驶速度

车辆平均行驶速度(表3-18)根据现场写实资料统计平均综合确定。

表3-18 车辆平均行驶速度

序号	名 称	单 位	数 量
1	平均行驶速度	km/h	30

3.4.2.2 消耗参数

3.4.2.2.1 油料消耗参数

油料消耗参数(表3-19)根据现场实地考察和相关历史记录综合确定。

表3-19 油料消耗参数　　　　计量单位:d

序号	钻机类型	类别	单位	夏季柴油	冬季柴油	夏季机油	冬季机油
1	ZJ70D	自发电	t	5.00	5.50	0.20	0.22

3.4.2.2.2 生活水消耗参数

生活水消耗参数(表3-20)根据现场实地考察和相关用水历史记录加权平均综合确定。

表3-20 生活水消耗参数   计量单位:d

序　号	钻机类型	单　位	数　量
1	ZJ70D	m^3	8.00

3.4.2.3 费用参数

3.4.2.3.1 人工费参数

钻井队人工费参数(表3-21)编制公式为

$$C_{zrd} = C_{zrb} \times M_{zrd} \div T_{zrd}$$

式中,C_{zrd} 为钻井队人工费参数,元/d;C_{zrb} 为钻井队年人工费参数,元/(人·年);M_{zrd} 为 ZJ70D 钻机钻井队劳动定员,56 人;T_{zrd} 为 ZJ70D 钻机钻井队年额定工作时间,300d。

表3-21 钻井队人工费参数   计量单位:d

序　号	钻机类型	单　位	金　额
1	ZJ70D	元	10367.16

3.4.2.3.2 设备费参数

(1)钻机折旧参数编制公式为

$$C_{zzd} = C_{zy} \times F_{zz} \div T_{zrd}$$

式中,C_{zzd} 为钻机折旧参数,元/d;C_{zy} 为 ZJ70D 钻机原值,元;F_{zz} 为 ZJ70D 钻机折旧费率,10.00%;T_{zrd} 为 ZJ70D 钻机年额定工作时间,300d。计算结果见表3-22。

(2)钻机修理费参数编制公式为

$$C_{zxd} = C_{zy} \times F_{zx} \div T_{zrd}$$

式中,C_{zxd} 为钻机修理费参数,元/d;C_{zy} 为 ZJ70D 钻机原值,元;F_{zx} 为钻机修理费率,5.25%;T_{zrd} 为 ZJ70D 钻机年额定工作时间,300d。计算结果见表3-22。

表3-22 ZJ70D 钻机设备费参数   计量单位:d

序　号	钻机类型	单　位	折旧	修理费
1	ZJ70D	元	16828.97	8835.21

3.4.2.3.3 材料费参数

(1)油料费参数(表3-23)编制公式为

$$C_{zyd} = P_{zyj} \times Q_{zyd}$$

式中,C_{zyd} 为油料费参数,元/d;P_{zyj} 为油料价格,元/t;Q_{zyd} 为油料消耗参数,t/d。

表 3 - 23　油料费参数

计量单位:d

序号	钻机类型	类别	单位	夏季柴油	冬季柴油	夏季机油	冬季机油
1	ZJ70D	自发电	元	16199.75	19547.22	1102.16	1212.38

(2)生活水费参数(表 3 - 24)编制公式为

$$C_{zsd} = P_{zsj} \times Q_{zsd}$$

式中,C_{zsd} 为生活水费参数,元/d;P_{zsj} 为生活水价格,元/m³;Q_{zsd} 为生活水消耗参数,m³/d。

表 3 - 24　生活水费参数

计量单位:d

序号	钻机类型	单 位	金 额
1	ZJ70D	元	47.04

(3)其他材料费参数根据历史统计资料加权平均并除以年额定工作时间确定。其他材料费参数(表 3 - 25)编制公式为

$$C_{zqd} = \sum_{i=1}^{n} C_{zqi} \div n \div T_{zrd}$$

式中,C_{zqd} 为其他材料费参数,元/d;C_{zqi} 为第 i 部钻机年其他材料费,元;n 为钻机总数;T_{zrd} 为 ZJ70D 钻机年额定工作时间,300d。

表 3 - 25　其他材料费参数

计量单位:d

序号	钻机类型	单 位	金 额
1	ZJ70D	元	5536.37

3.4.2.3.4　其他直接费参数

(1)通讯费参数根据历史统计资料加权平均并除以年额定工作时间确定。通讯费参数(表 3 - 26)编制公式为

$$C_{ztd} = \sum_{i=1}^{n} C_{zti} \div n \div T_{zrd}$$

式中,C_{ztd} 为通讯费参数,元/d;C_{zti} 为第 i 个钻井队年通讯费,元;n 为钻井队总数;T_{zrd} 为钻井队年额定工作时间,300d。

表 3 - 26　通讯费参数

计量单位:d

序号	钻机类型	单 位	金 额
1	ZJ70D	元	210.00

(2)日常运输费参数(表 3 - 27)编制公式为

$$C_{zcd} = C_{zca} + C_{zcb} + C_{zcc}$$

式中,C_{zcd} 为日常运输费参数,元/d;C_{zca} 为日常材料运费,元/d;C_{zcb} 为生活水运费,元/d;C_{zcc} 为值班车费,元/d。

— 54 —

表 3 – 27　日常运输费参数　　　　　　　　计量单位:d

序号	钻机类型	单　位	金　额
1	ZJ70D	元	1349.46

(3)保温费参数(表 3 – 28)编制公式为

$$C_{zbd} = C_{zba} + C_{zbb} + C_{zbc} + C_{zbd} + C_{zbe}$$

式中,C_{zbd}为保温费参数,元/d;C_{zba}为锅炉送井费,元/d;C_{zbb}为锅炉安装费,元/d;C_{zbc}为锅炉运行费,元/d;C_{zbd}为锅炉拆卸费,元/d;C_{zbe}为锅炉回收(转井)费,元/d。

表 3 – 28　保温费参数　　　　　　　　　　计量单位:d

序号	钻机类型	单　位	金　额
1	ZJ70D	元	4249.07

(4)其他费参数(表 3 – 29)编制公式为

$$C_{ztd} = C_{zta} + C_{ztb}$$

式中,C_{ztd}为其他费参数,元/d;C_{zta}为钻井队杂费,元/d;C_{ztb}为轮休交通费,元/d。

表 3 – 29　其他费参数　　　　　　　　　　计量单位:d

序号	钻机类型	单　位	金　额
1	ZJ70D	元	99.75

3.4.2.3.5　企业管理费参数

企业管理费参数(表 3 – 30)根据钻井公司财务数据估算确定。

表 3 – 30　企业管理费参数

序号	名　称	单　位	费　率
1	企业管理费	%	5.00

注:以直接费为基数。

3.4.2.3.6　工程风险费参数

工程风险费参数根据近 3 年重大钻井复杂事故损失除以 3 年钻井公司直接费用确定。工程风险费参数(表 3 – 31)编制公式为

$$C_{zfd} = \sum_{i=1}^{n} C_{zfi} \div \sum_{j=1}^{3} C_{zfj} \times 100$$

式中,C_{zfd}为工程风险费参数,%;C_{zfi}为 3 年中第 i 起复杂事故经济损失,元;C_{zfj}为每一年钻井公司直接费用,元。

表 3 – 31　工程风险费参数

序号	名　称	单　位	费　率
1	工程风险费	%	3.00

注:以直接费为基数。

3.4.2.3.7 利润参数

利润参数(表3-32)参照企业投资回报管理规定确定。

表3-32 利润参数

序号	名 称	单 位	费 率
1	利润	%	10.00

注:以直接费和间接费为基数。

3.4.2.3.8 相关价格

相关价格(表3-33)根据相关合同价格统计平均确定。

表3-33 材料价格

序号	名 称	单 位	金 额
1	柴油(夏季)	元/t	3239.95
2	柴油(冬季)	元/t	3554.04
3	机油	元/t	5510.82
4	水	元/m³	5.88

注:此价格为到井场价格。

3.4.2.4 综合单价

综合单价计算方法如下:

综合单价 = 直接费 + 间接费 + 利润

 直接费 = 人工费 + 设备费 + 材料费 + 其他直接费

  人工费 = 人工费(元/d)

  设备费 = 钻机折旧(元/d) + 钻机修理费(元/d)

  材料费 = 柴油费(元/d) + 机油费(元/d) + 生活水费(元/d) + 其他材料费(元/d)

  其他直接费 = 通讯费(元/d) + 日常运输费(元/d) + 保温费(元/d) + 其他(元/d)

 间接费 = 企业管理费 + 工程风险费

  企业管理费 = 直接费 × 费率(%)

  工程风险费 = 直接费 × 费率(%)

 利润 = (直接费 + 间接费) × 费率(%)

将费用参数按直接费、间接费和利润分别进行组合和计算,得出夏季作业综合单价和冬季作业综合单价,考虑到该油田每年夏季作业时间和冬季作业时间各占50%,因此将夏季作业综合单价和冬季作业综合单价进行平均,得出全年平均综合单价。考虑到钻进作业过程中等待时一般要发生人工费、设备费、生活水费和间接费,扣除柴油费、机油费、其他材料费等项目,得出钻进作业等待综合单价。计算结果见表3-34。

表3-34 ZJ70D钻机钻进作业综合单价(日费) 计量单位:d

序号	名称	单位	夏季作业	冬季作业	全年平均	等待
	综合单价	元	71964.13	81119.76	76541.95	32614.36
1	直接费	元	60575.87	68282.63	64429.25	27453.17
1.1	人工费	元	10367.16	10367.16	10367.16	10367.16

序号	名称	单位	夏季作业	冬季作业	全年平均	等待
1.2	设备费	元	25664.18	25664.18	25664.18	16828.97
1.2.1	钻机折旧	元	16828.97	16828.97	16828.97	16828.97
1.2.2	钻机修理费	元	8835.21	8835.21	8835.21	
1.3	材料费	元	22885.32	26343.01	24614.17	47.04
1.3.1	柴油费	元	16199.75	19547.22	17873.49	
1.3.2	机油费	元	1102.16	1212.38	1157.27	
1.3.3	生活水费	元	47.04	47.04	47.04	47.04
1.3.4	其他材料费	元	5536.37	5536.37	5536.37	
1.4	其他直接费	元	1659.21	5908.28	3783.75	210.00
1.4.1	通讯费	元	210.00	210.00	210.00	210.00
1.4.2	日常运输费	元	1349.46	1349.46	1349.46	
1.4.3	保温费	元		4249.07	2124.54	
1.4.4	其他费	元	99.75	99.75	99.75	
2	间接费	元	4846.07	5462.61	5154.34	2196.25
2.1	企业管理费	元	3028.79	3414.13	3221.46	1372.66
2.2	工程风险费	元	1817.28	2048.48	1932.88	823.60
3	利润	元	6542.19	7374.52	6958.36	2964.94

钻进作业综合单价需要根据具体管理模式和要求确定。如果柴油由建设方或第三方单独供应,则作业综合单价中需要扣除柴油费;当然,如果等待时没有人员,等待综合单价中还要扣除人工费和生活水费。钻井队搬迁综合单价可考虑取等待综合单价。

3.4.3 钻头综合单价编制方法

以某油田某区块三开井身结构开发井为例,说明一套钻头综合单价编制方法。

3.4.3.1 基础参数

根据开发井钻井工程设计,确定开发井井身结构参数,见表3-35。

表3-35 某油田开发井井身结构参数　　　　　　计量单位:口井

序号	钻进井段	钻头规格(mm)	井深(m)	进尺(m)	套管规格(mm)	套管下深(m)
1	一开井段	444.5	850	850	339.7	850
2	二开井段	311.1	2450	1600	244.5	2450
3	三开井段	215.9	3850	1400	168.3	3850

3.4.3.2 消耗参数

根据油田实钻资料统计分析,确定开发井钻头设计,见表3-36。因此,开发井钻头消耗参数统计结果如表3-37所示。

表3-36 某油田开发井钻头设计

序号	尺寸(mm)	型号	钻进井段(m)	进尺(m)
1	444.5	MP1-1	0~300	300
2	444.5	MP1-1	300~600	300
3	444.5	MP1-1	600~850	250
4	311.1	SHT22R-1	850~990	140
5	311.1	MP2R-1	990~1110	120
6	311.1	SHT22R-1	1110~1250	140
7	311.1	MP2R-1	1250~1370	120
8	311.1	HJ517G	1370~1670	300
9	311.1	HJ517G	1670~1940	270
10	311.1	BD536	1940~2450	510
11	215.9	HJ517G	2450~2690	240
12	215.9	HJ517G	2690~2910	220
13	215.9	HJ517G	2910~3120	210
14	215.9	HJ517G	3120~3300	180
15	215.9	HJ517G	3300~3460	160
16	215.9	HJ517G	3460~3610	150
17	215.9	HJ517G	3610~3740	130
18	215.9	HJ517G	3740~3850	110

表3-37 某油田开发井钻头消耗参数　　　　　　　　　　计量单位:口井

序号	尺寸(mm)	型号	数量(只)	进尺(m)
1	444.5	MP1-1	3	850
2		SHT22R-1	2	280
3	311.1	MP2R-1	2	240
4		HJ517G	2	570
5		BD536	1	510
6	215.9	HJ517G	8	1400

3.4.3.3 费用参数

3.4.3.3.1 企业管理费参数

企业管理费参数(表3-38)同钻进作业取费参数。

表3-38 企业管理费参数

序号	名　称	单　位	费　率
1	企业管理费	%	5.00

注:以直接费为基数。

3.4.3.3.2 工程风险费参数

工程风险费参数(表3-39)同钻进作业取费参数。

表3-39 工程风险费参数

序号	名 称	单 位	费 率
1	工程风险费	%	3.00

注:以直接费为基数。

3.4.3.3.3 利润参数

利润参数(表3-40)同钻进作业取费参数。

表3-40 利润参数

序号	名 称	单 位	费 率
1	利润	%	10.00

注:以直接费和间接费为基数。

3.4.3.3.4 钻头价格

钻头价格根据本年度钻头价格资料和相关合同,确定开发井钻头价格,见表3-41。

表3-41 钻头价格　　　　　　计量单位:只

序号	尺寸(mm)	型 号	单 位	金 额
1	444.5	MP1-1	元	32025
2	311.1	SHT22R-1	元	32970
3		MP2R-1	元	14462
4		HJ517G	元	66108
5		BD536	元	451332
6	215.9	HJ517G	元	37023

3.4.3.4 综合单价

3.4.3.4.1 同尺寸钻头综合单价

综合单价计算方法如下:

综合单价 = 直接费 + 间接费 + 利润

　　直接费 = 钻头费

　　　钻头费 = ∑钻头价格(元/只) × 钻头消耗(只) ÷ ∑进尺(m)

　　间接费 = 企业管理费 + 工程风险费

　　　企业管理费 = 直接费 × 费率(%)

　　　工程风险费 = 直接费 × 费率(%)

　　利润 = (直接费 + 间接费) × 费率(%)

采用同尺寸钻头消耗参数乘以钻头价格,除以钻进进尺累计长度,再考虑间接费,确定同一尺寸钻头平均单位进尺综合单价,见表3-42至表3-44。

表 3-42　444.5mm 钻头综合单价　　　　　　　计量单位:m

序号	项 目	尺寸(mm)	型号	单位	金 额
	综合单价			元	134.28
1	直接费		·	元	113.03
1.1	钻头费	444.5	MP1-1	元	113.03
2	间接费			元	9.04
2.1	企业管理费			元	5.65
2.2	工程风险费			元	3.39
3	利润			元	12.21

表 3-43　311.1mm 钻头综合单价　　　　　　　计量单位:m

序号	项 目	尺寸(mm)	型号	单位	金 额
	综合单价			元	503.72
1	直接费			元	424.01
1.1	钻头费	311.1	SHT22R-1	元	235.50
1.2	钻头费	311.1	MP2R-1	元	120.52
1.3	钻头费	311.1	HJ517G	元	231.96
1.4	钻头费	311.1	BD536	元	884.96
2	间接费			元	33.92
2.1	企业管理费			元	21.20
2.2	工程风险费			元	12.72
3	利润			元	45.79

表 3-44　215.9mm 钻头综合单价　　　　　　　计量单位:m

序号	项 目	尺寸(mm)	型号	单位	金 额
	综合单价			元	251.33
1	直接费			元	211.56
1.1	钻头费	215.9	HJ517G	元	211.56
2	间接费			元	16.92
2.1	企业管理费			元	10.58
2.2	工程风险费			元	6.35
3	利润			元	22.85

3.4.3.4.2　全井平均钻头综合单价

全井平均钻头综合单价 $= \sum ($各尺寸钻头综合单价$($元$/m) \times$进尺$(m)) \div \sum$进尺(m)

表 3-45 为某油田开发井全井平均钻头综合单价示例。

序 号	项 目	尺寸(mm)	单位	金 额
	全井平均		元	330.38
1	一开井段	444.5	元	134.28
2	二开井段	311.1	元	503.72
3	三开井段	215.9	元	251.33

表3-45　某油田开发井全井平均钻头综合单价　　　　计量单位:m

3.5　钻进工程造价计算举例

钻进工程造价计算主要分为钻进工程工程量清单编制、分部分项工程量清单计价和钻进工程造价计算三部分。根据钻井工程设计和相关技术标准要求,编制钻进工程工程量清单;依据钻进工程工程量清单和相关综合单价,进行分部分项工程量清单计价;再按单位工程费进行汇总,并计算税费,计算出钻进工程造价。下面举例说明。

根据某油田开发井钻井工程设计,井身结构基本数据见表3-46。以此为基础编制一套钻进工程造价。

表3-46　某油田开发井井身结构数据

序号	钻进井段	钻头规格(mm)	井深(m)	进尺(m)	套管规格(mm)	套管下深(m)
1	一开井段	444.5	850	850	339.7	848
2	二开井段	311.1	2450	1600	244.5	2445
3	三开井段	215.9	3900	1450	168.3	3860

3.5.1　钻进工程工程量清单编制

编制钻进工程工程量清单时,按钻进工程工程量计算规则要求,以分部分项工程为基础编制工程量清单。表3-47至表3-51给出了钻进作业、主要材料、大宗材料运输、技术服务、其他作业的示例。

表3-47　钻进作业

序号	项目编码	项目名称	项目特征	计量单位	工程量	备注
1	210000	钻进作业		d	107.42	
2	211000	一开井段		d	12.92	
3	211100	钻进施工	ZJ50电动钻机,444.5mm井眼进尺850m	d	7.86	
4	211200	完井施工	井深850m,339.7mm套管下深848m	d	5.06	
5	212000	二开井段		d	40.63	
6	212100	钻进施工	ZJ50电动钻机,311.1mm井眼进尺1600m	d	29.40	
7	212200	完井施工	井深2450m,244.5mm套管下深2445m	d	11.23	
8	213000	三开井段		d	53.87	
9	213100	钻进施工	ZJ50电动钻机,215.9mm井眼进尺1450m	d	43.14	
10	213200	完井施工	井深3900m,168.3mm套管下深3860m	d	10.73	

表 3 - 48　主要材料

序号	项目编码	项目名称	项 目 特 征	计量单位	工程量	备注
1	221000	钻头		m	3900	
2	221100	一开井段	444.5mm 牙轮钻头	m	850	
3	221200	二开井段	311.1mm 牙轮钻头和 PDC 钻头	m	1600	
4	221300	三开井段	215.9mm 牙轮钻头,不能用 PDC 钻头	m	1450	
5	222000	钻井液材料		m	3900	
6	222100	一开井段	不分散钻井液,密度 $1.10 \sim 1.25 g/cm^3$	m	850	
7	222200	二开井段	聚合物钻井液,密度 $1.25 \sim 1.45 g/cm^3$	m	1600	
8	222300	三开井段	聚合物钻井液,密度 $1.65 \sim 1.85 g/cm^3$	m	1450	
9	224000	钻具	127mm 钻杆及配套钻具	m	3900	

表 3 - 49　大宗材料运输

序号	项目编码	项目名称	项 目 特 征	计量单位	工程量	备注
1	231000	钻头运输	往返路程 20km	次	1	
2	232000	钻井液材料运输	往返路程 20km	次	1	
3	234000	钻具运输	往返路程 30km	次	1	

表 3 - 50　技术服务

序号	项目编码	项目名称	项 目 特 征	计量单位	工程量	备注
1	242000	定向井服务				
2	242100	搬迁		次	1	
3	242200	定向施工	使用 MWD	d	40	

表 3 - 51　其他作业

序号	项目编码	项目名称	项 目 特 征	计量单位	工程量	备注
1	251000	环保处理	污水处理 $1800 m^3$,废液处理 $2600 m^3$	次	1	
2	252000	地貌恢复	场地面积 $12000 m^2$	次	1	

3.5.2　分部分项工程量清单计价

进行钻进工程分部分项工程量清单计价时,根据工程项目选取相应的综合单价,采用工程量乘以综合单价,得出分部工程或分项工程费用金额,再归类合计,得出单位工程造价。表 3 - 52 至表 3 - 56 给出了钻进作业、主要材料、大宗材料运输、技术服务、其他作业的工程量清单计价示例。

表 3-52 钻进作业工程量清单计价

序号	项目编码	项目名称	项 目 特 征	计量单位	工程量	综合单价（元）	金额（元）	备注
	210000	钻进作业		d	107.42		6099737.28	
1	211000	一开井段		d	12.92		733649.28	
2	211100	钻进施工	ZJ50D 钻机,444.5mm 井眼进尺 850m	d	7.86	56784.00	446322.24	
3	211200	完井施工	井深 850m,339.7mm 套管下深 848m	d	5.06	56784.00	287327.04	
4	212000	二开井段		d	40.63		2307133.92	
5	212100	钻进施工	ZJ50D 钻机,311.1mm 井眼进尺 1600m	d	29.40	56784.00	1669449.60	
6	212200	完井施工	井深 2450m,244.5mm 套管下深 2445m	d	11.23	56784.00	637684.32	
7	213000	三开井段		d	53.87		3058954.08	
8	213100	钻进施工	ZJ50D 钻机,215.9mm 井眼进尺 1450m	d	43.14	56784.00	2449661.76	
9	213200	完井施工	井深 3900m,168.3mm 套管下深 3860m	d	10.73	56784.00	609292.32	

表 3-53 主要材料工程量清单计价

序号	项目编码	项目名称	项 目 特 征	计量单位	工程量	综合单价（元）	金额（元）	备注
	220000	主要材料					2533531.00	
1	221000	钻头		m	3900		916083.00	
2	221100	一开井段	444.5mm 牙轮钻头	m	850	86.66	73661.00	
3	221200	二开井段	311.1mm 牙轮钻头和 PDC 钻头	m	1600	333.41	533456.00	
4	221300	三开井段	215.9mm 牙轮钻头,不能用 PDC 钻头	m	1450	213.08	308966.00	
5	222000	钻井液材料		m	3900		1480948.00	
6	222100	一开井段	不分散钻井液,密度 1.10~1.25g/cm^3	m	850	266.00	226100.00	
7	222200	二开井段	聚合物钻井液,密度 1.25~1.45g/cm^3	m	1600	404.67	647472.00	
8	222300	三开井段	聚合物钻井液,密度 1.65~1.85g/cm^3	m	1450	418.88	607376.00	
9	224000	钻具	127mm 钻杆及配套钻具	m	3900	35.00	136500.00	

表 3-54 大宗材料运输工程量清单计价

序号	项目编码	项目名称	项目特征	计量单位	工程量	综合单价（元）	金额（元）	备注
	230000	大宗材料运输					39100.00	
1	231000	钻头运输	往返路程 20km	次	1	3650.00	3650.00	
2	232000	钻井液材料运输	往返路程 20km	次	1	26700.00	26700.00	
3	234000	钻具运输	往返路程 30km	次	1	8750.00	8750.00	

表3-55　技术服务工程量清单计价

序号	项目编码	项目名称	项目特征	计量单位	工程量	综合单价（元）	金额（元）	备注
	240000	技术服务					603040.00	
1	242000	定向井服务					603040.00	
2	242100	搬迁		次	1	3040.00	3040.00	
3	242200	定向施工	使用 MWD	d	40	15000.00	600000.00	

表3-56　其他作业工程量清单计价

序号	项目编码	项目名称	项 目 特 征	计量单位	工程量	综合单价（元）	金额（元）	备注
	250000	其他作业					152000.00	
1	251000	环保处理	污水处理1800m³，废液处理2600m³	次	1	70000.00	70000.00	
2	252000	地貌恢复	场地面积12000m²	次	1	82000.00	82000.00	

3.5.3　钻进工程造价计算

按分部分项工程量清单计价中单位工程费进行汇总，并计算税费，计算出钻进工程造价，见表3-57。

表3-57　钻进工程造价计算

项目编码	项目名称	单位	金额	备注（数字编码代表对应项目）
200000	钻进工程费	元	9521682.36	210000＋220000＋230000＋240000＋250000＋260000
210000	钻进作业费	元	6099737.28	钻进作业工程量清单计价210000
220000	主要材料费	元	2553531.00	主要材料工程量清单计价220000
230000	大宗材料运输费	元	39100.00	大宗材料运输工程量清单计价230000
240000	技术服务费	元	603040.00	技术服务工程量清单计价240000
250000	其他作业费	元	152000.00	其他作业工程量清单计价250000
260000	税费	元	94274.08	（210000＋220000＋230000＋240000＋250000）×1%

4 固井工程工程量清单计价方法

4.1 固井工程工程量清单项目及计算规则

固井工程工程量由固井作业、主要材料、大宗材料运输、技术服务和其他作业等5个部分构成。固井工程工程量清单项目及计算规则如表4-1至表4-5所示。若有固井工程的子项目未包含在已设立固井工程项目中,则放在相应的分部分项工程下面,并补充相关内容。

表4-1 固井作业(编码:310000)

项目编码	项目名称	项目特征	计量单位	工程量计算规则	工程内容
311000	一开井段				
311100	路途行驶	车组类型要求	次	按设计行驶次数计算	设备和人员动迁
311200	固井施工	(1)井眼尺寸、井深; (2)套管尺寸、下深; (3)固井方法; (4)水泥量	次	按设计施工次数计算	(1)施工准备; (2)注水泥施工; (3)收尾
312000	二开井段				
312100	路途行驶	车组类型要求	次	按设计行驶次数计算	设备和人员动迁
312200	固井施工	(1)井眼尺寸、井深; (2)套管尺寸、下深; (3)固井方法; (4)水泥量	次	按设计施工次数计算	(1)施工准备; (2)注水泥施工; (3)收尾
313000	三开井段				
313100	路途行驶	车组类型要求	次	按设计行驶次数计算	设备和人员动迁
313200	固井施工	(1)井眼尺寸、井深; (2)套管尺寸、下深; (3)固井方法; (4)水泥量	次	按设计施工次数计算	(1)施工准备; (2)注水泥施工; (3)收尾
314000	四开井段				
314100	路途行驶	车组类型要求	次	按设计行驶次数计算	设备和人员动迁
314200	固井施工	(1)井眼尺寸、井深; (2)套管尺寸、下深; (3)固井方法; (4)水泥量	次	按设计施工次数计算	(1)施工准备; (2)注水泥施工; (3)收尾
315000	五开井段				
315100	路途行驶	车组类型要求	次	按设计行驶次数计算	设备和人员动迁
315200	固井施工	(1)井眼尺寸、井深; (2)套管尺寸、下深; (3)固井方法; (4)水泥量	次	按设计施工次数计算	(1)施工准备; (2)注水泥施工; (3)收尾

表 4 - 2 主要材料(编码:320000)

项目编码	项目名称	项目特征	计量单位	工程量计算规则	工程内容
321000	套管				
321100	一开井段	(1)外径; (2)壁厚; (3)单重; (4)扣型; (5)钢级	m	按设计下入套管长度计算	(1)现场检测; (2)现场使用; (3)现场维护
321200	二开井段				
321300	三开井段				
321400	四开井段				
321500	五开井段				
322000	套管附件				
322100	一开井段	(1)品种; (2)规格	个/套	按设计下入附件数量计算	(1)现场检测; (2)现场使用; (3)现场维护
322200	二开井段				
322300	三开井段				
322400	四开井段				
322500	五开井段				
323000	井下工具				
323100	一开井段	(1)品种; (2)规格	只/套	按设计下入工具数量计算	(1)现场检测; (2)现场使用; (3)现场维护
323200	二开井段				
323300	三开井段				
323400	四开井段				
323500	五开井段				
324000	水泥				
324100	一开井段	(1)品种; (2)级别	t	按设计用量计算	(1)现场检测; (2)现场使用; (3)现场维护
324200	二开井段				
324300	三开井段				
324400	四开井段				
324500	五开井段				
325000	水泥外加剂				
325100	一开井段	(1)品种; (2)规格	kg/m^3	按设计用量计算	(1)现场检测; (2)现场使用; (3)现场维护
325200	二开井段				
325300	三开井段				
325400	四开井段				
325500	五开井段				
326000	固井水				
326100	一开井段	(1)要求; (2)水灰比	m^3	按设计用量计算	(1)现场检测; (2)现场使用; (3)现场维护
326200	二开井段				
326300	三开井段				
326400	四开井段				
326500	五开井段				

表 4-3　大宗材料运输(编码:330000)

项目编码	项目名称	项目特征	计量单位	工程量计算规则	工程内容
331000	套管运输				
331100	一开井段	(1)长度、重量; (2)运输要求	次	按设计运输次数计算	(1)装车; (2)运输; (3)卸车
331200	二开井段				
331300	三开井段				
331400	四开井段				
331500	五开井段				
332000	水泥运输				
332100	一开井段	(1)品种、重量; (2)运输要求	次	按设计运输次数计算	(1)装车; (2)运输; (3)卸车
332200	二开井段				
332300	三开井段				
332400	四开井段				
332500	五开井段				
333000	水泥外加剂运输				
333100	一开井段	(1)品种; (2)重量或体积; (3)运输要求	次	按设计运输次数计算	(1)装车; (2)运输; (3)卸车
333200	二开井段				
333300	三开井段				
333400	四开井段				
333500	五开井段				
334000	固井水运输				
334100	一开井段	(1)重量或体积; (2)运输要求	次	按设计运输次数计算	(1)装车; (2)运输; (3)卸车
334200	二开井段				
334300	三开井段				
334400	四开井段				
334500	五开井段				

表 4-4　技术服务(编码:340000)

项目编码	项目名称	项目特征	计量单位	工程量计算规则	工程内容
341000	套管检测				
341100	一开井段	(1)套管尺寸; (2)检测方法; (3)检测项目	m/根	按设计检测长度或根数计算	在基地检测套管性能
341200	二开井段				
341300	三开井段				
341400	四开井段				
341500	五开井段				
342000	水泥试验				
342100	一开井段	(1)试验项目; (2)性能指标	次	按设计水泥试验次数计算	在实验室进行水泥性能分析化验和检测
342200	二开井段				
342300	三开井段				
342400	四开井段				
342500	五开井段				

项目编码	项目名称	项目特征	计量单位	工程量计算规则	工程内容
343000	水泥混拌				
343100	一开井段				
343200	二开井段	(1)水泥规格；			采用专用装置干混
343300	三开井段	(2)外掺料规格；	t	按设计混拌量计算	水泥和外加剂、外
343400	四开井段	(3)混拌要求			掺料
343500	五开井段				
344000	下套管服务				
344100	一开井段				
344200	二开井段	(1)套管规格；		按设计下套管长度或	采用专用设备专业
344300	三开井段	(2)服务要求	m/根	根数计算	人员下套管
344400	四开井段				
344500	五开井段				

表 4-5　其他作业(编码:350000)

项目编码	项目名称	项目特征	计量单位	工程量计算规则	工程内容
351000	打水泥塞	(1)水泥塞量； (2)车型及数量	次	按设计施工次数计算	现场打水泥塞
352000	试压	车型及数量	次	按设计施工次数计算	现场试压

4.2　固井工程造价构成及计算方法

固井工程造价由固井作业费、主要材料费、大宗材料运输费、技术服务费、其他作业费和税费6部分构成。固井工程造价构成内容及计算方法如表4-6所示。若建设单位承担套管、水泥等主要材料费,则计取税费时应不包括这些材料费。固井工程的分部分项工程造价构成内容及计算方法见表4-7。

表 4-6　固井工程造价构成

项目编码	项目名称	计价单位	造价计算方法(数字编码代表对应项目)
300000	固井工程费	元/口井	310000 + 320000 + 330000 + 340000 + 350000 + 360000
310000	固井作业费	元/口井	分部分项工程造价310000
320000	主要材料费	元/口井	分部分项工程造价320000
330000	大宗材料运输费	元/口井	分部分项工程造价330000
340000	技术服务费	元/口井	分部分项工程造价340000
350000	其他作业费	元/口井	分部分项工程造价350000
360000	税费	元/口井	(310000 + 320000 + 330000 + 340000 + 350000) × 折算税率

表4-7 分部分项工程造价构成

项目编码	项目名称	计价单位	造价计算方法（数字编码代表对应项目）
310000	固井作业	元/口井	311000 + 312000 + 313000 + 314000 + 315000
311000	一开井段	元/口井	311100 + 311200
311100	路途行驶	元/口井	∑综合单价（元/次）×行驶次数（次）
311200	固井施工	元/口井	∑综合单价（元/次）×施工次数（次）
312000	二开井段	元/口井	312100 + 312200
312100	路途行驶	元/口井	∑综合单价（元/次）×行驶次数（次）
312200	固井施工	元/口井	∑综合单价（元/次）×施工次数（次）
313000	三开井段	元/口井	313100 + 313200
313100	路途行驶	元/口井	∑综合单价（元/次）×行驶次数（次）
313200	固井施工	元/口井	∑综合单价（元/次）×施工次数（次）
314000	四开井段	元/口井	314100 + 314200
314100	路途行驶	元/口井	∑综合单价（元/次）×行驶次数（次）
314200	固井施工	元/口井	∑综合单价（元/次）×施工次数（次）
315000	五开井段	元/口井	315100 + 315200
315100	路途行驶	元/口井	∑综合单价（元/次）×行驶次数（次）
315200	固井施工	元/口井	∑综合单价（元/次）×施工次数（次）
320000	主要材料	元/口井	321000 + 322000 + 323000 + 324000 + 325000 + 326000
321000	套管	元/口井	321100 + 321200 + 321300 + 321400 + 321500
321100	一开井段	元/口井	
321200	二开井段	元/口井	
321300	三开井段	元/口井	∑综合单价（元/m）×设计长度（m）
321400	四开井段	元/口井	
321500	五开井段	元/口井	
322000	套管附件	元/口井	322100 + 322200 + 322300 + 322400 + 322500
322100	一开井段	元/口井	
322200	二开井段	元/口井	
322300	三开井段	元/口井	∑综合单价（元/个或套）×设计数量（个或套）
322400	四开井段	元/口井	
322500	五开井段	元/口井	
323000	井下工具	元/口井	323100 + 323200 + 323300 + 323400 + 323500
323100	一开井段	元/口井	
323200	二开井段	元/口井	
323300	三开井段	元/口井	∑综合单价（元/只或套）×设计数量（只或套）
323400	四开井段	元/口井	
323500	五开井段	元/口井	
324000	水泥	元/口井	324100 + 324200 + 324300 + 324400 + 324500

项目编码	项目名称	计价单位	造价计算方法(数字编码代表对应项目)
324100	一开井段	元/口井	
324200	二开井段	元/口井	
324300	三开井段	元/口井	∑综合单价(元/t)×设计用量(t)
324400	四开井段	元/口井	
324500	五开井段	元/口井	
325000	水泥外加剂	元/口井	325100 + 325200 + 325300 + 325400 + 325500
325100	一开井段	元/口井	
325200	二开井段	元/口井	
325300	三开井段	元/口井	∑综合单价(元/kg 或 m³)×设计用量(kg 或 m³)
325400	四开井段	元/口井	
325500	五开井段	元/口井	
326000	固井水	元/口井	326100 + 326200 + 326300 + 326400 + 326500
326100	一开井段	元/口井	
326200	二开井段	元/口井	
326300	三开井段	元/口井	∑综合单价(元/m³)×设计用量(m³)
326400	四开井段	元/口井	
326500	五开井段	元/口井	
330000	大宗材料运输	元/口井	331000 + 332000 + 333000 + 334000
331000	套管运输	元/口井	331100 + 331200 + 331300 + 331400 + 331500
331100	一开井段	元/口井	
331200	二开井段	元/口井	
331300	三开井段	元/口井	∑综合单价(元/次)×运输次数(次)
331400	四开井段	元/口井	
331500	五开井段	元/口井	
332000	水泥运输	元/口井	332100 + 332200 + 332300 + 332400 + 332500
332100	一开井段	元/口井	
332200	二开井段	元/口井	
332300	三开井段	元/口井	∑综合单价(元/次)×运输次数(次)
332400	四开井段	元/口井	
332500	五开井段	元/口井	
333000	水泥外加剂运输	元/口井	333100 + 333200 + 333300 + 333400 + 333500
333100	一开井段	元/口井	
333200	二开井段	元/口井	
333300	三开井段	元/口井	∑综合单价(元/次)×运输次数(次)
333400	四开井段	元/口井	
333500	五开井段	元/口井	
334000	固井水运输	元/口井	334100 + 334200 + 334300 + 334400 + 334500

项目编码	项目名称	计价单位	造价计算方法（数字编码代表对应项目）
334100	一开井段	元/口井	
334200	二开井段	元/口井	
334300	三开井段	元/口井	∑综合单价（元/次）×运输次数（次）
334400	四开井段	元/口井	
334500	五开井段	元/口井	
340000	技术服务	元/口井	341000 + 342000 + 343000 + 344000
341000	套管检测	元/口井	341100 + 341200 + 341300 + 341400 + 341500
341100	一开井段	元/口井	
341200	二开井段	元/口井	
341300	三开井段	元/口井	∑综合单价（元/m 或根）×检测套管数量（m 或根）
341400	四开井段	元/口井	
341500	五开井段	元/口井	
342000	水泥试验	元/口井	342100 + 342200 + 342300 + 342400 + 342500
342100	一开井段	元/口井	
342200	二开井段	元/口井	
342300	三开井段	元/口井	∑综合单价（元/次）×水泥试验次数（次）
342400	四开井段	元/口井	
342500	五开井段	元/口井	
343000	水泥混拌	元/口井	343100 + 343200 + 343300 + 343400 + 343500
343100	一开井段	元/口井	
343200	二开井段	元/口井	
343300	三开井段	元/口井	∑综合单价（元/t）×水泥混拌量（t）
343400	四开井段	元/口井	
343500	五开井段	元/口井	
344000	下套管服务	元/口井	344100 + 344200 + 344300 + 344400 + 344500
344100	一开井段	元/口井	
344200	二开井段	元/口井	
344300	三开井段	元/口井	∑综合单价（元/m 或根）×下入套管数量（m 或根）
344400	四开井段	元/口井	
344500	五开井段	元/口井	
350000	其他作业	元/口井	351000 + 352000
351000	打水泥塞	元/口井	∑综合单价（元/次）×施工次数（次）
352000	试压	元/口井	

4.3 固井工程工程量清单编制方法

编制固井工程工程量清单时,按固井工程工程量项目和计算规则要求,以分部分项工程为基础编制工程量清单。若认为有固井工程的子项目未包含在已设立固井工程项目,则放在相应单位工程或分部工程下面。若有特殊固井工程项目,未包含在已设立固井工程项目,则放在350000其他作业下面,按同样规则确定。

4.3.1 固井作业

固井作业是用固井车将水泥浆注入套管和地层之间或套管与套管之间的施工过程,按套管功能和作用不同,通常分为导管固井、表层套管固井、技术套管固井、生产套管固井。固井作业方法包括常规单级固井法、分级固井法、插入式固井法、尾管固井法、套管外封隔固井法、预应力固井法等。

在钻井工程设计中,专门有1项固井设计,明确提出了各种固井要求。通常情况下,固井作业同钻进作业保持一致,即钻进作业分为几个井段,则固井作业需要几次。每个井段固井作业路途行驶分别按1次计算。每个井段固井作业施工分别按1次计算;个别情况下,如分级固井作业且不连续施工时,一次固井作业可能按2次固井施工计算。

4.3.2 主要材料

固井工程主要材料包括套管、套管附件、井下工具、油井水泥、油井水泥外加剂、固井水等。其中,套管附件主要包括引鞋、套管鞋、旋流短节、承托环、回压阀、浮鞋、浮箍、扶正器、水泥伞、套管头等;井下工具主要包括内管注水泥器、分级注水泥接箍、尾管悬挂器、管外注水泥封隔器、地锚、热应力补偿工具等。

在钻井工程设计中,专门有1项固井设计,明确给出了各种固井主要材料消耗量,可直接摘用。固井水用量可按设计水泥浆配方计算,或直接按相关技术标准测算确定。如在水泥浆稠度30Bc和失水3.5ml的指标下,每袋API标准油井水泥的最佳配浆情况见表4-8。

表4-8 API标准油井水泥配浆情况

水泥级别	用水量 (l/袋)	水泥量 (kg/袋)	水泥浆体积 (l/袋)	最佳配浆密度 (g/cm³)	水灰比 (%)
A	23.10	50.00	39.10	1.87	46.20
B	23.10	50.00	39.10	1.87	46.20
C	27.90	50.00	43.70	1.78	55.80
D	19.05	50.00	35.10	1.97	38.10
E	19.05	50.00	35.10	1.97	38.10
F	19.05	50.00	35.10	1.97	38.10
G	22.10	50.00	38.60	1.90	44.20
H	19.05	50.00	35.10	1.97	38.10

在常规密度水泥浆体系中,不同级别API标准油井水泥所配制水泥浆的水灰比推荐值见表4-9。

表 4 - 9 油井水泥浆水灰比推荐值

序　号	油井水泥级别	推荐水灰比(%)
1	A,B	46
2	C	56
3	D,E,F,H	38
4	G	44

4.3.3　大宗材料运输

固井工程大宗材料运输主要包括套管、水泥、水泥外加剂、固井水等,套管附件、井下工具等消耗量较少,往往随固井队车辆一起上井。

考虑到大宗材料运输往往同施工单位的管理办法和运行模式密切相关,具有不确定性。因此,按次计算工程量,通常每次固井作业各种材料运输按 1 次计算。

4.3.4　技术服务

4.3.4.1　套管检测

套管检测是由管具公司专业人员在套管车间或套管场对套管实施外观检查、探伤、测厚、试压、通径、测螺纹紧密距、丈量、称重等一系列检验作业,确保入井套管质量。

套管检测工程量按钻井工程设计中各种尺寸套管长度确定。若按根计算,粗略计算可按 1 根 10m 折算。根据实际需要,供井套管长度比设计套管长度往往要多一些。因此,检测套管长度要在设计套管长度的基础上附加一定比例,附加量的经验值是 3% ~ 10%。如某口深井的 339.7mm 表层套管附加量 10%、244.5mm 技术套管附加量 6%、139.7mm 生产套管附加量 4%。

4.3.4.2　水泥试验

水泥试验是由专业人员在固井作业前对油井水泥和水泥浆的性能进行分析化验,作为固井施工设计和施工的依据。主要检测性能有稠化时间、抗压强度、游离液、失水、流动度、水泥细度、水泥浆密度、流变性能、初凝时间和终凝时间等。

通常,固井作业一次需要进行一套水泥试验。可按钻井工程设计中固井设计的固井次数确定水泥试验工程量,若固井设计中有特殊要求,按相关要求计算水泥试验工程量。

4.3.4.3　水泥混拌

水泥混拌是在固井作业前在常规水泥中加入一定比例的外加剂和外掺料,并使几种粉状物料在气化、流化状态下均匀混合,从而达到各种固井水泥的性能指标。

根据钻井工程设计中的固井设计要求,确定水泥混拌量。

4.3.4.4　下套管服务

下套管服务是由专业下套管队使用套管动力钳等工具实施下套管作业。

根据钻井工程设计中的固井设计要求,确定下套管服务长度。

4.3.5　其他作业

其他作业主要包括打水泥塞和试压。

根据钻井工程设计中的固井设计要求,确定打水泥塞或试压的次数。

4.4 固井工程综合单价编制方法

固井工程综合单价的确定总体上可以分为两类方法。一是直接套用或参考使用企业定额;二是自行编制综合单价,这里举例说明套管综合单价编制方法。

4.4.1 直接套用或参考使用企业定额

每个油田和钻探企业通常都有一套企业定额,编制综合单价时可直接套用或参考使用。这里给出3种油田现有的一开井段表层套管固井作业定额模式,见表4-10至表4-15。

表4-10 A油田路途行驶定额　　　　计量单位:元/井次

项目			固井规模(t)				
序号	设备	规格	$Q \leqslant 15$	$15 < Q \leqslant 30$	$30 < Q \leqslant 45$	$45 < Q \leqslant 60$	$60 < Q \leqslant 75$
1	水泥车	CPT-986/THC5070				1000	2000
2	水泥车	SNC35-16Ⅱ/T-815	800	1600	1600	800	
3	管汇车	GG-350/EQ140	300	300	300	300	300
4	供水车	EQ-140-1	500	500	1000	1000	1000
5	压风车	YW9/7-6135	1000	1000	1500	1500	2000
6	背罐车	SSJS140ZBG	360	360	720	720	1080
7	工具车	EQ1141GI	360	360	360	360	360
合计			3320	4120	5480	5680	6740

表4-11 A油田固井施工定额　　　　计量单位:元/井次

项目			固井规模(t)				
序号	设备	规格	$Q \leqslant 15$	$15 < Q \leqslant 30$	$30 < Q \leqslant 45$	$45 < Q \leqslant 60$	$60 < Q \leqslant 75$
1	水泥车	CPT-986/THC5070				6435	13464
2	水泥车	SNC35-16Ⅱ/T-815	1571	3826	4376	2311	
3	管汇车	GG-350/EQ140	293	356	408	431	450
4	供水车	EQ-140-1	385	469	1073	1133	1185
5	压风车	YW9/7-6135	686	776	1428	1494	2258
6	立罐		201	201	402	402	603
合计			3320	4120	3135	5629	7686

表4-12 B油田路途行驶定额　　　　计量单位:元/(车组·公里)

项目			固井规模(t)				
序号	设备	规格	$Q \leqslant 15$	$15 < Q \leqslant 20$	$20 < Q \leqslant 30$	$30 < Q \leqslant 40$	$40 < Q \leqslant 50$
1	水泥车	SDF5210TJC40/T-815			13.08		
2	水泥车	SNC-35-16/BENZ2629	14.70	14.70		29.41	29.41
3	水泥车	SNC-40-17/奔驰2629					
4	水泥车	SNC-50-30/万国5000					

序号	设备	规格	固井规模(t) Q≤15	15<Q≤20	20<Q≤30	30<Q≤40	40<Q≤50
5	背罐车	BGC-2500Y/CQ19.210					
6	工具车	HZC5100JSQ/EQ-140					
7	供水车	GS-200	8.16	8.16	8.16	8.16	8.16
8	固井管汇车	GG-35/EQ141					
9	固井指挥车	CQK-2020	9.92	9.92	9.92	9.92	9.92
10	灰罐车	HC-14/BENZ-2629	13.38	26.77	40.15	53.53	80.30
11	施工交通车	20座					
12	压风机车	EQ-1092F 5t					
合计			46.17	59.55	71.31	101.02	127.79

表4-13　B油田固井施工定额　　　　　　　　计量单位:元/井次

序号	设备	规格	固井规模(t) Q≤15	15<Q≤20	20<Q≤30	30<Q≤40	40<Q≤50
1	水泥车	SDF5210TJC40/T-815			3229		
2	水泥车·	SNC-35-16/BENZ2629	4249	4333	4417	10513	10848
3	工具车	HZC5100JSQ/EQ-140					
4	供水车	GS-200	803	819	835	994	1026
5	固井管汇车	GG-35/EQ141					
6	固井指挥车	CQK-2020	235	235	235	235	235
7	灰罐车	HC-14/BENZ-2629	1274	2548	3822	5096	7644
合计			6561	7935	12537	16837	19753

表4-14　C油田路途行驶定额　　　　　　　　计量单位:元/台时

序号	设备	规格	固井规模(t) 10	15	20	30	40
1	水泥车	BJ	742	742	742	742	742
2	水泥车	国产大功率	480	480	480	480	480
3	下灰车	T815	198	395	395	593	791
4	管汇车	JHX5100JGH35					
5	仪器车	HLJ504TDG	139	139	139	139	139
6	锅炉车(冬季)	LTJ5101TGL/60	168	168	168	168	168
7	工具车	BJ2032S	49	49	49	49	49
8	指挥车	BJ-2021E	139	139	139	139	139
9	现场调度车	BJ-2021E	163	163	163	163	163
10	餐车	CA-141	102	102	102	102	102
合计			2180	2377	2377	2575	2773

表 4-15　C油田固井施工定额　　　　　　计量单位:元/井次

项　目			固井规模(t)				
序　号	设　备	规　格	10	15	20	30	40
1	水泥车	BJ	3289	3524	3602	3602	3681
2	水泥车	国产大功率	2820	3021	3089	3089	3156
3	下灰车	T815	1476	3074	3115	4673	6313
4	管汇车	JHX5100JGH35					
5	仪器车	HLJ504TDG	606	649	663	663	678
6	锅炉车(冬季)	LTJ5101TGL/60	851	912	932	932	952
7	工具车	BJ2032S	212	227	233	233	238
8	指挥车	BJ-2021E	607	650	665	665	679
9	现场调度车	BJ-2021E	710	761	778	778	795
10	餐车	CA-141	444	476	487	487	497
合计			11015	13294	13564	15122	16989

对于 A 油田固井作业,路途行驶费和固井施工费综合单价可直接套用定额。

对于 B 油田固井作业,固井施工费综合单价可直接套用定额。路途行驶费综合单价计算方法如下:

路途行驶费综合单价(元/次) = 定额(元/车组·公里) × 固井队所在地到井场往返距离(公里)

对于 C 油田固井作业,固井施工费综合单价可直接套用定额。路途行驶费综合单价计算方法如下:

路途行驶费综合单价(元/次) = 定额(元/台时) × 固井队所在地到井场往返距离(km) ÷ 30km/台时

但使用定额时需要注意三个方面的问题,详见2.4.1部分内容。

4.4.2　套管综合单价编制方法

以某油田三开井身结构的开发井为例,说明一套套管综合单价编制方法。

4.4.2.1　基础参数

4.4.2.1.1　套管程序参数

根据钻井工程设计,确定开发井套管程序参数,见表4-16。

表 4-16　某油田开发井套管程序参数

序号	钻进井段	钻头规格(mm)	套管规格(mm)	钢级×壁厚(mm)	单位重量(kg/m)	套管下深(m)	段长(m)
1	一开井段	444.5	339.7	J55×10.92	90.77	0-905	905
2	二开井段	311.1	244.5	L80×11.99	69.94	0-191	191
3				L80×11.05	64.82	191-1919	1728
4				TP110×11.99	69.94	1919-2483	564
5	三开井段	215.9	168.3	VASS-90×12.07	47.66	0-3776	3776

4.4.2.1.2 套管附加量参数

根据油田生产实践经验和相关技术规定,确定套管附加量参数,见表4-17。

表4-17 套管附加量参数

序号	钻进井段	钻头规格(mm)	套管规格(mm)	钢级×壁厚(mm)	单位	附加量
1	一开井段	444.5	339.7	J55×10.92	%	5.00
2	二开井段	311.1	244.5	L80×11.99	%	2.00
3				L80×11.05	%	2.00
4				TP110×11.99	%	2.00
5	三开井段	215.9	168.3	VASS-90×12.07	%	3.00

4.4.2.2 消耗参数

采用各层套管段长乘以单位重量,并考虑套管附加量,计算得出开发井套管消耗参数,见表4-18。

表4-18 某油田开发井套管消耗参数　　　　计量单位:口井

序　号	钻进井段	名　　称	钢级×壁厚(mm)	单　位	数　量
1	一开井段	339.7mm套管	J55×10.92	t	86.25
2	二开井段	244.5mm套管	L80×11.99	t	13.63
3			L80×11.05	t	114.25
4			TP110×11.99	t	40.24
5	三开井段	168.3mm套管	VASS-90×12.07	t	185.36
合计				t	439.73

4.4.2.3 费用参数

4.4.2.3.1 间接费

考虑套管为建设单位提供材料,不计算企业管理费和工程风险费等间接费;若是施工单位提供套管,还需要计算间接费。

4.4.2.3.2 套管价格

根据油田本年度套管价格资料和相关合同,确定开发井套管价格,见表4-19。

表4-19 套管价格　　　　计量单位:t

序　号	名　　称	钢级×壁厚(mm)	单　位	金　额
1	339.7mm套管	J55×10.92	元	8188.67
2	244.5mm套管	L80×11.99	元	9505.72
3	244.5mm套管	L80×11.05	元	8874.67
4	244.5mm套管	TP110×11.99	元	8058.05
5	168.3mm套管	VASS-90×12.07	元	13428.45

4.4.2.4 综合单价

采用同规格套管消耗参数乘以套管价格,除以套管段长,确定同一规格套管平均单位长度综合单价,见表4-20。

表4-20　某油田开发井套管综合单价　　　　　　　　　　　　计量单位:m

序　号	钻进井段	名　称	钢级×壁厚(mm)	单　位	金　额
1	一开井段	339.7mm套管	J55×10.92	元	780.45
2			L80×11.99	元	678.13
3	二开井段	244.5mm套管	L80×11.05	元	586.76
4			TP110×11.99	元	574.85
5	三开井段	168.3mm套管	VASS-90×12.07	元	659.20

4.5　固井工程造价计算举例

固井工程造价计算主要分为固井工程工程量清单编制、分部分项工程量清单计价和固井工程造价计算三部分。根据钻井工程设计和相关技术标准要求,编制固井工程工程量清单;依据固井工程工程量清单和相关综合单价,进行分部分项工程量清单计价;再按单位工程费进行汇总,并计算税费,计算出固井工程造价。

4.5.1　固井工程工程量清单编制

编制固井工程工程量清单时,按固井工程工程量计算规则要求,以分部分项工程为基础编制工程量清单。

例如,根据钻井工程设计,某油田开发井井身结构基本数据见表4-21。

表4-21　某油田开发井井身结构数据

序号	钻进井段	钻头规格(mm)	井深(m)	进尺(m)	套管规格(mm)	套管下深(m)
1	一开井段	444.5	850	850	339.7	848
2	二开井段	311.1	2450	1600	244.5	2445
3	三开井段	215.9	3900	1450	168.3	3860

该开发井固井工程工程量清单示例见表4-22至表4-26。

表4-22　固井作业

序号	项目编码	项目名称	项目特征	计量单位	工程量	备注
1	311000	一开井段				
2	311100	路途行驶	2000型水泥车组	次	1	
3	311200	固井施工	444.5mm井眼井深850m,339.7mm套管下深848m,单级常规固井,水泥量100t	次	1	
4	312000	二开井段				
5	312100	路途行驶	2000型水泥车组	次	1	
6	312200	固井施工	311.1mm井眼井深2450m,244.5mm套管下深2445m,单级常规固井,水泥量130t	次	1	
7	313000	三开井段				
8	313100	路途行驶	2000型水泥车组	次	1	
9	313200	固井施工	215.9mm井眼井深3900m,168.3mm套管下深3860m,单级常规固井,水泥量80t	次	1	

表4-23 主要材料

序号	项目编码	项目名称	项目特征	计量单位	工程量	备注
1	321000	套管		m	7153	建设单位提供
2	321100	一开井段	外径 339.7mm,壁厚 10.92mm,单重 90.86kg/m,长圆扣,钢级 J55	m	848	总长=848m
3	321200	二开井段		m	2445	
4	321210		外径 244.5mm,壁厚 11.99mm,单重 70.01kg/m,长圆扣,钢级 L80	m	205	总长 =205+1480+760 =2445m
5	321220		外径 244.5mm,壁厚 11.05mm,单重 64.79kg/m,长圆扣,钢级 L80	m	1480	
6	321230		外径 244.5mm,壁厚 11.99mm,单重 70.01kg/m,长圆扣,钢级 TP110	m	760	
7	321300	三开井段		m	3860	
8	321310		外径 168.3mm,壁厚 10.59mm,单重 41.71kg/m,VAM 扣,钢级 SM90	m	900	总长 =900+820+2140 =3860m
9	321320		外径 168.3mm,壁厚 10.59mm,单重 41.71kg/m,VAM 扣,钢级 L80	m	820	
10	321330		外径 168.3mm,壁厚 12.07mm,单重 47.66kg/m,VAM 扣,钢级 L80	m	2140	
11	322000	套管附件				建设单位提供
12	322100	一开井段				
13	322110		339.7mm 浮箍	个	1	
14	322120		339.7mm 浮鞋	个	1	
15	322130		弹簧扶正器	个	20	
16	322200	二开井段				
17	322210		244.5mm 浮箍	个	1	
17	322220		244.5mm 浮鞋	个	1	
18	322230		弹簧扶正器	个	60	
19	322300	三开井段				
20	322310		168.3mm 浮箍	个	1	
21	322320		168.3mm 浮鞋	个	1	
22	322330		弹簧扶正器	个	50	
23	322340		钢性扶正器	个	4	
24	323000	井下工具				建设单位提供
25	323100	一开井段				
26	323110		内管法注水泥器	只	1	
27	324000	水泥		t	310	建设单位提供
28	324100	一开井段	100#	t	100	

序号	项目编码	项目名称	项目特征	计量单位	工程量	备注
29	324200	二开井段	100#	t	130	
30	324300	三开井段	嘉华 G 级	t	80	
31	325000	水泥外加剂				建设单位提供
32	325200	二开井段		kg	110	
33	325210		HT123	kg	110	
34	325300	三开井段		kg	7990	
35	325310		OMEX－93L	kg	1790	
36	325320		OMEX－89L	kg	5530	
37	325330		OMEX－61L	kg	430	
38	325340		OMEX－19L	kg	240	
39	326000	固井水		m³	140.8	建设单位提供
40	326100	一开井段	清水,水灰比 40%,附加量 10%	m³	44	水量＝100×40% ×1.1＝44
41	326200	二开井段	清水,水灰比 40%,附加量 10%	m³	57.2	水量＝130×40% ×1.1＝57.2
42	326300	三开井段	清水,水灰比 45%,附加量 10%	m³	39.6	水量＝80×45% ×1.1＝39.6

表 4－24　大宗材料运输

序号	项目编码	项目名称	项目特征	计量单位	工程量	备注
1	331000	套管运输		次	3	建设单位提供
2	331100	一开井段	重量 77.05t,往返路程 20km	次	1	重量＝∑ 单重 ×长度÷1000
3	331200	二开井段	重量 163.45t,往返路程 20km	次	1	
4	331300	三开井段	重量 173.73t,往返路程 20km	次	1	
5	332000	水泥运输		次	3	建设单位提供
6	332100	一开井段	重量 100t,往返路程 20km	次	1	
7	332200	二开井段	重量 130t,往返路程 20km	次	1	
8	332300	三开井段	重量 80t,往返路程 20km	次	1	
9	333000	水泥外加剂运输		次	2	建设单位提供
10	333200	二开井段	HT123:110kg,往返路程 20km	次	1	
11	333300	三开井段	OMEX－93L:1790kg,OMEX－89L:5530kg, OMEX－61L:430kg,OMEX－19L:240kg,往返路程 20km	次	1	
12	334000	固井水运输		次	3	建设单位提供
13	334100	一开井段	清水 44m³,往返路程 20km	次	1	
14	334200	二开井段	清水 57.2m³,往返路程 20km	次	1	
15	334300	三开井段	清水 39.6m³,往返路程 20km	次	1	

表 4 - 25 技术服务

序号	项目编码	项目名称	项目特征	计量单位	工程量	备注
1	341000	套管检测		m	7153	
2	341100	一开井段	339.7mm 套管水压密封性能	m	848	
3	341200	二开井段	244.5mm 套管水压密封性能	m	2445	
4	341300	三开井段	168.3mm 套管水压密封性能	m	3860	
5	342000	水泥试验		次	3	
6	342100	一开井段	密度,流动度,稠化时间,失水量,抗压强度,n 值,K 值,造浆率	次	1	
7	342200	二开井段		次	1	
8	342300	三开井段		次	1	
9	344000	下套管服务		m	6305	
10	344200	二开井段	244.5mm 套管,扭矩监控记录	m	2445	
11	344300	三开井段	168.3mm 套管,扭矩监控记录,气动卡盘	m	3860	

表 4 - 26 其他作业

序号	项目编码	项目名称	项目特征	计量单位	工程量	备注
1	352000	试压	2000 型水泥车1台	次	5	

4.5.2 分部分项工程量清单计价

进行固井工程分部分项工程量清单计价时,根据工程项目选取相应的综合单价,采用工程量乘以综合单价,得出分部工程或分项工程费用金额,再归类合计,得出单位工程造价,见表 4 - 27 至表 4 - 31。

表 4 - 27 固井作业工程量清单计价

序号	项目编码	项目名称	项目特征	计量单位	工程量	综合单价(元)	金额(元)	备注
	310000	固井作业					271940.62	
1	311000	一开井段					85539.44	
2	311100	路途行驶	2000 型水泥车组	次	1	5500.00	5500.00	
3	311200	固井施工	444.5mm 井眼井深 850m,339.7mm 套管下深 848m,单级常规固井,水泥量 100t	次	1	80039.44	80039.44	
4	312000	二开井段					113485.61	
5	312100	路途行驶	2000 型水泥车组	次	1	6000.00	6000.00	
6	312200	固井施工	311.1mm 井眼井深 2450m,244.5mm 套管下深 2445m,单级常规固井,水泥量 130t	次	1	10785.61	107485.61	
7	313000	三开井段					72915.57	
8	313100	路途行驶	2000 型水泥车组	次	1	5000.00	5000.00	
9	313200	固井施工	215.9mm 井眼井深 3900m,168.3mm 套管下深 3860m,单级常规固井,水泥量 80t	次	1	67915.57	67915.57	

表 4 - 28　主要材料工程量清单计价

序号	项目编码	项目名称	项目特征	计量单位	工程量	综合单价（元）	金额（元）	备注
	320000	主要材料					5343805.79	建设单位提供
1	321000	套管		m	7153		4821159.95	
2	321100	一开井段	外径339.7mm,壁厚10.92mm,单重90.86kg/m,长圆扣,钢级J55	m	848	758.68	643361.49	总长 = 848m
3	321200	二开井段		m	2445		1658008.71	
4	321210		外径244.5mm,壁厚11.99mm,单重70.01kg/m,长圆扣,钢级L80	m	205	665.10	136344.48	总长 = 205 + 1480 + 760 = 2445m
5	321220		外径244.5mm,壁厚11.05mm,单重64.79kg/m,长圆扣,钢级L80	m	1480	615.51	910947.40	
6	321230		外径244.5mm,壁厚11.99mm,单重70.01kg/m,长圆扣,钢级TP110	m	760	803.57	610716.83	
7	321300	三开井段		m	3860		2519789.76	
8	321310		外径168.3mm,壁厚10.59mm,单重41.71kg/m,VAM扣,钢级SM90	m	900	635.79	572206.98	总长 = 900 + 820 + 2140 = 3860m
9	321320		外径168.3mm,壁厚10.59mm,单重41.71kg/m,VAM扣,钢级L80	m	820	596.45	489091.46	
10	321330		外径168.3mm,壁厚12.07mm,单重47.66kg/m,VAM扣,钢级L80	m	2140	681.54	1458491.32	
11	322000	套管附件					68080.00	
12	322100	一开井段					25200.00	
13	322110		339.7mm 浮箍	个	1	8500.00	8500.00	
14	322120		339.7mm 浮鞋	个	1	8300.00	8300.00	
15	322130		弹簧扶正器	个	20	420.00	8400.00	
16	322200	二开井段					28000.00	
17	322210		244.5mm 浮箍	个	1	6600.00	6600.00	
17	322220		244.5mm 浮鞋	个	1	6400.00	6400.00	
18	322230		弹簧扶正器	个	60	250.00	15000.00	
19	322300	三开井段					14880.00	
20	322310		168.3mm 浮箍	个	1	2200.00	2200.00	
21	322320		168.3mm 浮鞋	个	1	2000.00	2000.00	
22	322330		弹簧扶正器	个	50	200.00	10000.00	
23	322340		钢性扶正器	个	4	720.00	2880.00	
24	323000	井下工具					28500.00	
25	323100	一开井段					28500.00	

序号	项目编码	项目名称	项目特征	计量单位	工程量	综合单价（元）	金额（元）	备注
26	323110		内管法注水泥器	只	1	28500.00	28500.00	
27	324000	水泥		t	310		181700.00	
28	324100	一开井段	100#	t	100	550.00	55000.00	
29	324200	二开井段	100#	t	130	550.00	71500.00	
30	324300	三开井段	嘉华 G 级	t	80	690.00	55200.00	
31	325000	水泥外加剂					243450.64	
32	325200	二开井段		kg	110		2498.27	
33	325210		HT123	kg	110	22.71	2498.27	
34	325300	三开井段		kg	7990		240952.37	
35	325310		OMEX－93L	kg	1790	27.94	50006.94	
36	325320		OMEX－89L	kg	5530	29.82	164902.94	
37	325330		OMEX－61L	kg	430	36.99	15905.62	
38	325340		OMEX－19L	kg	240	42.24	10136.87	
39	326000	固井水		m³	140.8		915.20	
40	326100	一开井段	清水,水灰比40%,附加量10%	m³	44	6.50	286.00	
41	326200	二开井段	清水,水灰比40%,附加量10%	m³	57.2	6.50	371.80	
42	326300	三开井段	清水,水灰比45%,附加量10%	m³	39.6	6.50	257.40	

表 4－29 大宗材料运输工程量清单计价

序号	项目编码	项目名称	项目特征	计量单位	工程量	综合单价（元）	金额（元）	备注
	330000	大宗材料运输					77809.50	建设单位提供
1	331000	套管运输		次	3		28444.50	
2	331100	一开井段	重量77.05t,往返路程20km	次	1	6511.40	6511.40	
3	331200	二开井段	重量163.45t,往返路程20km	次	1	8910.30	8910.30	重量＝∑单重×长度÷1000
4	331300	三开井段	重量173.73t,往返路程20km	次	1	13022.80	13022.80	
5	332000	水泥运输		次	3		36439.34	
6	332100	一开井段	重量100t,往返路程20km	次	1	10638.74	10638.74	
7	332200	二开井段	重量130t,往返路程20km	次	1	16167.83	16167.83	
8	332300	三开井段	重量80t,往返路程20km	次	1	9632.77	9632.77	
9	333000	水泥外加剂运输		次	2		6845.66	
10	333200	二开井段	HT123:110kg,往返路程20km	次	1	260.19	260.19	

序号	项目编码	项目名称	项目特征	计量单位	工程量	综合单价（元）	金额（元）	备注
11	333300	三开井段	OMEX－93L:1790kg, OMEX－89L:5530kg, OMEX－61L:430kg,OMEX－19L:240kg,往返路程20km	次	1	505.47	505.47	
12	334000	固井水运输		次	3		6080.00	
13	334100	一开井段	清水44m³,往返路程20km	次	1	1920.00	1920.00	
14	334200	二开井段	清水57.2m³,往返路程20km	次	1	2560.00	2560.00	
15	334300	三开井段	清水39.6m³,往返路程20km	次	1	1600.00	1600.00	

表 4－30　技术服务工程量清单计价

序号	项目编码	项目名称	项目特征	计量单位	工程量	综合单价（元）	金额（元）	备注
	340000	技术服务					174092.23	
1	341000	套管检测		m	7153		108725.60	
2	341100	一开井段	339.7mm 套管密封性能	m	848	15.20	12889.60	
3	341200	二开井段	244.5mm 套管密封性能	m	2445	15.20	37164.00	
4	341300	三开井段	168.3mm 套管密封性能	m	3860	15.20	58672.00	
5	342000	水泥试验		次	3		11107.53	
6	342100	一开井段	密度,流动度,稠化时间,失水量,抗压强度,n 值,K 值,造浆率	次	1	3702.51	3702.51	
7	342200	二开井段		次	1	3702.51	3702.51	
8	342300	三开井段		次	1	3702.51	3702.51	
9	344000	下套管服务		m	6305		54259.10	
10	344200	二开井段	244.5mm 套管,扭矩监控记录	m	2445	8.82	21564.90	
11	344300	三开井段	168.3mm 套管,扭矩监控记录,气动卡盘	m	3860	8.47	32694.20	

表 4－31　其他作业工程量清单计价

序号	项目编码	项目名称	项目特征	计量单位	工程量	综合单价（元）	金额（元）	备注
	350000	其他作业					38080.00	
1	352000	试压	2000 型水泥车1台	次	5	7616.00	38080.00	

4.5.3　固井工程造价计算

按分部分项工程量清单计价中单位工程费进行汇总,并计算税费,计算出固井工程造价,见表4－32。

表 4 - 32　固井工程造价计算

项目编码	项目名称	单位	金额	备注(数字编码代表对应项目)
300000	固井工程费	元	5910569.27	310000 + 320000 + 330000 + 340000 + 350000 + 360000
310000	固井作业费	元	271940.62	固井作业工程量清单计价 310000
320000	主要材料费	元	5343805.79	主要材料工程量清单计价 320000
330000	大宗材料运输费	元	77809.50	大宗材料运输工程量清单计价 330000
340000	技术服务费	元	174092.23	技术服务工程量清单计价 340000
350000	其他作业费	元	38080.00	其他作业工程量清单计价 350000
360000	税费	元	4841.13	(310000 + 340000 + 350000)×折算税率 1%

5 录井工程工程量清单计价方法

5.1 录井工程工程量清单项目及计算规则

录井工程工程量由录井作业、技术服务和其他作业等3个部分构成。录井工程工程量清单项目及计算规则如表5－1至表5－3所示。若有录井工程的子项目未包含在已设立录井工程项目中，则放在相应的分部分项工程下面，并补充相关内容。

表5－1　录井作业（编码：410000）

项目编码	项目名称	项目特征	计量单位	工程量计算规则	工程内容
411000	搬迁	(1)搬迁方式； (2)搬迁要求	次	按搬迁次数计算	(1)装车； (2)运输； (3)卸车； (4)就位
412000	资料采集				
412100	一开井段				
412200	二开井段				(1)录井准备；
412300	三开井段	(1)录井方法； (2)录井要求	d	按设计录井作业时间计算	(2)现场施工； (3)分析化验； (4)资料整理
412400	四开井段				
412500	五开井段				
413000	资料处理解释	处理解释要求	次	按设计处理解释次数计算	(1)资料综合处理； (2)完井地质总结

表5－2　技术服务（编码：420000）

项目编码	项目名称	项目特征	计量单位	工程量计算规则	工程内容
421000	定量荧光录井	(1)录井方法； (2)样品数量； (3)录取要求			(1)取样； (2)制备； (3)分析
422000	岩石热解地化录井	(1)样品数量； (2)录取要求	次	按设计录井次数计算	(1)取样； (2)处理； (3)分析
423000	热解气相色谱录井				
424000	罐顶气轻烃录井	(1)样品数量； (2)录取要求			(1)取样； (2)色谱分析； (3)处理评价
425000	核磁共振录井	(1)样品数量； (2)录取要求			(1)仪器标定； (2)样品处理； (3)样品分析

表5-3 其他作业(编码:430000)

项目编码	项目名称	项目特征	计量单位	工程量计算规则	工 程 内 容
431000	化验分析	(1)项目; (2)要求	项	按设计化验分析数量计算	(1)取样; (2)分析
432000	远程数据传输	(1)传输方式; (2)传输要求	d	按设计传输时间计算	(1)设备安装; (2)数据传输

5.2 录井工程造价构成及计算方法

录井工程造价由录井作业费、技术服务费、其他作业费和税费4部分构成,若录井作业费中含有化验分析费、资料处理解释费和数据传输费,则不再单独计取。录井工程造价构成内容及计算方法如表5-4所示,分部分项工程造价构成内容及计算方法见表5-5。

表5-4 录井工程造价构成

项目编码	项目名称	计价单位	造价计算方法(数字编码代表对应项目)
400000	录井工程费	元/口井	410000 + 420000 + 430000 + 440000
410000	录井作业费	元/口井	分部分项工程造价410000
420000	技术服务费	元/口井	分部分项工程造价420000
430000	其他作业费	元/口井	分部分项工程造价430000
440000	税费	元/口井	(410000 + 420000 + 430000) × 折算税率

表5-5 分部分项工程造价构成

项目编码	项目名称	计价单位	造价计算方法(数字编码代表对应项目)
410000	录井作业	元/口井	411000 + 412000 + 413000
411000	搬迁	元/口井	∑综合单价(元/次) × 搬迁次数(次)
412000	资料采集	元/口井	412100 + 412200 + 412300 + 412400 + 412500
412100	一开井段	元/口井	
412200	二开井段	元/口井	
412300	三开井段	元/口井	∑综合单价(元/d) × 录井作业时间(d)
412400	四开井段	元/口井	
412500	五开井段	元/口井	
413000	资料处理解释	元/口井	∑综合单价(元/次) × 处理解释次数(次)
420000	技术服务	元/口井	421000 + 422000 + 423000 + 424000 + 425000
421000	定量荧光录井	元/口井	
422000	岩石热解地化录井	元/口井	
423000	热解气相色谱录井	元/口井	∑综合单价(元/次) × 录井次数(次)
424000	罐顶气轻烃录井	元/口井	
425000	核磁共振录井	元/口井	

项目编码	项目名称	计价单位	造价计算方法(数字编码代表对应项目)
430000	其他作业	元/口井	431000＋432000
431000	化验分析	元/口井	∑综合单价(元/项)×化验分析数量(项)
432000	远程数据传输	元/口井	∑综合单价(元/d)×传输时间(d)

5.3 录井工程工程量清单编制方法

编制录井工程工程量清单时,按录井工程工程量项目和计算规则要求,以分部分项工程为基础编制工程量清单。若认为有录井工程的技术服务类项目未包含在已设立录井工程项目,如钻柱应力波频谱录井,则放在项目编码420000技术服务下面,项目编码426000钻柱应力波频谱录井。若认为有特殊录井工程项目,未包含在已设立录井工程项目,如送岩心,则放在项目编码430000其他作业下面,按同样规则确定,项目编码433000送岩心。

5.3.1 录井作业

录井作业是由录井队采用一定的方法在钻井过程中连续采集和分析地质及工程资料的作业。常用的录井方法主要有地质录井、气测录井、综合录井三大类。

在钻井地质设计和钻井工程设计中,专门有1项录取资料要求,明确提出了录井项目、录井层位、录井井段、录井方法等各种录井要求。通常情况下,1口井按1次搬迁计算;个别情况下,1口井需要两支录井队先后开展录井作业,按2次搬迁计算。资料采集时间通常按设计钻井周期计算。资料处理解释通常1口井按1次计算;若有明确说明资料采集中含有资料处理解释,则可不考虑资料处理解释工程量;若有明确说明有多次资料处理解释,则按要求计算工程量。

5.3.2 技术服务

技术服务指采用录井新技术实施录井技术服务,常采用的技术服务包括定量荧光录井、岩石热解地化录井、热解气相色谱录井、罐顶气轻烃录井、核磁共振录井等。通常情况下,这些技术服务非连续现场作业。

在钻井地质设计和钻井工程设计中,专门有1项录取资料要求,明确提出了各种录井技术服务要求,按要求计算工程量。

5.3.3 其他作业

其他作业指除录井作业和技术服务以外的需要单独计价的作业,如需要单独进行的分析化验项目。远程数据传输工作若含在资料采集中,则不再单独计算工程量。

根据钻井工程设计中录取资料要求和项目管理需要确定其他作业工程量。

5.4 录井工程综合单价编制方法

录井工程综合单价的确定总体上可以分为两类方法。一是直接套用或参考使用企业定额;二是自行编制综合单价,这里举例说明资料采集综合单价编制方法。

5.4.1　直接套用或参考使用企业定额

每个油田和钻探企业通常都有一套企业定额,编制综合单价时可直接套用或参考使用,但需要注意三个方面的问题,详见2.4.1部分内容。

5.4.2　录井作业资料采集综合单价编制方法

以某油田使用SK-2000综合录井仪的综合录井队为例,说明一套资料采集综合单价编制方法。

5.4.2.1　基础参数

5.4.2.1.1　录井队定员参数

录井队定员参数(表5-6)根据油田现有定员情况确定。

表5-6　综合录井队定员参数　　　　　　　　　　　计量单位:队

序　号	岗　位	单　位	数　量
	合计	人	8
1	队长	人	2
2	技术员	人	2
3	操作员	人	4

5.4.2.1.2　录井队年人工费参数

录井队年人工费参数(表5-7)根据上一年度录井队人员平均人工费确定。

表5-7　综合录井队年人工费参数　　　　　　　　　计量单位:人·年

序　号	名　称	单　位	金　额
1	年人工费	元	56700.00

5.4.2.1.3　设备配备参数

设备配备参数(表5-8)根据录井队实际配备情况确定。

表5-8　SK-2000综合录井设备配备参数　　　　　　计量单位:队

序号	名　称	规格型号	单位	数量
1	综合录井仪	SK-2000	台	1
2	空气压缩机	XFMK225	台	2
3	示波器	HP54654A	台	1
4	高精度数字万用表	HP33420A	台	1
5	热真空分析器		台	1
6	计算机	DELLGX400PIIII	台	1
7	便携计算机	IBM47LPIII800	台	1
8	工控机	TIPC-610P-4-250	台	1
9	打印机	HP5000	台	1
10	打印机	EPSON1520K	台	2
11	全自动空气源	SGK-500IV	台	2

序号	名　称	规 格 型 号	单位	数量
12	氢气发生器	CYH - 500 - IV	台	2
13	彩色字符终端	ETHRM2NAR(防爆)	台	3
14	UPS	DMB20KWA	台	1
15	野营房		栋	5

5.4.2.1.4　设备原值参数

设备原值参数(表5-9)采用设备单台(栋)价格乘以设备配备数量确定。

表5-9　SK-2000综合录井设备原值参数　　　　计量单位:队

序号	名　称	规 格 型 号	单位	数量
	合计		元	1692709.01
1	综合录井仪	SK - 2000	元	910171.00
2	空气压缩机	XFMK225	元	15400.00
3	示波器	HP54654A	元	82000.00
4	高精度数字万用表	HP33420A	元	43500.00
5	热真空分析器		元	6800.00
6	计算机	DELLGX400PIV	元	11329.91
7	便携计算机	IBM47LPIII800	元	42564.10
8	工控机	TIPC - 610P - 4 - 250	元	15000.00
9	打印机	HP5000	元	15500.00
10	打印机	EPSON1520K	元	10768.00
11	全自动空气源	SGK - 500IV	元	11282.00
12	氢气发生器	CYH - 500 - IV	元	16238.00
13	彩色字符终端	ETHRM2NAR(防爆)	元	84156.00
14	UPS	DMB20KWA	元	138000.00
15	野营房		元	290000.00

5.4.2.1.5　设备折旧及修理费率参数

设备折旧及修理费率参数(表5-10)根据相关财务规定和统计结果确定。

表5-10　综合录井设备折旧及修理费率参数　　　　计量单位:年

序号	设 备 名 称	规 格 型 号	单位	折旧	修理
1	综合录井仪	SK - 2000	%	12.50	6.00
2	空气压缩机	XFMK225	%	12.50	6.00
3	示波器	HP54654A	%	12.50	6.00
4	高精度数字万用表	HP33420A	%	12.50	6.00
5	热真空分析器		%	25.00	6.00
6	计算机	DELLGX400PIIII	%	25.00	6.00

序号	设 备 名 称	规 格 型 号	单位	折旧	修理
7	便携计算机	IBM47LPIII800	%	25.00	6.00
8	工控机	TIPC－610P－4－250	%	25.00	6.00
9	打印机	HP5000	%	25.00	6.00
10	打印机	EPSON1520K	%	25.00	6.00
11	全自动空气源	SGK－500IV	%	25.00	6.00
12	氢气发生器	CYH－500－IV	%	25.00	6.00
13	彩色字符终端	ETHRM2NAR（防爆）	%	25.00	6.00
14	UPS	DMB20KWA	%	25.00	6.00
15	野营房		%	20.00	0.00

注：以设备原值为基数。

5.4.2.1.6 年额定工作时间

年额定工作时间（表5－11）采用近3年平均工作量统计分析并参考相关规定确定。

表5－11　录井队年额定工作时间　　　　　计量单位:年

序　号	岗　位	单　位	数　量
1	工作时间	d	240.00

5.4.2.2 消耗参数

5.4.2.2.1 专用材料参数

专用材料参数（表5－12）采用近3年平均工作量统计分析确定。

表5－12　SK－2000综合录井专用材料消耗参数　　　　　计量单位:d

序号	材料名称	规格型号	单位	数量
1	过桥轮扭矩传感器		套	0.0069
2	硫化氢传感器		个	0.0069
3	密度传感器		个	0.0077
4	样品泵		个	0.0199
5	泵冲传感器		个	0.0306
6	超声波液位传感器		个	0.0077
7	过桥轮轮片		个	0.0061
8	脱气器电机		个	0.0161
9	出口流量传感器		个	0.0161
10	空气源压缩机		台	0.0199
11	电阻率传感器		个	0.0061
12	全烃鉴定器		个	0.0161
13	组分鉴定器		个	0.0161
14	母板	SK3Q02	块	0.0061
15	十一通拉杆阀		个	0.0015

序号	材料名称	规格型号	单位	数量
16	硫化氢传感器探头		个	0.0199
17	热导检测器	TCD	个	0.0092
18	信号线	3芯	m	0.5147
19	立管压力传感器		个	0.0061
20	套管压力传感器		个	0.0061
21	泵冲板	SK7J02B	块	0.0100
22	温度传感器		个	0.0061
23	压力缓冲器		个	0.0069
24	3R03M板		块	0.0100
25	交直流扭矩传感器		个	0.0161
26	温度传感器前置电路		块	0.0100
27	绞车传感器		个	0.0061
28	微电流放大板	SK3Q02	块	0.0061
29	烃混合样	0.001	瓶	0.0115
30	烃混合样	0.01	瓶	0.0115
31	烃混合样	0.1	瓶	0.0115
32	旋转拉杆阀		个	0.0100
33	串并口转换卡		块	0.0100
34	硫化氢传感器标定阀		个	0.0100
35	3R03D数码显示板		块	0.0061
36	悬重传感器		个	0.0306
37	甲烷标气	0.01	瓶	0.0107
38	甲烷标气	0.1	瓶	0.0107
39	电源板	SK7J02	块	0.0084
40	工控机主板		块	0.0077
41	绞车接口板	SK7J02A	块	0.0077
42	3056记录仪伺服放大器		个	0.0100
43	3R03SP接口板		块	0.0100
44	气阻块		个	0.0100
45	氢气标样	0.01	瓶	0.0115
46	氢气标样	0.02	瓶	0.0115
47	出口流量传感器前置电路		块	0.0061
48	电导率传感器前置电路		块	0.0061
49	氢气稳压阀		个	0.0199
50	密度传感器前置电路		块	0.0061
51	小型程控机		台	0.0015
52	快锁接头		对	0.1026

序号	材料名称	规格型号	单位	数量
53	A/D 转换板	SK3Q02	块	0.0061
54	稳压阀		个	0.0199
55	恒温箱温度传感器	3Q02	个	0.0199
56	恒温箱温度传感器	3R03	个	0.0199
57	多串口卡		块	0.0069
58	电缆线	3×10	m	0.5147
59	打印机电源板	CR3240Ⅱ	块	0.0061
60	电缆线	3×6	m	0.8251
61	色谱柱		根	0.0015
62	主板	华硕815EP	块	0.0061
63	氢气发生器干燥管		个	0.0161
64	电子流量计		个	0.0008
65	预切柱		根	0.0015
66	六通阀		个	0.0061
67	色谱仪开关电源	SK3Q02	个	0.0061
68	开关电源		个	0.0061
69	加热板	3R03	块	0.0061
70	甲烷标气	0.00003	瓶	0.0015
71	甲烷标气	0.001	瓶	0.0015
72	甲烷标气	1	瓶	0.0015
73	取样电阻板		块	0.0061
74	驱动板	SK3Q02	块	0.0061
75	手压泵		个	0.0100
76	氢气发生器电解池		个	0.0161
77	氧气稳压阀		个	0.0161

5.4.2.2.2 通用材料参数

通用材料参数(表5-13)采用近3年平均工作量统计分析确定。

表5-13 SK-2000综合录井通用材料消耗参数　　　　计量单位:d

序号	材料名称	规格型号	单位	数量
1	空气开关	100A	个	0.0364
2	电烙铁		把	0.0199
3	套筒扳手		套	0.0100
4	342 记录笔	红	支	0.5331
5	342 记录笔	蓝	支	0.5331
6	342 记录笔	绿	支	0.5331
7	磁带	525M	盘	0.1581

序号	材料名称	规格型号	单位	数量
8	全脱真空泵		台	0.0199
9	全脱加热器		台	0.0199
10	岩屑盒		个	0.8301
11	加热管		个	0.0199
12	洗砂筐		个	0.1286
13	防堵器		个	0.0727
14	墨盒	EPSON1520 黑色	个	0.0624
15	墨盒	EPSON1520 彩色	个	0.0570
16	砂心滤球		个	0.2897
17	岩心挡板		个	4.3433
18	全脱盐水瓶		个	0.1443
19	变色硅胶	500g	瓶	0.7237
20	岩心盒	双	个	0.3620
21	复印纸	A3	箱	0.0727
22	复印纸	A4	箱	0.0727
23	干燥管		个	0.0727
24	滤纸	7cm	盒	0.3620
25	滤纸	9cm	盒	0.3620
26	球型瓶		个	0.2897
27	密度计		台	0.0161
28	氯仿	500ml	瓶	0.2897
29	白硝基瓷漆		kg	0.3620
30	坩埚		个	0.0727
31	全脱磁棒		个	0.1443
32	电热板温控器		个	0.0306
33	全脱真空表		个	0.0413
34	岩心砍刀		把	0.0364
35	氢氧化钾	500g	瓶	0.2897
36	全脱球形瓶		个	0.1443
37	无水乙醇	500ml	瓶	0.3620

考虑到综合录井材料消耗品种较多,但价值普遍较低,也可不编制材料消耗参数,而直接采用统计分析方法在费用参数中编制材料费参数。

5.4.2.3 费用参数

5.4.2.3.1 人工费参数

人工费参数(表5-14)采用年人工费参数乘以定员参数,再除以年额定工作时间确定。

表5－14　综合录井队人工费参数　　　　　　　计量单位:d

序　号	名　　称	单　位	金　额
1	人工费	元	1890.00

5.4.2.3.2　设备费参数

设备费参数(表5－15)采用设备原值乘以设备折旧及修理费率参数,再除以年额定工作时间确定。

表5－15　综合录井队设备费参数　　　　　　　计量单位:d

序　号	名　　称	单　位	金　额
	合计	元	1506.07
1	折旧	元	1155.39
2	修理费	元	350.68

5.4.2.3.3　材料费参数

材料费参数(表5－16)采用专用材料消耗参数和通用材料消耗参数乘以材料价格,再分别汇总确定。

表5－16　综合录井队材料费参数　　　　　　　计量单位:d

序　号	名　　称	单　位	金　额
	合计	元	3445.49
1	专用材料	元	2601.62
2	通用材料	元	843.87

5.4.2.3.4　其他直接费参数

其他直接费参数包括日常运输费参数和资料处理解释费参数等。

(1)日常运输费参数(表5－17)采用现有租车费标准确定。

表5－17　日常运输费参数　　　　　　　计量单位:d

序　号	名　　称	单　位	金　额
1	日常运输费	元	400.00

(2)资料处理解释费参数(表5－18)采用现有相关取费标准确定。

表5－18　资料处理解释费参数　　　　　　　计量单位:d

序　号	名　　称	单　位	金　额
1	资料处理解释费	元	350.00

5.4.2.3.5　企业管理费参数

企业管理费参数(表5－19)根据企业财务数据和经验数据确定。

表 5-19　企业管理费参数

序　号	名　称	单　位	费　率
1	企业管理费	%	10.00

注：以直接费为基数。

5.4.2.3.6　工程风险费参数

工程风险费参数(表 5-20)根据企业财务数据和经验数据确定。

表 5-20　工程风险费参数

序　号	名　称	单　位	费　率
1	工程风险费	%	3.00

注：以直接费为基数。

5.4.2.3.7　利润参数

利润参数(表 5-21)参照企业投资回报管理规定确定。

表 5-21　利润参数

序　号	名　称	单　位	费　率
1	利润	%	10.00

注：以直接费和间接费为基数。

5.4.2.3.8　材料价格

材料价格(表 5-22 和表 5-23)采用上年库存材料价格确定。

表 5-22　专用材料价格

序号	材料名称	规格型号	单位	单价(元)
1	过桥轮扭矩传感器		套	47000.00
2	硫化氢传感器		个	43542.74
3	密度传感器		个	18900.00
4	样品泵		个	4786.33
5	泵冲传感器		个	3076.92
6	超声波液位传感器		个	13000.00
7	过桥轮轮片		个	12000.00
8	脱气器电机		个	3800.00
9	出口流量传感器		个	3550.00
10	空气源压缩机		台	2600.00
11	电阻率传感器		个	9950.00
12	全烃鉴定器		个	3158.98
13	组分鉴定器		个	3158.98
14	母板	SK3Q02	块	9094.02
15	十一通拉杆阀		个	21945.30
16	硫化氢传感器探头		个	2100.00
17	热导检测器	TCD	个	7717.50

序号	材料名称	规格型号	单位	单价（元）
18	信号线	3芯	米	74.58
19	立管压力传感器		个	6897.78
20	套管压力传感器		个	6897.78
21	泵冲板	SK7J02B	块	3085.47
22	温度传感器		个	5811.97
23	压力缓冲器		个	4547.01
24	3R03M板		块	2435.90
25	交直流扭矩传感器		个	1616.24
26	温度传感器前置电路		块	2354.70
27	绞车传感器		个	4650.00
28	微电流放大板	SK3Q02	块	4600.00
29	烃混合样	0.001	瓶	1804.37
30	烃混合样	0.01	瓶	1804.37
31	烃混合样	0.1	瓶	1804.37
32	旋转拉杆阀		个	2100.00
33	串并口转换卡		块	2100.00
34	硫化氢传感器标定阀		个	2100.00
35	3R03D数码显示板		块	4136.00
36	悬重传感器		个	666.67
37	甲烷标气	0.01	瓶	1804.37
38	甲烷标气	0.1	瓶	1804.37
39	电源板	SK7J02	块	2300.00
40	工控机主板		块	3410.00
41	绞车接口板	SK7J02A	块	3369.66
42	3056记录仪伺服放大器		个	1538.62
43	3R03SP接口板		块	1461.54
44	气阻块		个	1461.54
45	氢气标样	0.01	瓶	1200.00
46	氢气标样	0.02	瓶	1200.00
47	出口流量传感器前置电路		块	2882.00
48	电导率传感器前置电路		块	2560.50
49	氢气稳压阀		个	623.93
50	密度传感器前置电路		块	2455.40
51	小型程控机		台	6000.00
52	快锁接头		对	106.84
53	A/D转换板	SK3Q02	块	2029.91
54	稳压阀		个	484.05

序号	材料名称	规格型号	单位	单价(元)
55	恒温箱温度传感器	3Q02	个	450.00
56	恒温箱温度传感器	3R03	个	450.00
57	多串口卡		块	1474.35
58	电缆线	3×10	m	17.07
59	打印机电源板	CR3240 Ⅱ	块	1572.87
60	电缆线	3×6	m	9.62
61	色谱柱		根	3753.85
62	主板	华硕815EP	块	1260.00
63	氢气发生器干燥管		个	390.00
64	电子流量计		个	5500.00
65	预切柱		根	2700.00
66	六通阀		个	925.65
67	色谱仪开关电源	SK3Q02	个	852.57
68	开关电源		个	811.97
69	加热板	3R03	块	740.00
70	甲烷标气	0.00003	瓶	1804.37
71	甲烷标气	0.001	瓶	1804.37
72	甲烷标气	1	瓶	1804.37
73	取样电阻板		块	690.60
74	驱动板	SK3Q02	块	665.00
75	手压泵		个	300.00
76	氢气发生器电解池		个	200.00
77	氧气稳压阀		个	200.00

表 5-23　通用材料价格

序号	材料名称	规格型号	单位	单价(元)
1	空气开关	100A	个	400.00
2	电烙铁		把	165.92
3	套筒扳手		套	260.00
4	342 记录笔	红	支	222.22
5	342 记录笔	蓝	支	222.22
6	342 记录笔	绿	支	222.22
7	磁带	525M	盘	300.10
8	全脱真空泵		台	2600.00
9	全脱加热器		台	1954.70
10	岩屑盒		个	38.50
11	加热管		个	1500.00

序号	材料名称	规格型号	单位	单价(元)
12	洗砂筐		个	59.50
13	防堵器		个	309.00
14	墨盒	EPSON1520 黑色	个	300.00
15	墨盒	EPSON1520 彩色	个	320.20
16	砂心滤球		个	60.90
17	岩心挡板		个	4.00
18	全脱盐水瓶		个	111.11
19	变色硅胶	500g	瓶	21.78
20	岩心盒	双	个	40.85
21	复印纸	A3	箱	203.50
22	复印纸	A4	箱	196.58
23	干燥管		个	161.13
24	滤纸	7cm	盒	26.95
25	滤纸	9cm	盒	26.95
26	球型瓶		个	25.64
27	密度计		台	418.65
28	氯仿	500ml	瓶	21.78
29	白硝基瓷漆		kg	17.01
30	坩埚		个	83.60
31	全脱磁棒		个	40.00
32	电热板温控器		个	138.01
33	全脱真空表		个	90.00
34	岩心砍刀		把	98.29
35	氢氧化钾	500g	瓶	10.11
36	全脱球形瓶		个	18.53
37	无水乙醇	500ml	瓶	9.72

5.4.2.4 综合单价

综合单价计算方法如下：

综合单价 = 直接费 + 间接费 + 利润

  直接费 = 人工费 + 设备费 + 材料费 + 其他直接费

    人工费 = 人工费(元/d)

    设备费 = 折旧(元/d) + 修理费(元/d)

    材料费 = 专用材料费(元/d) + 通用材料费(元/d)

    其他直接费 = 日常运输费(元/d) + 资料处理解释费(元/d)

  间接费 = 企业管理费 + 工程风险费

    企业管理费 = 直接费 × 费率(%)

工程风险费 = 直接费 × 费率(%)

利润 = (直接费 + 间接费) × 费率(%)

资料采集综合单价采用费用参数中相关项目计算确定,见表 5 – 24。

表 5 – 24　资料采集综合单价　　　　　　　　　　计量单位:d

序　号	名　　称	单　位	金　　额
	综合单价	元	9436.30
1	直接费	元	7591.56
1.1	人工费	元	1890.00
1.2	设备费	元	1506.07
1.2.1	折旧	元	1155.39
1.2.2	修理费	元	350.68
1.3	材料费	元	3445.49
1.3.1	专用材料费	元	2601.62
1.3.2	通用材料费	元	843.87
1.4	其他直接费	元	750.00
1.4.1	日常运输费	元	400.00
1.4.2	资料处理解释费	元	350.00
2	间接费	元	986.90
2.1	企业管理费	元	759.16
2.2	工程风险费	元	227.75
3	利润	元	857.85

5.5　录井工程造价计算举例

录井工程造价计算主要分为录井工程工程量清单编制、分部分项工程量清单计价和录井工程造价计算三部分。根据钻井地质设计、钻井工程设计和相关技术标准要求,编制录井工程工程量清单;依据录井工程工程量清单和相关综合单价,进行分部分项工程量清单计价;再按单位工程费进行汇总,并计算税费,计算出录井工程造价。

5.5.1　录井工程工程量清单编制

编制录井工程工程量清单时,按录井工程工程量计算规则要求,以分部分项工程为基础编制工程量清单;如一口井中发生两次不同录井队搬迁,则在搬迁项目下增设两个次一级项目。

例如,根据钻井地质设计和钻井工程设计,某油田开发井井身结构、钻井周期和录井要求见表 5 – 25。

表 5 – 25　某油田开发井井身结构数据

序号	钻进井段	钻头规格(mm)	井深(m)	进尺(m)	钻井周期(d)	录井要求
1	一开井段	444.5	850	850	13.00	地质录井
2	二开井段	311.1	2450	1600	41.00	地质录井
3	三开井段	215.9	3900	1450	54.00	地质 + 气测录井

该开发井录井工程工程量清单示例见表5-26至表5-28。

表5-26 录井作业

序号	项目编码	项目名称	项目特征	计量单位	工程量	备注
1	411000	搬迁		次	2	
2	411100	地质录井队搬迁	卡车运输,往返路程20km	次	1	
3	411200	气测录井队搬迁	卡车运输,往返路程20km	次	1	
4	412000	资料采集		d	108	
5	412100	一开井段	地质录井	d	13	
6	412200	二开井段	地质录井	d	41	
7	412300	三开井段	地质录井和气测录井	d	54	

表5-27 技术服务

序号	项目编码	项目名称	项目特征	计量单位	工程量	备注
1	421000	定量荧光录井	三维定量荧光录井,样品3块	次	1	

表5-28 技术服务

序号	项目编码	项目名称	项目特征	计量单位	工程量	备注
1	432000	远程数据传输	卫星传输	d	54	

5.5.2 分部分项工程量清单计价

进行录井工程分部分项工程量清单计价时,根据工程项目选取相应的综合单价,采用工程量乘以综合单价,得出分部工程或分项工程费用金额,再归类合计,得出单位工程造价,见表5-29至表5-31。

表5-29 录井作业工程量清单计价

序号	项目编码	项目名称	项目特征	计量单位	工程量	综合单价(元)	金额(元)	备注
	410000	录井作业					508933.00	
1	411000	搬迁		次	2		55873.00	
2	411100	地质录井队搬迁	卡车运输,往返路程20km	次	1	25493.00	25493.00	
3	411200	气测录井队搬迁	卡车运输,往返路程20km	次	1	30380.00	30380.00	
4	412000	资料采集		d	108		453060.00	
5	412100	一开井段	地质录井	d	13	1778.00	23114.00	
6	412200	二开井段	地质录井	d	41	1778.00	72898.00	
7	412300	三开井段	地质录井和气测录井	d	54	6612.00	357048.00	

表5-30　技术服务工程量清单计价

序号	项目编码	项目名称	项目特征	计量单位	工程量	综合单价(元)	金额(元)	备注
	420000	技术服务					3420.00	
1	421000	定量荧光录井	三维定量荧光录井,样品3块	次	1	3420.00	3420.00	

表5-31　其他作业工程量清单计价

序号	项目编码	项目名称	项目特征	计量单位	工程量	综合单价(元)	金额(元)	备注
	430000	其他作业					91854.00	
1	432000	远程数据传输	卫星传输	d	54	1701.00	91854.00	

5.5.3　录井工程造价计算

按分部分项工程量清单计价中单位工程费进行汇总,并计算税费,计算出录井工程造价,见表5-32。

表5-32　录井工程造价计算

项目编码	项目名称	单位	金额	备注(数字编码代表对应项目)
400000	录井工程费	元	610249.07	410000+420000+430000+440000
410000	录井作业费	元	508933.00	录井作业工程量清单计价410000
420000	技术服务费	元	3420.00	技术服务工程量清单计价420000
430000	其他作业费	元	91854.00	其他作业工程量清单计价430000
440000	税费	元	6042.07	(410000+420000+430000)×1%

6 测井工程工程量清单计价方法

6.1 测井工程工程量清单项目及计算规则

测井工程工程量由裸眼测井作业、固井质量测井作业、技术服务、资料处理解释和其他作业等5个部分构成。测井工程工程量清单项目及计算规则如表6-1至表6-5所示。若有测井工程的子项目未包含在已设立测井工程项目中,则放在相应的分部分项工程下面,并补充相关内容。

表6-1 裸眼测井作业(编码:510000)

项目编码	项目名称	项目特征	计量单位	工程量计算规则	工程内容
511000	一开井段				
511100	路途行驶	测井设备	次	按设计行驶次数计算	设备和人员动迁
511200	资料采集				
511210	入井深度	(1)测井设备;	计价米	按仪器入井深度计算	起下仪器
511220	测量井段	(2)测井项目		按测量井段长度计算	资料采集
512000	二开井段				
512100	路途行驶	测井设备	次	按设计行驶次数计算	设备和人员动迁
512200	资料采集				
512210	入井深度	(1)测井设备;	计价米	按仪器入井深度计算	起下仪器
512220	测量井段	(2)测井项目		按测量井段长度计算	资料采集
513000	三开井段				
513100	路途行驶	测井设备	次	按设计行驶次数计算	设备和人员动迁
513200	资料采集				
513210	入井深度	(1)测井设备;	计价米	按仪器入井深度计算	起下仪器
513220	测量井段	(2)测井项目		按测量井段长度计算	资料采集
514000	四开井段				
514100	路途行驶	测井设备	次	按设计行驶次数计算	设备和人员动迁
514200	资料采集				
514210	入井深度	(1)测井设备;	计价米	按仪器入井深度计算	起下仪器
514220	测量井段	(2)测井项目		按测量井段长度计算	资料采集
515000	五开井段				
515100	路途行驶	测井设备	次	按设计行驶次数计算	设备和人员动迁
515200	资料采集				
515210	入井深度	(1)测井设备;	计价米	按仪器入井深度计算	起下仪器
515220	测量井段	(2)测井项目		按测量井段长度计算	资料采集

表 6 - 2　固井质量测井作业（编码：520000）

项目编码	项目名称	项目特征	计量单位	工程量计算规则	工程内容
521000	一开井段				
521100	路途行驶	测井设备	次	按设计行驶次数计算	设备和人员动迁
521200	资料采集				
521210	入井深度	(1)测井设备；(2)测井项目	计价米	按仪器入井深度计算	起下仪器
521220	测量井段			按测量井段长度计算	资料采集
522000	二开井段				
522100	路途行驶	测井设备	次	按设计行驶次数计算	设备和人员动迁
522200	资料采集				
522210	入井深度	(1)测井设备；(2)测井项目	计价米	按仪器入井深度计算	起下仪器
522220	测量井段			按测量井段长度计算	资料采集
523000	三开井段				
523100	路途行驶	测井设备	次	按设计行驶次数计算	设备和人员动迁
523200	资料采集				
523210	入井深度	(1)测井设备；(2)测井项目	计价米	按仪器入井深度计算	起下仪器
523220	测量井段			按测量井段长度计算	资料采集
524000	四开井段				
524100	路途行驶	测井设备	次	按设计行驶次数计算	设备和人员动迁
524200	资料采集				
524210	入井深度	(1)测井设备；(2)测井项目	计价米	按仪器入井深度计算	起下仪器
524220	测量井段			按测量井段长度计算	资料采集
525000	五开井段				
525100	路途行驶	测井设备	次	按设计行驶次数计算	设备和人员动迁
525200	资料采集				
525210	入井深度	(1)测井设备；(2)测井项目	计价米	按仪器入井深度计算	起下仪器
525220	测量井段			按测量井段长度计算	资料采集

表 6 - 3　技术服务（编码：530000）

项目编码	项目名称	项目特征	计量单位	工程量计算规则	工程内容
531000	电缆地层测试				
531100	路途行驶	测井设备	次	按设计行驶次数计算	设备和人员动迁
531200	资料采集				
531210	入井深度	(1)测试器类型；(2)测试要求	计价米	按仪器入井深度计算	起下仪器
531220	测试压力		点	按设计测试压力点数计算	资料采集
531230	采集样品		点	按设计采集样品数量计算	
532000	井壁取心				
532100	路途行驶	测井设备	次	按设计行驶次数计算	设备和人员动迁
532200	资料采集				

项目编码	项目名称	项目特征	计量单位	工程量计算规则	工程内容
532210	入井深度	(1)取心方式；(2)取心要求	计价米	按仪器入井深度计算	起下仪器
532220	取心数量		颗	按设计取心颗数计算	采集岩心
533000	套管质量评价测井				
533100	路途行驶	测井设备	次	按设计行驶次数计算	设备和人员动迁
533200	资料采集				
533210	入井深度	(1)测井设备；(2)测井项目	计价米	按仪器入井深度计算	起下仪器
533220	测量井段			按测量井段长度计算	资料采集
534000	压裂酸化评价测井				
534100	路途行驶	测井设备	次	按设计行驶次数计算	设备和人员动迁
534200	资料采集				
534210	入井深度	(1)测井设备；(2)测井项目	计价米	按仪器入井深度计算	起下仪器
534220	测量井段			按测量井段长度计算	资料采集

表 6 - 4　资料处理解释(编码:540000)

项目编码	项目名称	项目特征	计量单位	工程量计算规则	工程内容
541000	裸眼测井作业				
541100	一开井段				
541200	二开井段	(1)测井项目；(2)处理解释要求	处理米	按设计处理解释长度计算	(1)资料处理；(2)成果解释
541300	三开井段				
541400	四开井段				
541500	五开井段				
542000	固井质量测井作业				
542100	一开井段				
542200	二开井段	(1)测井项目；(2)处理解释要求	处理米	按设计处理解释长度计算	(1)资料处理；(2)成果解释
542300	三开井段				
542400	四开井段				
542500	五开井段				
543000	技术服务				
543100	电缆地层测试	(1)测试方法；(2)处理解释要求	层	按设计处理解释层数计算	(1)资料处理；(2)成果解释

项目编码	项目名称	项目特征	计量单位	工程量计算规则	工程内容
543200	井壁取心	(1)取心方法; (2)处理解释要求	次	按设计取心次数计算	(1)资料处理; (2)成果解释
543300	套管质量评价测井	(1)测井项目; (2)处理解释要求	处理米	按设计处理解释长度计算	(1)资料处理; (2)成果解释
543400	压裂酸化评价测井				

表6-5　其他作业(编码:550000)

项目编码	项目名称	项目特征	计量单位	工程量计算规则	工程内容
551000	下电缆桥塞	(1)测井设备; (2)施工要求	次	按作业次数计算	(1)施工准备; (2)现场施工
551000	爆炸切割				
551000	爆炸松扣				

6.2　测井工程造价构成及计算方法

测井工程造价由裸眼测井作业费、固井质量测井作业费、技术服务费、资料处理解释费、其他作业费和税费6部分构成。测井工程造价构成内容及计算方法如表6-6所示,分部分项工程造价构成内容及计算方法见表6-7。

表6-6　测井工程造价构成

项目编码	项目名称	计价单位	造价计算方法(数字编码代表对应项目)
500000	测井工程费	元/口井	510000 + 520000 + 530000 + 540000 + 550000 + 560000
510000	裸眼测井作业费	元/口井	分部分项工程造价510000
520000	固井质量测井作业费	元/口井	分部分项工程造价520000
530000	技术服务费	元/口井	分部分项工程造价530000
540000	资料处理解释费	元/口井	分部分项工程造价540000
550000	其他作业费	元/口井	分部分项工程造价550000
560000	税费	元/口井	(510000 + 520000 + 530000 + 540000 + 550000) × 折算税率

表6-7　分部分项工程造价构成

项目编码	项目名称	计价单位	造价计算方法(数字编码代表对应项目)
510000	裸眼测井作业	元/口井	511000 + 512000 + 513000 + 514000 + 515000
511000	一开井段	元/口井	511100 + 511200
511100	路途行驶	元/口井	∑综合单价(元/次) × 行驶次数(次)
511200	资料采集	元/口井	511210 + 511220
511210	入井深度	元/口井	∑综合单价(元/计价米) × 仪器入井深度(计价米)

项目编码	项目名称	计价单位	造价计算方法(数字编码代表对应项目)
511220	测量井段	元/口井	∑综合单价(元/计价米)×测量井段长度(计价米))
512000	二开井段	元/口井	512100 + 512200
512100	路途行驶	元/口井	∑综合单价(元/次)×行驶次数(次)
512200	资料采集	元/口井	512210 + 512220
512210	入井深度	元/口井	∑综合单价(元/计价米)×仪器入井深度(计价米)
512220	测量井段	元/口井	∑综合单价(元/计价米)×测量井段长度(计价米))
513000	三开井段	元/口井	513100 + 513200
513100	路途行驶	元/口井	∑综合单价(元/次)×行驶次数(次)
513200	资料采集	元/口井	513210 + 513220
513210	入井深度	元/口井	∑综合单价(元/计价米)×仪器入井深度(计价米)
513220	测量井段	元/口井	∑综合单价(元/计价米)×测量井段长度(计价米))
514000	四开井段	元/口井	514100 + 514200
514100	路途行驶	元/口井	∑综合单价(元/次)×行驶次数(次)
514200	资料采集	元/口井	514210 + 514220
514210	入井深度	元/口井	∑综合单价(元/计价米)×仪器入井深度(计价米)
514220	测量井段	元/口井	∑综合单价(元/计价米)×测量井段长度(计价米))
515000	五开井段	元/口井	515100 + 515200
515100	路途行驶	元/口井	∑综合单价(元/次)×行驶次数(次)
515200	资料采集	元/口井	515210 + 515220
515210	入井深度	元/口井	∑综合单价(元/计价米)×仪器入井深度(计价米)
515220	测量井段	元/口井	∑综合单价(元/计价米)×测量井段长度(计价米))
520000	固井质量测井作业	元/口井	521000 + 522000 + 523000 + 524000 + 525000
521000	一开井段	元/口井	521100 + 521200
521100	路途行驶	元/口井	∑综合单价(元/次)×行驶次数(次)
521200	资料采集	元/口井	521210 + 521220
521210	入井深度	元/口井	∑综合单价(元/计价米)×仪器入井深度(计价米)
521220	测量井段	元/口井	∑综合单价(元/计价米)×测量井段长度(计价米))
522000	二开井段	元/口井	522100 + 522200
522100	路途行驶	元/口井	∑综合单价(元/次)×行驶次数(次)
522200	资料采集	元/口井	522210 + 522220
522210	入井深度	元/口井	∑综合单价(元/计价米)×仪器入井深度(计价米)
522220	测量井段	元/口井	∑综合单价(元/计价米)×测量井段长度(计价米))
523000	三开井段	元/口井	523100 + 523200
523100	路途行驶	元/口井	∑综合单价(元/次)×行驶次数(次)
523200	资料采集	元/口井	523210 + 523220
523210	入井深度	元/口井	∑综合单价(元/计价米)×仪器入井深度(计价米)
523220	测量井段	元/口井	∑综合单价(元/计价米)×测量井段长度(计价米)

项目编码	项目名称	计价单位	造价计算方法（数字编码代表对应项目）
524000	四开井段	元/口井	524100 + 524200
524100	路途行驶	元/口井	∑综合单价（元/次）×行驶次数（次）
524200	资料采集	元/口井	524210 + 524220
524210	入井深度	元/口井	∑综合单价（元/计价米）×仪器入井深度（计价米）
524220	测量井段	元/口井	∑综合单价（元/计价米）×测量井段长度（计价米））
525000	五开井段	元/口井	525100 + 525200
525100	路途行驶	元/口井	∑综合单价（元/次）×行驶次数（次）
525200	资料采集	元/口井	525210 + 525220
525210	入井深度	元/口井	∑综合单价（元/计价米）×仪器入井深度（计价米）
525220	测量井段	元/口井	∑综合单价（元/计价米）×测量井段长度（计价米））
530000	技术服务	元/口井	531000 + 532000 + 533000 + 534000
531000	电缆地层测试	元/口井	531100 + 531200
531100	路途行驶	元/口井	∑综合单价（元/次）×行驶次数（次）
531200	资料采集	元/口井	531210 + 531220 + 531230
531210	入井深度	元/口井	∑综合单价（元/计价米）×仪器入井深度（计价米）
531220	测试压力	元/口井	∑综合单价（元/点）×测试压力点数（点）
531230	采集样品	元/口井	∑综合单价（元/点）×采集样品点数（点）
532000	井壁取心	元/口井	532100 + 532200
532100	路途行驶	元/口井	∑综合单价（元/次）×行驶次数（次）
532200	资料采集	元/口井	532210 + 532220
532210	入井深度	元/口井	∑综合单价（元/计价米）×仪器入井深度（计价米）
532220	取心数量	元/口井	∑综合单价（元/颗）×取心颗数（颗）
533000	套管质量评价测井	元/口井	533100 + 533200
533100	路途行驶	元/口井	∑综合单价（元/次）×行驶次数（次）
533200	资料采集	元/口井	533210 + 533220
533210	入井深度	元/口井	∑综合单价（元/计价米）×仪器入井深度（计价米）
533220	测量井段	元/口井	∑综合单价（元/计价米）×测量井段长度（计价米））
534000	压裂酸化评价测井	元/口井	534100 + 534200
534100	路途行驶	元/口井	∑综合单价（元/次）×行驶次数（次）
534200	资料采集	元/口井	534210 + 534220
534210	入井深度	元/口井	∑综合单价（元/计价米）×仪器入井深度（计价米）
534220	测量井段	元/口井	∑综合单价（元/计价米）×测量井段长度（计价米））
540000	资料处理解释	元/口井	541000 + 542000 + 543000
541000	裸眼测井作业	元/口井	541100 + 541200 + 541300 + 541400 + 541500

项目编码	项目名称	计价单位	造价计算方法(数字编码代表对应项目)
541100	一开井段	元/口井	
541200	二开井段	元/口井	
541300	三开井段	元/口井	∑综合单价(元/处理米)×处理解释长度(处理米)
541400	四开井段	元/口井	
541500	五开井段	元/口井	
542000	固井质量测井作业	元/口井	542100 + 542200 + 542300 + 542400 + 542500
542100	一开井段	元/口井	
542200	二开井段	元/口井	
542300	三开井段	元/口井	∑综合单价(元/处理米)×处理解释长度(处理米)
542400	四开井段	元/口井	
542500	五开井段	元/口井	
543000	技术服务	元/口井	543100 + 543200 + 543300 + 543400
543100	电缆地层测试	元/口井	∑综合单价(元/层)×处理解释层数(层)
543200	井壁取心	元/口井	∑综合单价(元/次)×取心次数(次)
543300	套管质量评价测井	元/口井	∑综合单价(元/处理米)×处理解释长度(处理米)
543400	压裂酸化评价测井	元/口井	
550000	其他作业	元/口井	551000 + 552000 + 553000
551000	下电缆桥塞	元/口井	
552000	爆炸切割	元/口井	∑综合单价(元/次)×作业次数(次)
552000	爆炸松扣	元/口井	

6.3 测井工程工程量清单编制方法

编制测井工程工程量清单时,按测井工程工程量项目和计算规则要求,以分部分项工程为基础编制工程量清单。若认为有测井工程的技术服务类项目未包含在已设立测井工程项目,如井温测井,则放在项目编码 520000 技术服务下面,项目编码 526000 井温测井,并补充相关内容。若认为有特殊测井工程项目,未包含在已设立测井工程项目,则放在项目编码 530000 其他作业下面,按同样规则确定。

6.3.1 裸眼测井作业

裸眼测井作业是由测井队采用一定的方法和配套仪器在已钻井眼内连续采集地层资料的作业。通常情况下,测井作业采用由电法测井、声波测井、核测井、地层倾角测井、工程测井等多种方法组成的测井系列。从测井设备角度分,通常分为国产数控、3700 数控、CSU 数控、5700 成像、2000 成像等。从测井项目角度分,在所有裸眼井中固定必测的标准测井系列项目包括自然电位、自然伽马、井径、普通电阻率、井斜和方位;储层测井系列项目通常采用 9 种测井方法,也称 9 条基本曲线,包括自然电位测井、自然伽马测井、井径测井、径向深探测和中探测的电阻率测井(如双侧向测井或双感应测井)、径向浅探测的电阻率测井(如普通电阻率测井或微侧向测井或微球形聚焦测井）、声波测井、补偿中子测井、补偿密度测井。

在钻井地质设计和钻井工程设计中，专门有 1 项地球物理测井，明确提出了裸眼测井项目、测井井段、测井方法等各种测井要求。

在计算裸眼测井作业工程量时，测井设备根据钻井地质设计中测井要求确定，如采用 ECLIPS－5700 等。路途行驶次数根据钻井地质设计中测井要求和钻井工程设计中开钻次数综合确定，通常每次开钻按测井作业一次计算，即路途行驶 1 次；若有特殊要求，钻井过程中加测，则按设计要求确定。资料采集工程量包括测井仪器入井深度工程量和测量井段长度工程量，测井仪器入井深度工程量指从井口到仪器下井的最深处，根据钻井地质设计中测量项目和钻井工程设计中每次开钻的钻井深度要求确定；测量井段长度工程量根据钻井地质设计中各测井项目的测量井段要求和每次开钻所钻裸眼的长度确定。

6.3.2　固井质量测井作业

固井质量测井作业是由测井队采用一定的方法和配套仪器在下套管固井后的套管内连续测量检查固井质量的作业。固井质量检查测井方法有声幅测井、声波变密度测井、水泥胶结评价测井、分区水泥胶结测井四种，最常用的是声幅测井。

在钻井地质设计和钻井工程设计中，专门有 1 项地球物理测井，明确提出了固井质量测井项目、测井井段、测井方法等各种测井要求。

在计算固井质量测井作业工程量时，测井设备根据钻井地质设计中测井要求确定，如采用 CSU 等。路途行驶次数按钻井工程设计中固井作业次数计算，通常固井作业一次计算 1 次路途行驶。资料采集工程量包括测井仪器入井深度工程量和测量井段长度工程量，测井仪器入井深度工程量指从井口到仪器下井的最深处，根据钻井工程设计中每层套管下入深度要求确定；测量井段长度工程量根据钻井工程设计中各层套管下入深度至井口之间的长度确定，若是下入尾管固井，则按从尾管悬挂器深度至尾管下入深度计算。

6.3.3　技术服务

技术服务指由测井队、取心队等实施的单项技术服务。常采用的技术服务包括电缆地层测试、井壁取心、套管质量评价测井、压裂酸化评价测井等。

6.3.3.1　电缆地层测试

电缆地层测试是在裸眼井或套管井中，用电缆地层测试器从地层取得地层流体样品，并在取样过程中测得井内静液柱压力、流动压力、地层静压力、压力恢复曲线和压降曲线等资料。中途测试根据钻井地质设计要求确定工程量，完井测试根据试油设计要求确定工程量。测井设备根据设计中要求确定；路途行驶次数按设计中要求作业次数确定。测井仪器入井深度工程量按设计深度计算，测试压力和采集样品工程量按设计数量计算。

6.3.3.2　井壁取心

井壁取心是用测井电缆将井壁取心器下到预定深度，在未下套管的裸眼井壁上取出小块岩心的作业。井壁取心有两种方式：一种是射入式井壁取心；另一种是钻进式井壁取心。根据钻井地质设计要求确定工程量。测井设备根据设计中要求确定；路途行驶次数按设计中要求作业次数确定。测井仪器入井深度工程量按设计深度计算，取心颗数工程量按设计数量计算。

6.3.3.3　套管质量评价测井

套管质量评价测井是用电测仪器对套管的质量和腐蚀情况进行检测。套管质量评价有常规测井(含电磁测厚仪、管柱分析仪、套管电位测井仪、微井径仪、多臂井径仪)和声波成像测井两种方法。根据钻井工程设计中特殊要求或专门的套管质量评价测井要求确定工程量。测井设备根据设计中要求确定;路途行驶次数按设计中要求作业次数确定。资料采集工程量包括测井仪器入井深度工程量和测量井段长度工程量,测井仪器入井深度工程量指从井口到仪器下井的最深处,根据设计中要求深度确定;测量井段长度工程量根据设计中测量井段要求确定;有特殊要求的,按要求计算。

6.3.3.4 压裂酸化评价测井

压裂酸化评价测井是通过测井方法来检查评价压裂酸化效果。压裂酸化评价测井有3种方法:同位素测井、井温测井、噪声测井。根据试油设计或压裂酸化设计要求确定工程量。测井设备根据设计中要求确定;路途行驶次数按设计中要求作业次数确定。资料采集工程量包括测井仪器入井深度工程量和测量井段长度工程量,测井仪器入井深度工程量指从井口到仪器下井的最深处,根据设计中要求深度确定;测量井段长度工程量根据设计中测量井段要求确定;有特殊要求的,按要求计算。

6.3.4 资料处理解释

资料处理就是用人工或计算机对用多种测井方法获得的测井资料进行数据处理,计算地质参数。资料解释就是对处理后的测井资料,同地质、地震、油藏工程等资料结合,进行综合地质解释,搞清油气水层的岩性、孔隙度、渗透率等储层物性和含油饱和度或含水饱和度等含油性。这里的资料处理解释主要是指单井处理解释。

裸眼测井作业时,资料处理解释工程量根据钻井工程设计中每次开钻所钻裸眼的长度和钻井地质设计中各测井项目的测量井段要求综合确定。

固井质量测井作业时,资料处理解释工程量根据钻井工程设计中各层套管下入深度至井口之间的长度确定;若是下入尾管固井,则按从尾管悬挂器深度至尾管下入深度计算。

测井技术服务时,电缆地层测试按钻井地质设计或试油设计要求的测试层数确定。井壁取心按钻井地质设计要求的次数确定。套管质量评价测井和压裂酸化评价测井按设计要求的测量长度确定。

6.3.5 其他作业

其他作业指除测井作业和技术服务以外的需要单独计价的作业,如需要单独进行的下电缆桥塞、爆炸切割、爆炸松扣等。根据相关设计中要求确定其他作业工程量。

6.4 测井工程综合单价编制方法

测井工程综合单价的确定总体上可以分为两类方法。一是直接套用或参考使用企业定额;二是自行编制综合单价,这里举例说明测井作业综合单价编制方法。

6.4.1 直接套用或参考使用企业定额

每个油田和钻探企业通常都有一套企业定额,编制综合单价时可直接套用或参考使用,但需要注意三个方面的问题,详见2.4.1部分内容。

在确定路途行驶综合单价时,可根据测井作业需要车辆和测井队所在地到井位的往返路程进行测算。如某开发井三开裸眼测井作业采用3700测井设备,需要仪器车1台、工程车1

台、源车 1 台,各车行驶单价分别为 10.35 元/km、6.68 元/km、6.58 元/km,测井队所在地到井位的往返路程为 90km,则路途行驶综合单价计算如下:

$$(10.35 \text{ 元}/km + 6.68 \text{ 元}/km + 6.58 \text{ 元}/km) \times 90km = 2124.90 \text{ 元}/\text{次}$$

6.4.2 测井作业综合单价编制方法

测井工程技术含量高,其人工费、设备费、材料费等工程造价管理内容均按设备类型进行确定,下面以配备一套引进 ECLIPS - 5700 测井设备的测井队为例,介绍测井作业综合单价的编制方法。

6.4.2.1 基础参数

6.4.2.1.1 测井队定员参数

测井队定员参数(表 6 - 8)根据油田现有定员情况确定。

表 6 - 8　测井队定员参数　　　　　　　　　　　　　　计量单位:队

序　号	岗　位	单　位	数　量
	合计	人	12
1	队长	人	1
2	操作工程师	人	3
3	机械工程师	人	1
4	测井工	人	4
5	司机	人	3

6.4.2.1.2 测井队年人工费参数

测井队年人工费参数(表 6 - 9)根据上一年度测井队人员平均人工费确定。

表 6 - 9　测井队年人工费参数　　　　　　　　　　　　计量单位:人·年

序　号	名　称	单　位	金　额
1	年人工费	元	74775.76

6.4.2.1.3 设备配备参数

设备配备参数(表 6 - 10)根据油田测井队实际配备标准确定。

表 6 - 10　ECLIPS - 5700 测井设备配备参数　　　　　　计量单位:队

序　号	名　称	规格型号	单　位	数　量
1	车辆		台	3
1.1	仪器车	Peter - B3882	台	1
1.2	测井工程车	ET5080TJC	台	1
1.3	放射性源车	EQ - 141	台	1
2	地面及辅助设备		套	5
2.1	地面系统	Eclips	套	1
2.2	井下仪辅助设备		套	1
2.3	遥测仪		套	1

序　号	名　　称	规格型号	单　位	数　量
2.4	放射源		套	1
2.5	刻度设备		套	1
3	井下仪器		支	14
3.1	自然伽马测井仪		支	1
3.2	双侧向测井仪		支	1
3.3	微球形聚焦测井仪		支	1
3.4	数字声波测井仪		支	1
3.5	井斜方位测井仪		支	1
3.6	双井径测井仪		支	1
3.7	多极子阵列声波测井仪		支	1
3.8	补偿密度测井仪		支	1
3.9	补偿中子测井仪		支	1
3.10	阵列感应测井仪		支	1
3.11	自然伽马能谱测井仪		支	1
3.12	声成像测井仪		支	1
3.13	电成像测井仪		支	1
3.14	井温流体测井仪		支	1

6.4.2.1.4　设备原值参数

设备原值参数(表6-11)采用设备价格乘以设备配备数量确定。

表6-11　ECLIPS-5700测井设备原值参数　　　　　计量单位:队

序号	名　　称	规格型号	单位	金额
	合计		元	59459946.00
1	车辆		元	2859178.00
1.1	仪器车	Peter-B3882	元	2663531.00
1.2	测井工程车	ET5080TJC	元	107874.00
1.3	放射性源车	EQ-141	元	87773.00
2	地面及辅助设备		元	14503768.00
2.1	地面系统	Eclips	元	4323968.00
2.2	井下仪辅助设备		元	5800000.00
2.3	遥测仪		元	1899800.00
2.4	放射源		元	360000.00
2.5	刻度设备		元	2120000.00
3	井下仪器		元	42097000.00
3.1	自然伽马测井仪		元	860000.00
3.2	双侧向测井仪		元	3208800.00
3.3	微球形聚焦测井仪		元	2345700.00

序号	名　　称	规　格　型　号	单位	金额
3.4	数字声波测井仪		元	1740200.00
3.5	井斜方位测井仪		元	2589300.00
3.6	双井径测井仪		元	1621900.00
3.7	多极子阵列声波测井仪		元	1740200.00
3.8	补偿密度测井仪		元	4062800.00
3.9	补偿中子测井仪		元	2627800.00
3.10	阵列感应测井仪		元	4640300.00
3.11	自然伽马能谱测井仪		元	1400000.00
3.12	声成像测井仪		元	5600000.00
3.13	电成像测井仪		元	8829800.00
3.14	井温流体测井仪		元	830200.00

6.4.2.1.5 设备折旧及修理费率参数

设备折旧及修理费率参数(表6-12)根据相关财务规定和统计结果确定。

表6-12　测井设备折旧及修理费率参数　　　　　计量单位:年

序号	设备名称	规格型号	单位	折旧	修理费	残值率
1	车辆					
1.1	仪器车	Peter-B3882	%	10.00	5.00	3.00
1.2	测井工程车	ET5080TJC	%	10.00	5.00	3.00
1.3	放射性源车	EQ-141	%	10.00	5.00	3.00
2	地面及辅助设备					
2.1	地面系统	Eclips	%	14.29	5.00	
2.2	井下仪辅助设备		%	20.00	5.00	
2.3	遥测仪		%	20.00	5.00	
2.4	放射源		%	6.67	5.00	
2.5	刻度设备		%	20.00	5.00	
3	井下仪器					
3.1	自然伽马测井仪		%	20.00	5.00	
3.2	双侧向测井仪		%	20.00	5.00	
3.3	微球形聚焦测井仪		%	20.00	5.00	
3.4	数字声波测井仪		%	20.00	5.00	
3.5	井斜方位测井仪		%	20.00	5.00	
3.6	双井径测井仪		%	20.00	5.00	
3.7	多极子阵列声波测井仪		%	20.00	5.00	
3.8	补偿密度测井仪		%	20.00	5.00	
3.9	补偿中子测井仪		%	20.00	5.00	

序号	设备名称	规格型号	单位	折旧	修理费	残值率
3.10	阵列感应测井仪		%	20.00	5.00	
3.11	自然伽马能谱测井仪		%	20.00	5.00	
3.12	声成像测井仪		%	20.00	5.00	
3.13	电成像测井仪		%	20.00	5.00	
3.14	井温流体测井仪		%	20.00	5.00	

注:以设备原值为基数。

6.4.2.1.6　测井队年额定工作时间

测井队年额定工作时间(表6-13)根据国家相关法律规定确定。

表6-13　测井队年额定工作时间　　　　　　计量单位:年

序　号	名　　称	单　位	数　量
1	额定工作时间	d	250.00
2	额定工作时间	队时	2000.00

6.4.2.1.7　测井队年额定测井作业工作量

测井队年额定测井作业工作量(表6-14)根据油田近3年统计,确定平均单次测井作业时间,用年额定工作时间除以平均单次测井作业时间,确定测井队年额定测井作业工作量。

表6-14　测井队年额定测井作业工作量　　　　计量单位:年

序　号	名　　称	单　位	数　量
1	年额定测井作业工作量	次	30.00
2	年额定工作时间	队时	2000.00
3	平均单次测井作业工时	队时	66.66
3.1	放射性刻度	队时	2.00
3.2	电缆做记号	队时	0.67
3.3	生产准备工时	队时	19.53
3.4	路途行驶工时	队时	16.67
3.5	井场作业工时	队时	23.70
3.6	非生产时间	队时	4.09

注:路途行驶工时占测井作业总工时比例25%。

6.4.2.1.8　测井队年额定工作量

测井队年额定工作量(表6-15)根据油田近3年统计平均,确定各测井项目年额定工作量。

表6-15　测井队年额定工作量　　　　　　计量单位:年

序号	项目名称	入井深度 深度米	测量井段 测量米	计价长度 计价米
	合计	486100	903167	1389267
1	自然伽马	44117	66176	110293

项　目		入井深度	测量井段	计价长度
序号	名称	深度米	测量米	计价米
2	双侧向	44117	66176	110293
3	微球形聚焦	44117	66176	110293
4	数字声波	44117	66176	110293
5	井斜方位	44117	66176	110293
6	双井径	44117	66176	110293
7	多极子阵列声波	44117	66176	110293
8	补偿密度	34463	80415	114878
9	补偿中子	34463	80415	114878
10	阵列感应	34463	80415	114878
11	自然伽马能谱	34463	80415	114878
12	声成像	13142	39426	52568
13	电成像	13142	39426	52568
14	井温流体	13142	39426	52568

6.4.2.1.9 特车平均行驶速度参数

特车平均行驶速度参数(表6－16)根据现场写实资料统计平均综合确定。

表6－16　特车平均行驶速度参数　　　　　计量单位:h

序号	名　　称	单　　位	数　　量
1	平均行驶速度	km	35

注:单车年路途行驶距离17504km(=16.67h×35km/h×30 次)。

6.4.2.2　消耗参数

6.4.2.2.1　通用材料参数

通用材料参数(表6－17)采用近3年平均工作量统计分析确定。

表6－17　ECLIPS－5700测井通用材料消耗参数　　　　　计量单位:年

序号	名　　称	规　格　型　号	单　位	数量
1	测井电缆	7－H464－A	m	1139.49
2	备份板		块	0.91
3	橡套电缆		m	91.16
4	万用表		块	0.91
6	绝缘套		只	177.76
6	连接母插头		只	20.97
7	高压胶布		卷	142.21
8	硅脂		kg	53.83
9	电缆座		个	8.89
10	密封O环		个	533.28

序号	名　称	规格型号	单位	数量
11	热敏纸		卷	88.88
12	丝扣油		kg	35.55
13	热敏胶片	3cm	卷	95.26
14	晶体		个	1.42
16	光电倍增管		个	1.42
16	皮囊		个	1.17
17	微侧向极板		个	17.78
18	兆欧表		台	0.89
19	电热板		套	1.42
20	工具		套	10.67
21	勾头扳手		个	3.56
22	电成像极板		个	17.78
23	磁带	3m	个	35.55
24	弱点		个	7.11
26	张力线		卷	1.78
26	扶正器		个	1.78
27	刮泥器		个	3.56
28	白沙带		卷	67.46

6.4.2.2.2　柴油消耗参数

柴油消耗参数(表6－18)采用近3年平均工作量统计分析确定。

表6－18　ECLIPS－5700测井柴油消耗参数

序号	名　称	规格型号	单位	数量
1	资料采集		kg/年	39075.47
2	仪器车	Peter－B3882	kg/(车·km)	0.27
3	工程车	ET5080TJC	kg/(车·km)	0.12
4	源车	EQ－141	kg/(车·km)	0.12

6.4.2.3　费用参数

6.4.2.3.1　人工费参数

采用年人工费参数乘以定员参数,乘以25%作为路途行驶年人工费,再除以3台车年路途行驶距离52512车·km,确定路途行驶人工费参数。

采用年人工费参数乘以定员参数,乘以75%作为资料采集年人工费,再除以年额定工作量1389267计价米,确定资料采集人工费参数。表6－19为测井队人工费参数计算结果。

表 6－19　测井队人工费参数

序号	名　称	单　位	金　额
1	路途行驶	元/(车·km)	4.27
2	资料采集	元/计价米	0.48

6.4.2.3.2　设备费参数

(1)路途行驶设备费参数参见表 6－20。

采用车辆设备原值乘以折旧费率参数,考虑 3% 残值率,乘以 25% 作为路途行驶年设备折旧,再除以年路途行驶距离 17504 车·km,确定路途行驶设备折旧参数。采用车辆设备原值乘以设备修理费率参数,乘以 25% 作为路途行驶年设备修理费,再除以年路途行驶距离 17504 车·km,确定路途行驶设备修理费参数。

表 6－20　路途行驶设备费参数　　　　　　　计量单位:车·km

项　目			仪器车	工程车	源车
序号	名称	单位	金　　额		
	合计	元	5.59	0.23	0.18
1	折旧	元	3.69	0.15	0.12
2	修理费	元	1.90	0.08	0.06

(2)资料采集设备费参数参见表 6－21。

同理,采用车辆设备原值乘以折旧费率参数,考虑 3% 残值率,乘以 75% 作为年设备折旧,再除以年额定工作量 1389267 计价米,确定车辆折旧参数。采用车辆设备原值乘以修理费率参数,乘以 75% 作为年设备修理费,再除以年额定工作量 1389267 计价米,确定车辆修理费参数。

采用地面及辅助设备原值乘以折旧费率参数,再除以年额定工作量 1389267 计价米,确定地面及辅助设备折旧参数。采用地面及辅助设备原值乘以修理费率参数,再除以年额定工作量 1389267 计价米,确定地面及辅助设备修理费参数。

采用井下仪器设备原值乘以折旧费率参数,再除以各井下仪器对应测井项目的年额定工作量(计价米),确定井下仪器折旧参数。采用井下仪器设备原值乘以修理费率参数,再除以各井下仪器对应测井项目的年额定工作量(计价米),确定井下仪器修理费参数。

表 6－21　资料采集设备费参数　　　　　　　计量单位:计价米

项　目			折　旧	修　理　费
序号	名称	单位	金　　额	
1	车辆	元	0.15	0.08
2	地面及辅助设备	元	1.88	0.52
3	井下仪器	元		
3.1	自然伽马测井仪	元	1.56	0.39
3.2	双侧向测井仪	元	5.82	1.45
3.3	微球形聚焦测井仪	元	4.25	1.06
3.4	数字声波测井仪	元	3.16	0.79

続表

项　目			折旧	修理费
序号	名称	单位	金　额	
3.5	井斜方位测井仪	元	4.70	1.17
3.6	双井径测井仪	元	2.94	0.74
3.7	多极子阵列声波测井仪	元	3.16	0.79
3.8	补偿密度测井仪	元	7.07	1.77
3.9	补偿中子测井仪	元	4.57	1.14
3.10	阵列感应测井仪	元	8.08	2.02
3.11	自然伽马能谱测井仪	元	2.44	0.61
3.12	声成像测井仪	元	21.31	5.33
3.13	电成像测井仪	元	33.59	8.40
3.14	井温流体测井仪	元	3.16	0.79

6.4.2.3.3　材料费参数

（1）通用材料费参数参见表6－22。

采用通用材料消耗参数乘以材料价格，再除以年额定工作量1389267计价米，确定通用材料费参数。

表6－22　ECLIPS－5700测井通用材料费参数　　　计量单位:计价米

序号	名　称	规格型号	单位	金额
1	通用材料费		元	0.81

（2）柴油费参数参见表6－23。

采用资料采集柴油消耗参数乘以柴油价格，再除以年额定工作量1389267计价米，确定资料采集柴油费参数。采用测井车辆柴油消耗参数乘以柴油价格，确定路途行驶柴油费参数。

表6－23　ECLIPS－5700测井柴油费参数

序号	名　称	规格型号	单位	金额
1	资料采集		元/计价米	0.16
2	仪器车	Peter－B3882	元/(车·km)	1.56
3	工程车	ET5080TJC	元/(车·km)	0.69
4	源车	EQ－141	元/(车·km)	0.69

6.4.2.3.4　其他直接费参数

其他直接费参数(表6－24)采用近3年相关费用分析结果并参考相关标准确定。

表6－24　其他直接费参数

序号	名　称	单位	费率
1	其他直接费	%	12.00

注:以工程直接费为基数。

6.4.2.3.5 企业管理费参数

企业管理费参数(表6-25)采用近3年相关费用分析结果并参考相关标准确定。

表6-25 企业管理费参数

序号	名　称	单　位	费　率
1	企业管理费	%	10.00

注:以直接费为基数。

6.4.2.3.6 工程风险费参数

工程风险费参数(表6-26)根据企业财务数据和经验数据确定。

表6-26 工程风险费参数

序号	名　称	单　位	费　率
1	工程风险费	%	3.00

注:以直接费为基数。

6.4.2.3.7 利润参数

利润参数(表6-27)参照企业投资回报管理规定确定。

表6-27 利润参数

序号	名　称	单　位	费　率
1	利润	%	10.00

注:以直接费和间接费为基数。

6.4.2.3.8 相关价格

表6-28和表6-29分别为通用材料价格和柴油价格。

表6-28 通用材料价格

序号	名　称	规格型号	单位	金额
1	测井电缆	7-H464-A	元/m	42.70
2	备份板		元/块	30000.00
3	橡套电缆		元/m	2.92
4	万用表		元/块	254.23
5	绝缘套		元/只	12.00
6	连接母插头		元/只	746.17
7	高压胶布		元/卷	3.96
8	硅脂		元/kg	34.10
9	电缆座		元/个	85.00
10	密封O环		元/个	1.40
11	热敏纸		元/卷	41.98
12	丝扣油		元/kg	3.55
13	热敏胶片	3cm	元/卷	32.34
14	晶体		元/个	170000.00

序号	名　称	规格型号	单位	金额
15	光电倍增管		元/个	150000.00
16	皮囊		元/个	15000.00
17	微侧向极板		元/个	11000.00
18	兆欧表		元/台	242.55
19	电热板		元/套	802.39
20	工具		元/套	26.53
21	勾头扳手		元/个	100.00
22	电成像极板		元/个	17000.00
23	磁带	3m	元/个	126.75
24	弱点		元/个	1500.00
25	张力线		元/卷	11000.00
26	扶正器		元/个	5180.00
27	刮泥器		元/个	33.50
28	白沙带		元/卷	6.06

表 6 – 29　柴油价格

序号	名　称	规格型号	单位	金额
1	柴油	0	元/kg	5.77

6.4.2.4　综合单价

6.4.2.4.1　路途行驶综合单价

路途行驶综合单价参见表 6 – 30。

综合单价计算方法如下：

综合单价 = 直接费 + 间接费 + 利润

　　直接费 = 人工费 + 设备费 + 材料费 + 其他直接费

　　　　人工费 = 人工费(元/(车·km))

　　　　设备费 = 折旧(元/(车·km)) + 修理费(元/(车·km))

　　　　材料费 = 柴油费(元/(车·km))

　　　　其他直接费 = (人工费 + 设备费 + 材料费) × 费率(%)

　　间接费 = 企业管理费 + 工程风险费

　　　　企业管理费 = 直接费 × 费率(%)

　　　　工程风险费 = 直接费 × 费率(%)

　　　　利润 = (直接费 + 间接费) × 费率(%)

路途行驶综合单价采用费用参数中相关项目计算确定。

计量单位:车·km

项　　目			仪器车	工程车	源车
序号	名称	单位	金　额		
	综合单价	元	15.90	7.22	7.16
1	直接费	元	12.79	5.81	5.76
1.1	人工费	元	4.27	4.27	4.27
1.2	设备费	元	5.59	0.23	0.18
1.2.1	折旧	元	3.69	0.15	0.12
1.2.2	修理费	元	1.90	0.08	0.06
1.3	材料费	元	1.56	0.69	0.69
1.3.1	柴油费	元	1.56	0.69	0.69
1.4	其他直接费	元	1.37	0.62	0.62
2	间接费	元	1.66	0.76	0.75
2.1	企业管理费	元	1.28	0.58	0.58
2.2	工程风险费	元	0.38	0.17	0.17
3	利润	元	1.45	0.66	0.65

6.4.2.4.2　资料采集综合单价

资料采集综合单价参见表 6－31。

综合单价计算方法如下:

综合单价 = 直接费 + 间接费 + 利润

　　直接费 = 人工费 + 设备费 + 材料费 + 其他直接费

　　　　人工费 = 人工费(元/计价米)

　　　　设备费 = 车辆费 + 地面及辅助设备费 + 井下仪器费

　　　　　车辆费 = 折旧(元/计价米) + 修理费(元/计价米)

　　　　　地面及辅助设备费 = 折旧(元/计价米) + 修理费(元/计价米)

　　　　　井下仪器费 = 折旧(元/计价米) + 修理费(元/计价米)

　　　　材料费 = 通用材料费(元/计价米) + 柴油费(元/计价米)

　　　　其他直接费 = (人工费 + 设备费 + 材料费) × 费率(%)

　　间接费 = 企业管理费 + 工程风险费

　　　　企业管理费 = 直接费 × 费率(%)

　　　　工程风险费 = 直接费 × 费率(%)

　　利润 = (直接费 + 间接费) × 费率(%)

资料采集综合单价采用费用参数中相关项目计算确定。

表 6-31　资料采集综合单价　　　　计量单位:计价米

项目			自然伽马	双侧向	微球形聚焦	数字声波	井斜方位	双井径	多极子阵列声波	补偿密度	补偿中子	阵列感应	自然伽马能谱	声成像	电成像	井温流体
序号	名称	单位	金　额													
	综合单价	元	8.39	15.80	13.07	11.16	13.84	12.18	13.95	22.16	19.20	26.69	18.27	52.49	75.27	23.70
1	直接费	元	6.75	12.71	10.52	8.98	11.14	9.80	11.22	17.83	15.45	21.47	14.70	42.23	60.55	19.07
1.1	人工费	元	0.48	0.48	0.48	0.48	0.48	1.48	2.48	3.48	4.48	5.48	6.48	7.48	8.48	9.48
1.2	设备费	元	4.57	9.90	7.94	6.57	8.49	6.30	6.57	11.47	8.34	12.72	5.67	29.26	44.62	6.57
1.2.1	车辆费	元	0.23	0.23	0.23	0.23	0.23	0.23	0.23	0.23	0.23	0.23	0.23	0.23	0.23	0.23
1.2.1.1	折旧	元	0.15	0.15	0.15	0.15	0.15	0.15	0.15	0.15	0.15	0.15	0.15	0.15	0.15	0.15
1.2.1.2	修理费	元	0.08	0.08	0.08	0.08	0.08	0.08	0.08	0.08	0.08	0.08	0.08	0.08	0.08	0.08
1.2.2	地面及辅助设备费	元	2.40	2.40	2.40	2.40	2.40	2.40	2.40	2.40	2.40	2.40	2.40	2.40	2.40	2.40
1.2.2.1	折旧	元	1.88	1.88	1.88	1.88	1.88	1.88	1.88	1.88	1.88	1.88	1.88	1.88	1.88	1.88
1.2.2.2	修理费	元	0.52	0.52	0.52	0.52	0.52	0.52	0.52	0.52	0.52	0.52	0.52	0.52	0.52	0.52
1.2.3	井下仪器费	元	1.95	7.27	5.32	3.94	5.87	3.68	3.94	8.84	5.72	10.10	3.05	26.63	41.99	3.95
1.2.3.1	折旧	元	1.56	5.82	4.25	3.16	4.70	2.94	3.16	7.07	4.57	8.08	2.44	21.31	33.59	3.16
1.2.3.2	修理费	元	0.39	1.45	1.06	0.79	1.17	0.74	0.79	1.77	1.14	2.02	0.61	5.33	8.40	0.79
1.3	材料费	元	0.97	0.97	0.97	0.97	0.97	0.97	0.97	0.97	0.97	0.97	0.97	0.97	0.97	0.97
1.3.1	通用材料费	元	0.81	0.81	0.81	0.81	0.81	0.81	0.81	0.81	0.81	0.81	0.81	0.81	0.81	0.81
1.3.2	柴油费	元	0.16	0.16	0.16	0.16	0.16	0.16	0.16	0.16	0.16	0.16	0.16	0.16	0.16	0.16
1.4	其他直接费	元	0.72	1.36	1.13	0.96	1.19	1.05	1.20	1.91	1.65	2.30	1.57	4.52	6.49	2.04
2	间接费	元	0.88	1.65	1.37	1.17	1.45	1.27	1.46	2.32	2.01	2.79	1.91	5.49	7.87	2.48
2.1	企业管理费	元	0.67	1.27	1.05	0.90	1.11	0.98	1.12	1.78	1.54	2.15	1.47	4.22	6.06	1.91
2.2	工程风险费	元	0.20	0.38	0.32	0.27	0.33	0.29	0.34	0.53	0.46	0.64	0.44	1.27	1.82	0.57
3	利润	元	0.76	1.44	1.19	1.01	1.26	1.11	1.27	2.01	1.75	2.43	1.66	4.77	6.84	2.15

6.5　测井工程造价计算举例

测井工程造价计算主要分为测井工程工程量清单编制、分部分项工程量清单计价和测井工程造价计算三部分。根据钻井地质设计、钻井工程设计和相关技术标准要求,编制测井工程工程量清单;依据测井工程工程量清单和相关综合单价,进行分部分项工程量清单计价;再按单位工程费进行汇总,并计算税费,计算出测井工程造价。

6.5.1　测井工程工程量清单编制

编制测井工程工程量清单时,按测井工程工程量计算规则要求,以分部分项工程为基础编制工程量清单。

例如,根据某口开发井钻井地质设计和钻井工程设计,表 6-32 给出开发井井身结构和基本测井要求。

表6-32 某油田开发井井身结构数据和基本测井要求

序号	钻进井段	规格	井深(m)	段长(m)	测井系列	测井设备
1	一开井段					
1.1	钻进施工	444.5mm钻头	850	850	标准测井	小数控
1.2	完井施工	339.7mm套管	840	840	CBL	小数控
2	二开井段					
2.1	钻进施工	311.1mm钻头	2450	1600	标准测井	3700
2.2	完井施工	244.5mm套管	2440	2440	CBL	小数控
3	三开井段					
3.1	钻进施工	215.9mm钻头	3900	1450	组合测井	3700
3.2	完井施工	168.3mm套管	3850	3850	CBL + VDL	5700

该开发井测井工程工程量清单示例见表6-33至表6-35。

表6-33 裸眼测井作业

序号	项目编码	项目名称	项目特征	计量单位	工程量	备注
1	511000	一开井段				
2	511100	路途行驶	小数控	次	1	
3	511200	资料采集				
4	511210	入井深度				
5	511211		自然电位	计价米	850	
6	511212		自然伽马	计价米	850	
7	511213		普通电阻率	计价米	850	
8	511214		井径	计价米	850	
9	511215		井斜	计价米	850	
10	511220	测量井段				
11	511221		自然电位	计价米	850	
12	511222		自然伽马	计价米	850	
13	511223		普通电阻率	计价米	850	
14	511224		井径	计价米	850	
15	511225		井斜	计价米	850	
16	512000	二开井段				
17	512100	路途行驶	3700	次	1	
18	512200	资料采集				
19	512210	入井深度				
20	512211		自然电位	计价米	2450	
21	512212		自然伽马	计价米	2450	
22	512213		普通电阻率	计价米	2450	
23	512214		井径	计价米	2450	
24	512215		井斜	计价米	2450	

序号	项目编码	项目名称	项目特征	计量单位	工程量	备注
25	512220	测量井段				
26	512221		自然电位	计价米	1600	
27	512222		自然伽马	计价米	1600	
28	512223		普通电阻率	计价米	1600	
29	512224		井径	计价米	1600	
30	512225		井斜	计价米	1600	
31	513000	三开井段				
32	513100	路途行驶	3700	次	1	
33	513200	资料采集				
34	513210	入井深度				
35	513211		自然电位	计价米	3900	
36	513212		自然伽马	计价米	3900	
37	513213		双感应/微球形聚集	计价米	3900	
38	513214		补偿声波	计价米	3900	
39	513215		补偿中子	计价米	3900	
40	513216		补偿密度	计价米	3900	
41	513217		井径	计价米	3900	
42	513218		井斜	计价米	3900	
43	513220	测量井段				
44	513221		自然电位	计价米	1450	
45	513222		自然伽马	计价米	1450	
46	513223		双感应/微球形聚集	计价米	1450	
47	513224		补偿声波	计价米	1450	
48	513225		补偿中子	计价米	1450	
49	513226		补偿密度	计价米	1450	
50	513227		井径	计价米	1450	
51	513228		井斜	计价米	1450	

表 6-34　固井质量测井作业

序号	项目编码	项目名称	项目特征	计量单位	工程量	备注
1	521000	一开井段				
2	521100	路途行驶	小数控	次	1	
3	521200	资料采集				
4	521210	入井深度				
5	521211		自然伽马	计价米	840	
6	521212		磁定位	计价米	840	
7	521213		CBL	计价米	840	

序号	项目编码	项目名称	项目特征	计量单位	工程量	备注
8	521220	测量井段				
9	521221		自然伽马	计价米	840	
10	521222		磁定位	计价米	840	
11	521223		CBL	计价米	840	
12	522000	二开井段				
13	522100	路途行驶	小数控	次	1	
14	522200	资料采集				
15	522210	入井深度				
16	522211		自然伽马	计价米	2440	
17	522212		磁定位	计价米	2440	
18	522213		CBL	计价米	2440	
19	522220	测量井段				
20	522221		自然伽马	计价米	2440	
21	522222		磁定位	计价米	2440	
22	522223		CBL	计价米	2440	
23	523000	三开井段				
24	523100	路途行驶	5700	次	1	
25	523200	资料采集				
26	523210	入井深度				
27	523211		自然伽马	计价米	3850	
28	523212		磁定位	计价米	3850	
29	523213		CBL	计价米	3850	
30	523214		VDL	计价米	3850	
31	523220	测量井段				
32	523221		自然伽马	计价米	3850	
33	523222		磁定位	计价米	3850	
34	523223		CBL	计价米	3850	
35	523224		VDL	计价米	1000	

表6-35 资料处理解释

序号	项目编码	项目名称	项目特征	计量单位	工程量	备注
1	541000	裸眼测井作业				
2	541100	一开井段	自然电位、自然伽马、普通电阻率、井径、井斜	处理米	850	
3	541200	二开井段	自然电位、自然伽马、普通电阻率、井径、井斜	处理米	1600	

序号	项目编码	项目名称	项目特征	计量单位	工程量	备注
4	541300	三开井段	自然电位、自然伽马、双感应/微球形聚集、补偿声波、补偿中子、补偿密度、井径、井斜	处理米	1450	
5	542000	固井质量测井作业				
6	542100	一开井段	自然伽马、磁定位、CBL	处理米	840	
7	542200	二开井段	自然伽马、磁定位、CBL	处理米	2440	
8	542300	三开井段				
9	542310	三开井段	自然伽马、磁定位、CBL	处理米	3850	
10	542320	三开井段	VDL	处理米	1000	

6.5.2 分部分项工程量清单计价

进行测井工程分部分项工程量清单计价时,根据工程项目选取相应的综合单价,采用工程量乘以综合单价,得出分部工程或分项工程、子项工程费用金额,再归类合计,得出单位工程造价,见表6-36至表6-38。

表6-36　裸眼测井作业工程量清单计价

序号	项目编码	项目名称	项目特征	计量单位	工程量	综合单价(元)	金额(元)	备注
	510000	裸眼测井作业					374098.70	
1	511000	一开井段					22024.60	
2	511100	路途行驶	小数控	次	1	1335.60	1335.60	
3	511200	资料采集					20689.00	
4	511210	入井深度					10344.50	
5	511211		自然电位	计价米	850	2.21	1878.50	
6	511212		自然伽马	计价米	850	2.88	2448.00	
7	511213		普通电阻率	计价米	850	2.18	1853.00	
8	511214		井径	计价米	850	2.56	2176.00	
9	511215		井斜	计价米	850	2.34	1989.00	
10	511220	测量井段					10344.50	
11	511221		自然电位	计价米	850	2.21	1878.50	
12	511222		自然伽马	计价米	850	2.88	2448.00	
13	511223		普通电阻率	计价米	850	2.18	1853.00	
14	511224		井径	计价米	850	2.56	2176.00	
15	511225		井斜	计价米	850	2.34	1989.00	
16	512000	二开井段					87959.70	
17	512100	路途行驶	3700	次	1	1532.70	1532.70	
18	512200	资料采集					86427.00	
19	512210	入井深度					52283.00	

序号	项目编码	项目名称	项目特征	计量单位	工程量	综合单价(元)	金额(元)	备注
20	512211		自然电位	计价米	2450	4.41	10804.50	
21	512212		自然伽马	计价米	2450	5.32	13034.00	
22	512213		普通电阻率	计价米	2450	3.88	9506.00	
23	512214		井径	计价米	2450	3.67	8991.50	
24	512215		井斜	计价米	2450	4.06	9947.00	
25	512220	测量井段					34144.00	
26	512221		自然电位	计价米	1600	4.41	7056.00	
27	512222		自然伽马	计价米	1600	5.32	8512.00	
28	512223		普通电阻率	计价米	1600	3.88	6208.00	
29	512224		井径	计价米	1600	3.67	5872.00	
30	512225		井斜	计价米	1600	4.06	6496.00	
31	513000	三开井段					264114.40	
32	513100	路途行驶	3700	次	1	2124.90	2124.90	
33	513200	资料采集					261989.50	
34	513210	入井深度					190983.00	
35	513211		自然电位	计价米	3900	4.41	17199.00	
36	513212		自然伽马	计价米	3900	5.32	20748.00	
37	513213		双感应/微球形聚集	计价米	3900	8.32	32448.00	
38	513214		补偿声波	计价米	3900	6.89	26871.00	
39	513215		补偿中子	计价米	3900	7.23	28197.00	
40	513216		补偿密度	计价米	3900	9.05	35295.00	
41	513217		井径	计价米	3900	3.68	14352.00	
42	513218		井斜	计价米	3900	4.07	15873.00	
43	513220	测量井段					71006.50	
44	513221		自然电位	计价米	1450	4.41	6394.50	
45	513222		自然伽马	计价米	1450	5.32	7714.00	
46	513223		双感应/微球形聚集	计价米	1450	8.32	12064.00	
47	513224		补偿声波	计价米	1450	6.89	9990.50	
48	513225		补偿中子	计价米	1450	7.23	10483.50	
49	513226		补偿密度	计价米	1450	9.05	13122.50	
50	513227		井径	计价米	1450	3.68	5336.00	
51	513228		井斜	计价米	1450	4.07	5901.50	

表6-37 固井质量测井作业工程量清单计价

序号	项目编码	项目名称	项目特征	计量单位	工程量	综合单价(元)	金额(元)	备注
	520000	固井质量测井作业					242079.40	
1	521000	一开井段					13683.60	
2	521100	路途行驶	小数控	次	1	1335.60	1335.60	
3	521200	资料采集					12348.00	
4	521210	入井深度					6174.00	
5	521211		自然伽马	计价米	840	2.88	2419.20	
6	521212		磁定位	计价米	840	1.15	966.00	
7	521213		CBL	计价米	840	3.32	2788.80	
8	521220	测量井段					6174.00	
9	521221		自然伽马	计价米	840	2.88	2419.20	
10	521222		磁定位	计价米	840	1.15	966.00	
11	521223		CBL	计价米	840	3.32	2788.80	
12	522000	二开井段					37203.60	
13	522100	路途行驶	小数控	次	1	1335.60	1335.60	
14	522200	资料采集					35868.00	
15	522210	入井深度					17934.00	
16	522211		自然伽马	计价米	2440	2.88	7027.20	
17	522212		磁定位	计价米	2440	1.15	2806.00	
18	522213		CBL	计价米	2440	3.32	8100.80	
19	522220	测量井段					17934.00	
20	522221		自然伽马	计价米	2440	2.88	7027.20	
21	522222		磁定位	计价米	2440	1.15	2806.00	
22	522223		CBL	计价米	2440	3.32	8100.80	
23	523000	三开井段					191192.20	
24	523100	路途行驶	5700	次	1	1532.70	1532.70	
25	523200	资料采集					189659.50	
26	523210	入井深度					107954.00	
27	523211		自然伽马	计价米	3850	6.13	23600.50	
28	523212		磁定位	计价米	3850	5.86	22561.00	
29	523213		CBL	计价米	3850	6.84	26334.00	
30	523214		VDL	计价米	3850	9.21	35458.50	
31	523220	测量井段					81705.50	
32	523221		自然伽马	计价米	3850	6.13	23600.50	
33	523222		磁定位	计价米	3850	5.86	22561.00	
34	523223		CBL	计价米	3850	6.84	26334.00	
35	523224		VDL	计价米	1000	9.21	9210.00	

表 6 - 38　资料处理解释工程量清单计价

序号	项目编码	项目名称	项目特征	计量单位	工程量	综合单价(元)	金额(元)	备注
	540000	资料处理解释					88001.40	
1	541000	裸眼测井作业					58414.00	
2	541100	一开井段	自然电位、自然伽马、普通电阻率、井径、井斜	处理米	850	4.28	29207.00	
3	541200	二开井段	自然电位、自然伽马、普通电阻率、井径、井斜	处理米	1600	4.28	6848.00	
4	541300	三开井段	自然电位、自然伽马、双感应/微球形聚集、补偿声波、补偿中子、补偿密度、井径、井斜	处理米	1450	15.42	22359.00	
5	542000	固井质量测井作业					29587.40	
6	542100	一开井段	自然伽马、磁定位、CBL	处理米	840	2.98	2503.20	
7	542200	二开井段	自然伽马、磁定位、CBL	处理米	2440	2.98	7271.20	
8	542300	三开井段					19813.00	
9	542310		自然伽马、磁定位、CBL	处理米	3850	2.98	11473.00	
10	542320		VDL	处理米	1000	8.34	8340.00	

6.3.3　测井工程造价计算

按分部分项工程量清单计价中单位工程费进行汇总,并计算税费,计算出测井工程造价(表 6 - 39)。

表 6 - 39　测井工程造价计算

项目编码	名　　称	单位	金额	备注(数字编码代表对应项目)
500000	测井工程费	元	711221.30	510000 + 520000 + 540000 + 560000
510000	裸眼测井作业费	元	374098.70	裸眼测井作业工程量清单计价 510000
520000	固井质量测井作业费	元	242079.40	固井质量测井作业工程量清单计价 520000
540000	资料处理解释费	元	88001.40	资料处理解释工程量清单计价 540000
560000	税费	元	7041.80	(510000 + 520000 + 540000) × 1%

7 试油工程工程量清单计价方法

7.1 试油工程工程量清单项目及计算规则

试油工程工程量由试油作业、主要材料、大宗材料运输、技术服务和其他作业等5个部分构成。试油工程工程量清单项目及计算规则如表7-1至表7-5所示。若有试油工程的子项目未包含在已设立试油工程项目中,则放在相应的分部分项工程下面,并补充相关内容。若试油作业工序中有重复多次的同一工序,可在项目编码最后一位数字的后面标注A、B、C等,如在一口井试油作业中需要3次井筒准备,则项目编码分别为612000A、612000B、612000C,以此类推。

表7-1 试油作业(编码:610000)

项目编码	项目名称	项目特征	计量单位	工程量计算规则	工程内容
611000	施工准备	(1)设备要求; (2)施工要求	d	按设计时间计算	(1)搬迁; (2)开工准备
612000	井筒准备	(1)施工内容; (2)施工要求	d	按设计时间计算	(1)通井; (2)替钻井液; (3)刮削; (4)洗井; (5)探底; (6)试压
613000	射孔准备	(1)管柱要求; (2)射孔液要求; (3)施工要求	d	按设计时间计算	(1)配管柱; (2)接射孔枪; (3)下管柱; (4)替射孔液; (5)降液面
614000	配合施工				
614100	配合磁定位测井				
614200	配合射孔				
614300	配合压裂				(1)拆装井口; (2)接工具; (3)配合施工; (4)配合检查质量; (5)压井
614400	配合酸化	(1)施工内容; (2)施工要求	d	按设计时间计算	
614500	配合地层测试				
614600	配合试井				
614700	配合钢丝作业				
615000	排液求产				

项目编码	项目名称	项目特征	计量单位	工程量计算规则	工程内容
615100	排液	(1)排液方法； (2)施工要求	d	按设计时间计算	(1)替喷； (2)抽汲排液； (3)提捞排液； (4)气举排液； (5)混气水排液； (6)泵抽排液
615200	求产	(1)求产方法； (2)施工要求			(1)求产； (2)测压； (3)取样； (4)油气水分析
616000	特殊作业				
616100	钻水泥塞	(1)施工内容； (2)施工要求	d	按设计时间计算	钻水泥塞
616200	冲砂				冲砂
616300	填砂				填砂
617000	完井				
617100	起管柱	施工要求			(1)压井； (2)起施工管柱
617200	下生产管柱	(1)管柱要求； (2)施工要求	d	按设计时间计算	(1)拆装井口； (2)下生产管柱
617300	封井	(1)封井要求； (2)封井方法			(1)下封隔器； (2)下桥塞； (3)打水泥塞

表7-2 主要材料(编码:620000)

项目编码	项目名称	项目特征	计量单位	工程量计算规则	工程内容
621000	采油树	(1)品种； (2)规格	套	按设计采油树摊销量计算	(1)现场检测； (2)现场使用； (3)现场维护
622000	油管	(1)外径； (2)壁厚； (3)单重； (4)扣型； (5)钢级	m	按设计下入油管摊销长度计算	
623000	洗井液	性能要求	m³	按设计用量计算	
624000	射孔液				
625000	压井液				
626000	井下工具	(1)品种； (2)规格	只/套	按设计工具数量计算	
627000	水泥	(1)品种； (2)规格	t	按设计用量计算	
628000	砂子				

表 7-3 大宗材料运输(编码:630000)

项目编码	项目名称	项目特征	计量单位	工程量计算规则	工程内容
631000	采油树	(1)规格、数量; (2)运输要求	次	按设计运输次数计算	(1)装车; (2)运输; (3)卸车
632000	油管	(1)长度、重量; (2)运输要求			
633000	洗井液	(1)重量或体积; (2)运输要求			
634000	射孔液				
635000	压井液				
636000	井下工具	(1)品种、数量; (2)运输要求			
637000	水泥	(1)品种、重量; (2)运输要求			
638000	砂子				

表 7-4 技术服务(编码:640000)

项目编码	项目名称	项目特征	计量单位	工程量计算规则	工程内容
641000	磁定位测井				
641100	路途行驶	测井设备	次	按设计行驶次数计算	设备和人员动迁
641200	资料采集				
641210	入井深度	(1)测井设备; (2)测井项目	计价米	按仪器入井深度计算	起下仪器
641220	测量井段			按测量井段长度计算	资料采集
642000	射孔				
642100	路途行驶	车辆数量	次	按设计行驶次数计算	设备和人员动迁
642200	射孔施工	(1)射孔方法; (2)射孔枪规格; (3)射孔弹规格	射孔米	按设计射孔段长度计算	(1)射孔准备; (2)射孔施工
643000	地面计量				
643100	搬迁	(1)主要设备; (2)搬迁要求	次	按设计搬迁次数计算	人员和设备搬迁
643200	计量施工	计量要求	d	按设计计量时间计算	(1)建立流程; (2)计量; (3)求取数据
644000	地层测试				
644100	路途行驶	车辆数量	次	按设计行驶次数计算	设备和人员动迁

项目编码	项目名称	项目特征	计量单位	工程量计算规则	工程内容
644200	测试施工	(1)工具类型； (2)测试方法	层/次	按设计测试层数或次数计算	(1)接测试工具； (2)现场测试； (3)卸测试工具
645000	试井				
645100	路途行驶	车辆数量	次	按设计行驶次数计算	设备和人员动迁
645200	试井施工	(1)仪器类型； (2)测试方法	次	按设计试井次数计算	(1)接试井仪器； (2)现场试井； (3)卸试井仪器
646000	钢丝作业				
646100	搬迁	搬迁要求	次	按设计搬迁次数计算	人员和设备搬迁
646200	钢丝施工	(1)主要工具； (2)施工要求	次	按设计施工时间计算	(1)拆接工具； (2)下井施工； (3)拆接井口
647000	单项服务				
647100	泵车	(1)车辆数量； (2)要求	次	按设计次数计算	(1)路途行驶； (2)现场施工
647200	液氮罐车				
647300	液氮泵车				
647400	水罐车				
647500	锅炉车				
647600	连续油管车				
647700	卡车				

注：电缆地层测试清单项目及计算规则见第6章；压裂、酸化清单项目及计算规则见第8章。

表7-5 其他作业(编码:650000)

项目编码	项目名称	项目特征	计量单位	工程量计算规则	工程内容
651000	环保处理	(1)处理方式； (2)处理数量	次	按设计次数计算	(1)污水处理； (2)废液处理； (3)废物处理； (4)废气处理； (5)噪声处理
652000	地貌恢复	(1)场地面积； (2)回填要求； (3)绿化要求	次	按设计次数计算	(1)清除垃圾； (2)回填池坑； (3)平整场地； (4)绿化

7.2 试油工程造价构成及计算方法

试油工程造价由试油作业费、主要材料费、大宗材料运输费、技术服务费、其他作业费和税费6部分构成。试油工程造价构成内容及计算方法如表7-6所示。分部分项工程造价构成内容及计算方法见表7-7。

表7-6 试油工程造价构成

项目编码	项目名称	计价单位	造价计算方法(数字编码代表对应项目)
600000	试油工程费	元/口井	610000 + 620000 + 630000 + 640000 + 650000 + 660000
610000	试油作业费	元/口井	分部分项工程造价610000
620000	主要材料费	元/口井	分部分项工程造价620000
630000	大宗材料运输费	元/口井	分部分项工程造价630000
640000	技术服务费	元/口井	分部分项工程造价640000
650000	其他作业费	元/口井	分部分项工程造价650000
660000	税费	元/口井	(610000 + 620000 + 630000 + 640000 + 650000) × 折算税率

表7-7 分部分项工程造价构成

项目编码	项目名称	计价单位	造价计算方法(数字编码代表对应项目)
610000	试油作业	元/口井	611000 + 612000 + … + 617000
611000	施工准备	元/口井	
612000	井筒准备	元/口井	∑综合单价(元/d) × 施工时间(d)
613000	射孔准备	元/口井	
614000	配合施工	元/口井	614100 + 614200 + … + 614700
614100	配合磁定位测井	元/口井	
614200	配合射孔	元/口井	
614300	配合压裂	元/口井	
614400	配合酸化	元/口井	∑综合单价(元/d) × 施工时间(d)
614500	配合地层测试	元/口井	
614600	配合试井	元/口井	
614700	配合钢丝作业	元/口井	
615000	排液求产	元/口井	615100 + 615200
615100	排液	元/口井	∑综合单价(元/d) × 施工时间(d)
615200	求产	元/口井	
616000	特殊作业	元/口井	616100 + 616200 + 616300
616100	钻水泥塞	元/口井	
616200	冲砂	元/口井	∑综合单价(元/d) × 施工时间(d)
616300	填砂	元/口井	
617000	完井	元/口井	617100 + 617200 + 617300

项目编码	项目名称	计价单位	造价计算方法（数字编码代表对应项目）
617100	起管柱	元/口井	
617200	下生产管柱	元/口井	$\sum$综合单价（元/d）×施工时间（d）
617300	封井	元/口井	
620000	主要材料	元/口井	621000＋622000＋…＋628000
621000	采油树	元/口井	$\sum$综合单价（元/套）×采油树摊销量（套）
622000	油管	元/口井	$\sum$综合单价（元/m）×油管摊销量（m）
623000	洗井液	元/口井	
624000	射孔液	元/口井	$\sum$综合单价（元/m³）×设计用量（m³）
625000	压井液	元/口井	
626000	井下工具	元/口井	$\sum$综合单价（元/只或套）×设计工具数量（只或套）
627000	水泥	元/口井	
628000	砂子	元/口井	$\sum$综合单价（元/t）×设计用量（t）
630000	大宗材料运输	元/口井	631000＋632000＋…＋638000
631000	采油树	元/口井	
632000	油管	元/口井	
633000	洗井液	元/口井	
634000	射孔液	元/口井	
635000	压井液	元/口井	$\sum$综合单价（元/次）×施工次数（次）
636000	井下工具	元/口井	
637000	水泥	元/口井	
638000	砂子	元/口井	
640000	技术服务	元/口井	641000＋642000＋…＋647000
641000	磁定位测井	元/口井	641100＋642200
641100	路途行驶	元/口井	$\sum$综合单价（元/次）×行驶次数（次）
641200	资料采集	元/口井	641210＋641220
641210	入井深度	元/口井	$\sum$综合单价（元/计价米）×仪器入井深度（计价米）
641220	测量井段	元/口井	$\sum$综合单价（元/计价米）×测量井段长度（计价米）
642000	射孔	元/口井	642100＋642200
642100	路途行驶	元/口井	$\sum$综合单价（元/次）×行驶次数（次）
642200	射孔施工	元/口井	$\sum$综合单价（元/射孔米）×射孔段长度（射孔米）
643000	地面计量	元/口井	643100＋643200
643100	搬迁	元/口井	$\sum$综合单价（元/次）×行驶次数（次）
643200	计量施工	元/口井	$\sum$综合单价（元/d）×施工时间（d）
644000	地层测试	元/口井	644100＋644200
644100	路途行驶	元/口井	$\sum$综合单价（元/次）×行驶次数（次）
644200	测试施工	元/口井	$\sum$综合单价（元/层或次）×测试数量（层或次）

项目编码	项目名称	计价单位	造价计算方法（数字编码代表对应项目）
645000	试井	元/口井	645100＋645200
645100	路途行驶	元/口井	∑综合单价（元/次）×行驶次数（次）
645200	试井施工	元/口井	∑综合单价（元/次）×试井数量（次）
646000	钢丝作业	元/口井	646100＋646200
646100	搬迁	元/口井	∑综合单价（元/次）×搬迁次数（次）
646200	钢丝施工	元/口井	∑综合单价（元/d）×施工时间（d）
647000	单项服务	元/口井	647100＋647200＋…＋647700
647100	泵车	元/口井	
647200	液氮罐车	元/口井	
647300	液氮泵车	元/口井	
647400	水罐车	元/口井	∑综合单价（元/次）×作业次数（次）
647500	锅炉车	元/口井	
647600	连续油管车	元/口井	
647700	卡车	元/口井	
650000	其他作业	元/口井	651000＋652000
651000	环保处理	元/口井	∑综合单价（元/次）×设计次数（次）
652000	地貌恢复	元/口井	

7.3 试油工程工程量清单编制方法

编制试油工程工程量清单时，按试油工程工程量项目和计算规则要求，以分部分项工程为基础编制工程量清单。若认为有试油工程的子项目未包含在已设立试油工程项目，则放在相应的分部分项工程下面，并补充相关内容，按同样规则确定。若试油作业工序中有重复多次的同一工序，可在项目编码最后一位数字的后面标注 A、B、C 等，如在一口井试油作业中需要 3 次井筒准备，则项目编码分别为 612000A、612000B、612000C，以此类推。

7.3.1 试油作业

试油作业通常由作业队使用修井机或通井机完成，对于一些边远探井或超深井有时由钻井队使用钻机完成。不同的井其试油作业内容和工艺过程有所不同，在工程量确定和工程造价测算上，各油田差别很大。这里进行了系统地梳理，主要分为施工准备、井筒准备、射孔准备、配合施工、排液求产、特殊作业、完井等 7 个分部工程。

7.3.1.1 施工准备

施工准备包括搬迁和开工准备。搬迁又分为搬迁准备、设备搬迁安装；开工准备又分为井场准备、工具准备、材料准备、技术交底等。

根据试油工程设计要求或企业定额确定施工准备时间。需要注意的是，有的油田定额分别确定搬迁时间和开工准备时间，甚至工序时间分得更细，需要认真分析综合确定。

7.3.1.2 井筒准备

井筒准备包括通井、替钻井液、刮削、洗井、探底、试压等。并不是所有井全部实施上述施工内容,比如刮削,只有在需要封隔器座封的井段实施。

在试油工程设计中,有详细的施工工序设计要求。按设计要求和工程量清单规则,确定井筒准备的施工工序,再确定井筒准备施工时间。需要注意的是,有时替射孔液、降液面和上述工序写在一起,要分开计算,因为这些工序放到射孔准备工序中。另外,若设计中有多次井筒准备的工作内容时,要同后面衔接的工序保持一致,分别计算井筒准备工程量,并用 A、B、C 等标在项目编码后面。

7.3.1.3 射孔准备

射孔准备包括配管柱、接射孔枪、下管柱、替射孔液、降液面等。从实施工序角度,有时井筒准备后期,可能先替射孔液,再下管柱;有的井可能不用降液面;但从工程量清单角度,这些工序均属于射孔准备。作业管柱包括射孔管柱、测试管柱、酸化管柱、压裂管柱和组合管柱等。

在试油工程设计中,有详细的施工工序设计要求。按设计要求和工程量清单规则,确定射孔准备的施工工序,再确定射孔准备施工时间。需要注意的是,进行多项联合作业时,往往需要下组合管柱,如射孔与投产联作、射孔与测试联作、射孔与压裂酸化联作、地面直读与测试联作等。根据试油工程设计要求,有时下一趟作业管柱,有时需要下多趟施工管柱。若设计中有多次射孔准备的工作内容时,要同前面、后面衔接的工序保持一致,分别计算射孔准备工程量,并用 A、B、C 等标在项目编码后面。

7.3.1.4 配合施工

配合施工是作业队配合其他施工队伍施工,包括配合磁定位测井、配合射孔、配合压裂、配合酸化、配合地层测试、配合试井、配合钢丝作业等。

根据试油工程设计中各种技术服务要求,确定配合施工项目和时间。这些配合工作时间以占用井口时间为准。若设计中有多次技术服务需要配合工作时,要同前面、后面衔接的工序保持一致,分别计算配合工作工程量,并用 A、B、C 等标在项目编码后面。

7.3.1.5 排液求产

一般排液与求产工艺连续进行。排液是采用人工方法降低井内液柱压力,使井筒内液柱压力低于地层压力,诱导地层流体进入井筒或喷出地面的作业,常用方法有替喷、抽汲、提捞、气举、泵抽等方法。求产是在试油作业过程中,通过各种工艺技术和方法求取地层产能、流体性质、压力、温度等资料的过程,主要求产方法有自喷求产、定压定时气举求产、抽汲求产、测液面求产、三项分离器求产等。

根据试油工程设计中要求,确定排液、求产项目和时间。通常情况下,设计中给出明确的排液和求产时间,可直接使用。若设计中有多次排液求产工作内容时,要同前面、后面衔接的工序保持一致,分别计算排液求产工程量,并用 A、B、C 等标在项目编码后面。

7.3.1.6 特殊作业

特殊作业指试油工程中一般不经常出现的一些特殊施工工序,包括钻水泥塞、冲砂、填砂等。这里的特殊施工工序是纯井下施工,不包括井筒准备的工序内容。

根据试油工程设计中要求,确定特殊作业项目和时间。通常情况下,设计中给出全部的特殊作业施工工序,如通井、洗井、探底、试压、钻塞等。注意,前 4 道工序应计算在井筒准备工序中。

7.3.1.7 完井

完井指一口井试油作业或一层试油作业的最后一道工序,包括起管柱、下生产管柱、封井等。除投产联作管柱外,单独的射孔管柱、测试管柱、酸化管柱、压裂管柱等其他作业管柱要起出,以便进行后续工序。下生产管柱可分为下油井管柱、下注水井管柱、下天然气井管柱。封井分为一层试油后的封层上返和全井封井。

根据试油工程设计中要求,确定完井项目和时间。根据设计要求,有时需要起下多趟施工管柱或多次封层上返,要同前面、后面衔接的工序保持一致,分别计算完井中各工序的工程量,并用 A、B、C 等标在项目编码后面。

7.3.2 主要材料

试油工程主要材料包括采油树、油管、洗井液、射孔液、压井液、井下工具、水泥、砂子。

通常试油工程设计中给出了上述材料的规格和用量等参数,可直接选用。需要注意的是,采油树(采气树)也称为井口装置,有时井下作业的井口装置和最终投产的采油树(采气树)是两套不同的。通常通井、刮削的油管需要反复使用,最终的投产油管采用一套全新的油管,二者是两套不同的油管。采油树和油管要按照相关的标准和规定测算出摊销比例,若是现场使用后再回收,则按一定比例摊销测算工程量;若是全部投入生产,则按全部用量测算。其他材料按设计用量计算工程量。

7.3.3 大宗材料运输

大宗材料运输包括采油树、油管、洗井液、射孔液、压井液、井下工具、水泥、砂子的运输。采油树、油管、井下工具、水泥、砂子等材料运输车辆主要是小型卡车和大型卡车,洗井液、射孔液、压井液等材料运输车辆主要是罐车。

考虑到大宗材料运输往往同施工单位的管理办法、运输距离、车辆型号密切相关,具有不确定性。因此,按次计算工程量,各项材料运输通常 1 口井按 1 次计算。

7.3.4 技术服务

7.3.4.1 磁定位测井

磁定位测井也称校深、射孔定位测井,是在射孔施工前,用自然伽马测井或中子伽马测井找准射孔层位,用磁定位测定套管短节和套管接箍深度,以防误射孔。通常由测井队完成,有时由射孔队完成。

在试油工程设计中,有时提到校深,有时没有提到,但这是必须实施的一项工作。在计算磁定位测井作业工程量时,测井设备根据设计中要求确定,若设计没有要求,则采用油田常规惯用测井设备。路途行驶次数按试油工程设计中射孔施工次数计算,通常射孔施工 1 次计算 1 次路途行驶。资料采集工程量包括测井仪器入井深度工程量和测量井段长度工程量,测井仪器入井深度工程量指从井口到仪器下井的最深处,根据试油工程设计中射孔最深点要求确定下入深度;测量井段长度工程量根据试油工程设计中射孔段的长度和相关规定确定。

7.3.4.2 射孔

射孔指由射孔队用电缆或油管将射孔枪输送到需要射孔的油气层井段,然后将射孔弹引爆,穿透套管及水泥环,并射进产层岩石一定深度,形成连接油气层和套管内通道的作业。

路途行驶次数按试油工程设计中射孔施工次数计算,通常射孔施工1次计算1次路途行驶,若有多层射孔施工连续作业时,则仅计算1次。在试油工程设计中明确规定了射孔方法、射孔枪规格、射孔弹规格和射孔段长度,可直接摘用。

7.3.4.3　地面计量

地面计量也称地面测试,由地面计量队采用三相分离器、计量罐、计量管汇等设备及仪表在井场地面对地层油气水进行控制、处理、分离、计量。

通常1口井试油工程的地面计量计算1次路途行驶。若试油工程设计中有特殊要求,需要多次进行设备和人员搬迁,则按设计次数计算。若试油工程设计中明确规定了地面计量时间,则按设计时间计算工程量;若设计中没有明确规定地面计量时间,则按排液求产时间计算工程量。

7.3.4.4　地层测试

地层测试又称完井测试,由测试队采用油管或钻杆和专门的测试仪器和工具,在一定的工艺技术措施配合下,对油气层进行测试。主要地层测试方法有MFE地层测试、HST地层测试、APR全通径地层测试、PCT全通径地层测试、膨胀式测试等。电缆地层测试见第6章测井工程部分内容。

根据试油工程设计中测试的层数或次数确定工程量。路途行驶通常1口井按1次计算,如有特殊要求按要求计算。

7.3.4.5　试井

试井是由试井队用试井钢丝或试井电缆把井下压力计、井下温度计下放到井下测试位置进行测量,录取油气井井底压力、温度等数据。

根据试油工程设计中试井的次数确定工程量。路途行驶通常1口井按1次计算,如有特殊要求按要求计算。

7.3.4.6　钢丝作业

钢丝作业指由钢丝作业队用钢丝或电缆下放、上提井下工具而完成某种井下操作的施工。往往用于比较复杂的井下管柱施工过程中。

根据试油工程设计中钢丝作业的次数确定工程量。路途行驶通常1口井按1次计算,如有特殊要求按要求计算。

7.3.4.7　单项服务

单项服务指试油作业过程进行试压、降液面等施工时需要特种车辆单独服务,常用特车有泵车、液氮车、水罐车、锅炉车、连续油管车、卡车等。

根据试油工程设计中各施工工序要求,结合相关技术规定确定单项服务工程量。

7.3.5　其他作业

7.3.5.1　环保处理

试油现场施工中环境保护要求是使现场排放的"三废"(有害的气体、液体、固体废弃物)减少到最低限度;对有利用价值的废弃物,集中回收;暂时不能利用的废弃物,进行无害化处置。具体内容有防治水污染、防治空气污染、防治噪声污染等。

考虑到环保处理方式多种多样,不同的施工单位可能有不同的处理方式,因此,按次计算工程量,通常 1 口井按 1 次计算。

7.3.5.2 地貌恢复

清除井场所有废料和垃圾,清理生活区,填埋或焚烧生活垃圾。试油队搬迁后,应立即用推土机或挖掘机回填各种池坑,然后平整场地,逐层压实,进行绿化。

考虑到地貌恢复方式多种多样,不同的施工单位可能有不同的处理方式,因此,按次计算工程量,通常 1 口井按 1 次计算。

7.4 试油工程综合单价编制方法

试油工程综合单价的确定总体上可以分为两类方法。一是直接套用或参考使用企业定额;二是自行编制综合单价,这里举例说明试油作业综合单价编制方法。

7.4.1 直接套用或参考使用企业定额

每个油田和钻探企业通常都有一套企业定额,编制综合单价时可直接套用或参考使用,但需要注意三个方面的问题,详见 2.4.1 部分内容。这里以施工准备、通井两道工序为例,给出三个油田试油工程费用定额模式,见表 7 - 8 至表 7 - 13。

表 7 - 8　A 油田施工准备工序直接费定额　　　　　　计量单位:次

项　　目			通 井 机			修 井 机			
			井深(m)						
			1000	1500	2000	2500	3000	3500	4000
			周期(d)						
			1.00	1.00	1.00	1.00	1.00	1.00	1.00
序号	名称	单位	金　　额						
1	作业费	元	10847	10939	11031	11123	11215	11307	11398
2	车辆路途费	元/km	36.38	36.38	36.38	36.38	36.38	36.38	36.38

工作内容:设计交底、校井架、平井场、装井口及流程、排油管、刺油管、穿大绳、拖放计量池。

表 7 - 9　A 油田通洗井工序直接费定额　　　　　　计量单位:次

项　　目			通 井 机			修 井 机			
			井深(m)						
			1000	1500	2000	2500	3000	3500	4000
			周期(d)						
			1.00	1.00	1.00	1.00	1.00	1.00	1.00
序号	名称	单位	金　　额						
1	作业费	元	10408	10838	11354	13422	14108	14880	15738
2	车辆路途费	元/km	25.75	33.55	41.35	49.15	56.95	64.75	72.55

工作内容:丈量油管、下油管准备、下通洗井油管、洗井、试压、探人工井底、起通洗井油管。

表7-10 B油田施工准备工序直接费定额计量单位:次

项 目			井深(m)								
			1000	1500	2000	2500	3000	3500	4000	4500	5000
			周期(d)								
			3.23	3.29	3.36	3.43	3.50	5.97	6.04	6.11	6.18
序号	名称	单位	金 额								
1	作业费	元	41014	42764	44515	46265	48015	72075	73825	75575	77326
2	车辆路途费	元/km	24.80	24.80	24.80	24.80	24.80	41.10	41.10	41.10	41.10

工作内容:交接井、搬家、人工平井场、立井架、挖井口溢流沟、打地滑车基础、场内供电、供水、送油管、割井口、装井口、接管线、穿大绳、装液压油管钳、排量油管、交底、验收。

表7-11 B油田通井工序直接费定额　　计量单位:次

项 目			井深(m)								
			1000	1500	2000	2500	3000	3500	4000	4500	5000
			周期(d)								
			1.40	1.76	2.15	2.59	3.03	3.79	4.30	4.87	5.48
序号	名称	单位	金 额								
1	作业费	元	14505	17812	21358	25265	29292	36020	40648	45695	51163
2	车辆路途费	元/km	60.40	70.30	80.20	90.10	118.65	135.15	145.05	163.70	183.50

工作内容:校对油管、卸采油树、涂密封脂、装防喷器、防喷器试压、下管准备、接工具、下管、探人工井底、卸防喷器、座悬挂器、装采油树、备液、接管线、洗井试压、卸管线、提悬挂器、装防喷器、起管、卸井口、卸工具。

表7-12 C油田施工准备工序直接费定额　　计量单位:次

项 目		井深(m)					
		1500	2000	2500	3000	3500	4000
名称	单位	数 量					
周期	h	12.65	13.55	15.35	16.25	21.65	22.10
设备燃料消耗	kg	109.56	109.56	140.86	140.86	286.25	286.25
车辆路途费	元/km	79.55	85.55	85.55	91.55	102.65	108.65
施工费	元	3974.88	4257.68	4823.28	5106.08	8436.57	8611.93
机械台时费	元	1553.29	1684.92	1684.92	1816.54	2079.79	2211.42
其他服务费	元	997.65	997.65	997.65	997.65	997.65	997.65
管理费	元	3380.70	3621.22	4102.27	4342.79	5785.93	5906.20

工作内容:设计交流、机械挖泥浆池、推土油池、机械平井场、挖井口溢流沟、装井场照明线、上分离器、接分离器流程、接50m放喷管、接100m出气管、固定放喷管线、地面管线试压、挖打地滑车坑、固定地滑车、大绳卡拉力表、校正井架、装液压钳、搭井口操作台、清理井口、装套管短节、装大四通、搭油管桥滑道、人工转送油管、排放油管、卸油管护丝、地面通油管、丈量油管。

表7-13　C油田通井试压工序直接费定额　　　　　　计量单位:次

项目		井深(m)					
		1500	2000	2500	3000	3500	4000
名称	单位	数　量					
周期	h	20.75	25.25	29.21	33.35	37.94	43.70
设备燃料消耗	kg	510.22	635.43	760.64	885.85	1877.77	2221.26
车辆路途费	元/km	69.12	84.12	99.12	106.62	121.62	136.62
施工费	元	6520.07	7934.06	9178.37	10479.24	14784.46	17029.02
机械台时费	元	3302.95	4170.62	4707.67	5196.60	5843.86	6380.91
其他服务费	元						
管理费	元	5545.41	6748.03	7806.33	8912.74	10139.41	11678.77

　　工作内容:油管准备、装自封、配管柱、备水、备泥浆、接下井工具、限速下管单根、探人工井底、卸自封、座悬挂器、装采油树、接洗井管线、清水替泥浆、井筒试压、井口气试压、泥浆压井、拆洗井管线、卸采油树、提悬挂器、装自封、限速下管单根、卸自封。

　　由表7-8至表7-13分析3个油田的试油费用定额模式,可以得到以下几点认识:

　　(1)工序分类标准不一致。通井工序名称都不一样,A油田为通洗井,B油田为通井,C油田为通井试压。尽管施工准备工序名称一样,其所含工作内容差别很大。

　　(2)费用表现形式不一致。A油田和B油田分为作业费和车辆路途费,C油田分为车辆路途费、施工费、机械台时费、其他服务费、管理费。

　　因此,在使用现有企业定额时,一定要注意和工程量清单保持一致。

7.4.2　试油作业综合单价编制方法

　　以某油田XJ450修井机作业队为例,说明一套试油作业日费综合单价编制方法。

7.4.2.1　基础参数

7.4.2.1.1　作业队定员参数

　　作业队定员参数(表7-14)根据某油田井下作业公司的作业队实际确定。

表7-14　XJ450修井机作业队定员参数　　　　　　单位:队

序　号	岗　位	单　位	数　量
	合计	人	18
1	队长	人	1
2	指导员	人	1
3	副队长	人	1
4	技术员	人	1
5	班长	人	2
6	井口工	人	6
7	场地工	人	2
8	作业机手	人	2
9	大班司机	人	1
10	炊事员	人	1

7.4.2.1.2 作业队年人工费参数

作业队年人工费参数(表7-15)采用上一年作业队年人工费统计加权平均确定。

年人工费包括基本工资、岗位津贴、各种补助、基本奖金、各种税费等与人工相关费用。

表7-15 作业队年人工费参数　　　　　　　　　　　计量单位:人·年

序　号	项　目	单　位	金　额
1	年人工费	元	65017.00

7.4.2.1.3 设备配备参数

设备配备参数(表7-16)根据财务资产部门提供的资料确定。

表7-16 XJ450修井机配备参数　　　　　　　　　　计量单位:队

序号	设备名称	规格型号	单位	单价(万元)	数量	金额(万元)
	合计		套		1	413.64
1	XJ450修井机		台	298.02	1	298.02
2	液压油管钳	YQ-25-B	套	0.91	1	0.91
3	游动滑车	YG-60	套	4.65	1	4.65
4	发电机	115kW	台	14.23	1	14.23
5	发电机	30kW	台	4.73	1	4.73
6	储液罐	15m³	个	8.72	1	8.72
7	柴油罐	6m³	个	3.50	1	3.50
8	生活水罐	6m³	个	3.50	1	3.50
9	计量池	10m³	个	0.50	2	1.00
10	计量池	2m³	个	0.30	1	0.30
11	送班车	雷诺	台	20.86	1	20.86
12	干部住房		栋	5.50	1	5.50
13	职工住房		栋	4.70	4	18.80
14	厨房		栋	6.20	1	6.20
15	餐厅		栋	4.70	1	4.70
16	水房		栋	4.70	1	4.70
17	配件、工具库		栋	4.50	1	4.50
18	防护、消防库		栋	4.50	1	4.50
19	发电房		栋	3.80	1	3.80
20	厕所		栋	0.52	1	0.52

7.4.2.1.4 设备折旧及修理费率参数

设备折旧及修理费率参数(表7-17)根据财务资产部门提供的资料确定。

表7-17 设备折旧及修理费率参数 计量单位:年

序号	设备名称	单位	残值率	折旧	修理
1	XJ450修井机	%	3.00	10.00	10.00
2	液压油管钳	%	3.00	20.00	10.00
3	游动滑车	%	3.00	20.00	10.00
4	发电机	%	3.00	10.00	10.00
5	发电机	%	3.00	10.00	10.00
6	储液罐	%	3.00	20.00	10.00
7	柴油罐	%	3.00	20.00	10.00
8	生活水罐	%	3.00	20.00	10.00
9	计量池	%	3.00	20.00	10.00
10	计量池	%	3.00	20.00	10.00
11	送班车	%	3.00	10.00	10.00
12	干部住房	%		20.00	
13	职工住房	%		20.00	
14	厨房	%		20.00	
15	餐厅	%		20.00	
16	水房	%		20.00	
17	配件、工具库	%		20.00	
18	防护、消防库	%		20.00	
19	发电房	%		20.00	
20	厕所	%		20.00	

注:以设备原值为基数;野营房按5年摊销。

7.4.2.1.5 年额定工作时间

年额定工作时间(表7-18)根据近3年实际工作时间统计,并参考相关定额和标准,综合分析确定。

表7-18 作业队年额定工作时间 计量单位:队

序号	设备名称	单位	数量
1	XJ450修井机	d	300

7.4.2.1.6 特车平均行驶速度参数

特车平均行驶速度参数参见表7-19。

表7-19 特车平均行驶速度参数 计量单位:h

序号	名称	单位	数量
1	平均行驶速度	km	30

7.4.2.2 消耗参数

柴油消耗参数(表7-20)根据近3年作业队实际消耗水平平均确定。

表7-20 柴油消耗参数 计量单位:d

序号	设备名称	规格型号	单位	数量
	合计		t	0.53
1	XJ450修井机		t	0.33
2	发电机	115kW	t	0.15
3	发电机	30kW	t	0.05

7.4.2.3 费用参数

7.4.2.3.1 人工费参数

作业队人工费参数(表7-21)编制公式为

$$C_{zyrd} = C_{zyrb} \times M_{zyrd} \div T_{zyrd}$$

式中,C_{zyrd}为作业队人工费参数,元/d;C_{zyrb}为作业队年人工费参数,元/(人·年);M_{zyrd}为作业队劳动定员,18人;T_{zyrd}为作业队年额定工作时间,300d。

表7-21 作业队人工费参数 计量单位:d

序号	名称	单位	金额
1	XJ450修井机作业队	元	3901.02

7.4.2.3.2 设备费参数

(1)设备折旧参数(表7-22)编制公式为

$$C_{zyzd} = C_{zyy} \times (1 - F_{zycz}) \times F_{zyz} \div T_{zyrd}$$

式中,C_{zyzd}为设备折旧参数,元/d;C_{zyy}为设备原值,元;F_{zycz}为设备残值率,%;F_{zyz}为设备折旧费率,%;T_{zyrd}为作业队年额定工作时间,300d。

(2)设备修理费参数(表7-22)编制公式为

$$C_{zyxd} = C_{zyy} \times (1 - F_{zycz}) \times F_{zyx} \div T_{zyrd}$$

式中,C_{zyxd}为设备修理费参数,元/d;C_{zyy}为设备原值,元;F_{zycz}为设备残值率,%;F_{zyx}为设备修理费率,%;T_{zyrd}为作业队年额定工作时间,300d。

表7-22 设备费参数 计量单位:d

序号	设备名称	单位	折旧	修理费
1	XJ450修井机	元	1593.17	1165.36

7.4.2.3.3 材料费参数

(1)柴油费参数(表7-23)编制公式为

$$C_{zyyd} = P_{zyyj} \times Q_{zyyd}$$

式中,C_{zyyd}为柴油费参数,元/d;P_{zyyj}为柴油价格,5600元/t;Q_{zyyd}为柴油消耗参数,t/d。

表 7 - 23　柴油费参数　　　　　　　计量单位:d

序号	设备名称	规格型号	单　位	金　额
	合计		元	2968.00
1	XJ450 修井机		元	1848.00
2	发电机	115kW	元	840.00
3	发电机	30kW	元	280.00

（2）其他材料费参数（表 7 - 24）根据近 3 年财务统计平均消耗其他材料费用数据除以年额定工作时间确定。

表 7 - 24　其他材料费参数　　　　　　　计量单位:d

序　号	设备名称	单　位	金　额
1	XJ450 修井机	元	985.00

7.4.2.3.4　其他直接费参数

（1）通讯费参数（表 7 - 25）根据企业定额标准确定。

表 7 - 25　通讯费参数　　　　　　　计量单位:d

序　号	设备名称	单　位	金　额
1	XJ450 修井机	元	120.00

（2）保温费参数（表 7 - 26）根据近 3 年冬季保温费用统计平均确定。

表 7 - 26　保温费参数　　　　　　　计量单位:d

序　号	设备名称	单　位	金　额
1	XJ450 修井机	元	210.00

（3）其他费参数（表 7 - 27）根据近 3 年财务统计平均消耗其他费用数据除以年额定工作时间确定。

表 7 - 27　其他费参数　　　　　　　计量单位:d

序　号	设备名称	单　位	金　额
1	XJ450 修井机	元	1015.00

7.4.2.3.5　企业管理费参数

企业管理费参数（表 7 - 28）根据近 3 年财务统计企业管理费用除以近 3 年工程直接费确定。

表 7 - 28　企业管理费参数

序　号	名　称	单　位	费　率
1	企业管理费	%	5.00

注:以直接费为基数。

7.4.2.3.6 工程风险费参数

工程风险费参数(表7-29)根据近3年重大复杂事故损失除以近3年工程直接费确定。

表7-29 工程风险费参数

序 号	名 称	单 位	费 率
1	工程风险费	%	3.50

注:以直接费为基数。

7.4.2.3.7 利润参数

利润参数(表7-30)根据企业相关管理规定确定。

表7-30 利润参数

序 号	名 称	单 位	费 率
1	利润	%	10.00

注:以直接费和间接费为基数。

7.4.2.3.8 材料价格

材料价格(表7-31)根据上一年全年平均价格确定。

表7-31 材料价格

序 号	名 称	单 位	金 额
1	柴油	元/t	5600.00

7.4.2.4 综合单价

综合单价计算方法如下:

综合单价 = 直接费 + 间接费 + 利润

 直接费 = 人工费 + 设备费 + 材料费 + 其他直接费

  人工费 = 人工费(元/d)

  设备费 = 折旧(元/d) + 修理费(元/d)

  材料费 = 柴油费(元/d) + 其他材料费(元/d)

  其他直接费 = 通讯费(元/d) + 保温费(元/d) + 其他费(元/d)

 间接费 = 企业管理费 + 工程风险费

  企业管理费 = 直接费 × 费率(%)

  工程风险费 = 直接费 × 费率(%)

 利润 = (直接费 + 间接费) × 费率(%)

将费用参数按直接费、间接费和利润分别进行组合和计算,得出夏季作业综合单价和冬季作业综合单价,考虑到该油田每年夏季作业时间和冬季作业时间各占50%,因此将夏季作业综合单价和冬季作业综合单价进行平均,得出全年平均综合单价。考虑到试油作业过程中等待时,一般要发生人工费、设备折旧和间接费,扣除设备修理费、材料费、其他直接费等项目,得出XJ450修井机试油作业等待综合单价。当然,如果等待时没有人员,还要扣除人工费,需要根据具体管理模式和要求确定。计算结果见表7-32。

序号	名称	单位	夏季作业	冬季作业	全年平均	等待
	综合单价	元	14020.70	14271.34	14146.02	6557.32
1	直接费	元	11747.55	11957.55	11852.55	5494.19
1.1	人工费	元	3901.02	3901.02	3901.02	3901.02
1.2	设备费	元	2758.53	2758.53	2758.53	1593.17
1.2.1	折旧	元	1593.17	1593.17	1593.17	1593.17
1.2.2	修理费	元	1165.36	1165.36	1165.36	
1.3	材料费	元	3953.00	3953.00	3953.00	
1.3.1	柴油费	元	2968.00	2968.00	2968.00	
1.3.2	其他材料费	元	985.00	985.00	985.00	
1.4	其他直接费	元	1135.00	1345.00	1240.00	
1.4.1	通讯费	元	120.00	120.00	120.00	
1.4.2	保温费	元		210.00	105.00	
1.4.3	其他费	元	1015.00	1015.00	1015.00	
2	间接费	元	998.54	1016.39	1007.47	467.01
2.1	企业管理费	元	587.38	597.88	592.63	274.71
2.2	工程风险费	元	411.16	418.51	414.84	192.30
3	利润	元	1274.61	1297.39	1286.00	596.12

7.5　试油工程造价计算举例

　　试油工程造价计算主要分为试油工程工程量清单编制、分部分项工程量清单计价和试油工程造价计算三部分。根据试油工程设计和相关技术标准要求,编制试油工程工程量清单;依据试油工程工程量清单和相关综合单价,进行分部分项工程量清单计价;再按单位工程费进行汇总,并计算税费,计算出试油工程造价。下面举例说明。

　　根据某口评价井试油工程设计,人工井底 3500m,需要在深度 3460～3470m 和 3300～3312m 两个井段进行射孔求产。以此为基础编制一套试油工程造价。

7.5.1　试油工程工程量清单编制

　　编制试油工程工程量清单时,按试油工程工程量计算规则要求,以分部分项工程为基础编制工程量清单。若试油作业工序中有重复多次的同一工序,可在项目编码最后一位数字的后面标注 A、B、C 等,以此类推。表 7－33 至表 7－37 给出了示例。

表 7-33 试油作业

序号	项目编码	项目名称	项 目 特 征	计量单位	工程量	备注
1	610000	试油作业		d	12.90	
2	611000	施工准备	XJ450 修井机	d	2.50	
3	612000	井筒准备	通井、替钻井液、刮削、洗井、探底、试压,井深3500m	d	0.80	
4	613000A	射孔准备	替射孔液、下射孔管柱 3480m、降液面	d	0.55	
5	614000A	配合施工		d	0.55	
6	614100A	配合磁定位测井	拆装井口、接工具、配合施工	d	0.35	
7	614200A	配合射孔	配合 3460~3470m 射孔施工	d	0.20	
8	615000A	排液求产		d	2.50	
9	615100A	排液	自喷	d	1.00	
10	615200A	求产	求产、测压、取样	d	1.50	
11	617000A	完井		d	1.20	
12	617100A	起管柱	压井、起射孔管柱	d	0.65	
13	617300A	封井	下桥塞至 3405m	d	0.55	
14	613000B	射孔准备	替射孔液、下射孔管柱 3325m、降液面	d	0.55	
15	614000B	配合施工		d	0.55	
16	614100B	配合磁定位测井	拆装井口、接工具、配合施工	d	0.35	
17	614200B	配合射孔	配合 3300~3312m 射孔施工	d	0.20	
18	615000B	排液求产		d	2.50	
19	615100B	排液	自喷	d	1.00	
20	615200B	求产	求产、测压、取样	d	1.50	
21	617000B	完井		d	1.20	
22	617100B	起管柱	压井、起射孔管柱	d	0.65	
23	617300B	封井	下桥塞至 3100m,装井口	d	0.55	

表 7-34 主要材料

序号	项目编码	项目名称	项 目 特 征	计量单位	工程量	备注
1	621000	采油树	KYS25/65DG 采油树	套	0.10	10% 摊销
2	622000	油管		m	1681.00	
3	622100	通井油管	外径 88.9mm,壁厚 9.53mm,单重 19.27kg/m,长圆扣,钢级 N80,3500m	m	350.00	10% 摊销
4	622200A	射孔油管	外径 88.9mm,壁厚 9.53mm,单重 19.27kg/m,长圆扣,钢级 N80,3480m	m	348.00	10% 摊销

序号	项目编码	项目名称	项目特征	计量单位	工程量	备注
5	622300A	下桥塞油管	外径88.9mm,壁厚9.53mm,单重19.27kg/m,长圆扣,钢级N80,3405m	m	340.50	10%摊销
6	622200B	射孔油管	外径88.9mm,壁厚9.53mm,单重19.27kg/m,长圆扣,钢级N80,3325m	m	332.50	10%摊销
7	622300B	下桥塞油管	外径88.9mm,壁厚9.53mm,单重19.27kg/m,长圆扣,钢级N80,3100m	m	310.00	10%摊销
8	623000	洗井液	3‰活性水,密度1.02g/cm³	m³	130.00	
9	624000	射孔液	1%KCL+0.3%A-26+清水,密度1.02g/cm³	m³	110.00	
10	625000	压井液	无固相压井液,密度1.25~1.30g/cm³	m³	65.00	
11	626000	井下工具				
12	626100	桥塞	FXY-114A可捞式桥塞	只	2.00	

表7-35 大宗材料运输

序号	项目编码	项目名称	项目特征	计量单位	工程量	备注
1	631000	采油树	KYS25/65DG采油树1套	次	1	
2	632000	油管	88.9mm油管长4200m,重80.93t	次	1	20%备用
3	633000	洗井液	130m³	次	1	
4	634000	射孔液	110m³	次	1	
5	635000	压井液	65m³	次	1	
6	636000	井下工具	2只桥塞	次	1	

表7-36 技术服务

序号	项目编码	项目名称	项目特征	计量单位	工程量	备注
1	641000	磁定位测井				
2	641100	路途行驶	国产数控测井	次	1.00	
3	641200	资料采集				
4	641210A	入井深度				
5	641211A		国产数控,自然伽马	计价米	3480.00	
6	641212A		国产数控,磁定位	计价米	3480.00	
7	641220A	测量井段				
8	641221A		国产数控,自然伽马	计价米	300.00	

序号	项目编码	项目名称	项目特征	计量单位	工程量	备注
9	641222A		国产数控,磁定位	计价米	300.00	
10	641210B	入井深度				
11	641211B		国产数控,自然伽马	计价米	3325.00	
12	641212B		国产数控,磁定位	计价米	3325.00	
13	641220B	测量井段				
14	641221B		国产数控,自然伽马	计价米	300.00	
15	641222B		国产数控,磁定位	计价米	300.00	
16	642000	射孔				
17	642100	路途行驶	运枪车1台,工程车1台	次	1.00	
18	642200A	射孔施工	油管传输射孔 3460～3470m,TY114-13-90 射孔枪,127-4 射孔弹	射孔米	10.00	
19	642200B	射孔施工	油管传输射孔 3300～3312m,TY114-13-90 射孔枪,127-4 射孔弹	射孔米	12.00	
20	643000	地面计量				
21	643100	搬迁	三项分离器1台,计量罐2个,工程车1台	次	1.00	
22	643200	计量施工	两次计量施工	d	5.00	
23	647000	单项服务				
24	647100	泵车	1台泵车,试压	次	6.00	
25	647200	液氮罐车	1台液氮罐车,降液面	次	2.00	
26	647300	液氮泵车	1台液氮泵车,降液面	次	2.00	

表 7-37　其他作业

序号	项目编码	项目名称	项目特征	计量单位	工程量	备注
1	651000	环保处理	污水处理180m³,废液处理80m³	次	1	
2	652000	地貌恢复	场地面积4000m²	次	1	

7.5.2　分部分项工程量清单计价

进行试油工程分部分项工程量清单计价时,根据工程项目选取相应的综合单价,采用工程量乘以综合单价,得出分部工程或分项工程费用金额,再归类合计,得出单位工程造价。表 7-38至表 3-42给出了示例。

表 7-38　试油作业工程量清单计价

序号	项目编码	项目名称	项目特征	计量单位	工程量	综合单价(元)	金额(元)	备注
	610000	试油作业		d	12.90		183654.00	
1	611000	施工准备	XJ450 修井机	d	2.50	13500.00	33750.00	

序号	项目编码	项目名称	项目特征	计量单位	工程量	综合单价(元)	金额(元)	备注
2	612000	井筒准备	通井、替钻井液、刮削、洗井、探底、试压,井深3500m	d	0.80	15260.00	12208.00	
3	613000A	射孔准备	替射孔液、下射孔管柱3480m、降液面	d	0.55	15260.00	8393.00	
4	614000A	配合施工		d	0.55	15260.00	8393.00	
5	614100A	配合磁定位测井	拆装井口、接工具、配合施工	d	0.35			
6	614200A	配合射孔	配合 3460～3470m 射孔施工	d	0.20			
7	615000A	排液求产		d	2.50	13500.00	33750.00	
8	615100A	排液	自喷	d	1.00			
9	615200A	求产	6mm、8mm油嘴三种工作制度求产、测压、取样	d	1.50			
10	617000A	完井		d	1.20	15260.00	18312.00	
11	617100A	起管柱	压井、起射孔管柱	d	0.65			
12	617300A	封井	下桥塞至3405m	d	0.55			
13	613000B	射孔准备	替射孔液、下射孔管柱3325m、降液面	d	0.55	15260.00	8393.00	
14	614000B	配合施工		d	0.55	15260.00	8393.00	
15	614100B	配合磁定位测井	拆装井口、接工具、配合施工	d	0.35			
16	614200B	配合射孔	配合 3300～3312m 射孔施工	d	0.20			
17	615000B	排液求产		d	2.50	13500.00	33750.00	
18	615100B	排液	自喷	d	1.00			
19	615200B	求产	求产、测压、取样	d	1.50			
20	617000B	完井		d	1.20	15260.00	18312.00	
21	617100B	起管柱	压井、起射孔管柱	d	0.65			
22	617300B	封井	下桥塞至3100m,装井口	d	0.55			

表 7-39 主要材料工程量清单计价

序号	项目编码	项目名称	项目特征	计量单位	工程量	综合单价(元)	金额(元)	备注
	620000	主要材料					266125.00	
1	621000	采油树	KYS25/65DG 采油树	套	0.10	43940.00	4394.00	
2	622000	油管		m	1681.00	123.00	206763.00	

序号	项目编码	项目名称	项目特征	计量单位	工程量	综合单价(元)	金额(元)	备注
3	622100	通井油管	外径 88.9mm，壁厚 9.53mm，单重 19.27kg/m，长圆扣，钢级 N80,3500m	m	350.00			
4	622200A	射孔油管	外径 88.9mm，壁厚 9.53mm，单重 19.27kg/m，长圆扣，钢级 N80,3480m	m	348.00			
5	622300A	下桥塞油管	外径 88.9mm，壁厚 9.53mm，单重 19.27kg/m，长圆扣，钢级 N80,3405m	m	340.50			
6	622200B	射孔油管	外径 88.9mm，壁厚 9.53mm，单重 19.27kg/m，长圆扣，钢级 N80,3325m	m	332.50			
7	622300B	下桥塞油管	外径 88.9mm，壁厚 9.53mm，单重 19.27kg/m，长圆扣，钢级 N80,3100m	m	310.00			
8	623000	洗井液	3‰ 活性水，密度 1.02g/cm³	m³	130.00	8.50	1105.00	
9	624000	射孔液	1% KCL + 0.3% A-26 + 清水，密度 1.02g/cm³	m³	110.00	11.60	1276.00	
10	625000	压井液	无固相压井液，密度 1.25 ~ 1.30g/cm³	m³	65.00	39.80	2587.00	
11	626000	井下工具					50000.00	
12	626100	桥塞	FXY-114A 可捞式桥塞	只	2.00	25000.00	50000.00	

表 7-40 大宗材料运输工程量清单计价

序号	项目编码	项目名称	项目特征	计量单位	工程量	综合单价(元)	金额(元)	备注
	630000	大宗材料运输					27460.00	
1	631000	采油树	KYS25/65DG 采油树1套	次	1	1000	1000.00	
2	632000	油管	88.9mm 油管长 4200m,重 80.93t	次	1	18900	18900.00	
3	633000	洗井液	130m³	次	1	2860	2860.00	
4	634000	射孔液	110m³	次	1	2350	2350.00	
5	635000	压井液	65m³	次	1	1350	1350.00	
6	636000	井下工具	2 只桥塞	次	1	1000	1000.00	

表 7 –41　技术服务工程量清单计价

序号	项目编码	项目名称	项目特征	计量单位	工程量	综合单价(元)	金额(元)	备注
	640000	技术服务					298967.75	
1	641000	磁定位测井					39863.75	
2	641100	路途行驶	国产数控测井	次	1.00	1135.60	1135.60	
3	641200	资料采集					38728.15	
4	641210A	入井深度					18200.40	
5	641211A		国产数控,自然伽马	计价米	3480.00	2.88	10022.40	
6	641212A		国产数控,磁定位	计价米	3480.00	2.35	8178.00	
7	641220A	测量井段					1569.00	
8	641221A		国产数控,自然伽马	计价米	300.00	2.88	864.00	
9	641222A		国产数控,磁定位	计价米	300.00	2.35	705.00	
10	641210B	入井深度					17389.75	
11	641211B		国产数控,自然伽马	计价米	3325.00	2.88	9576.00	
12	641212B		国产数控,磁定位	计价米	3325.00	2.35	7813.75	
13	641220B	测量井段					1569.00	
14	641221B		国产数控,自然伽马	计价米	300.00	2.88	864.00	
15	641222B		国产数控,磁定位	计价米	300.00	2.35	705.00	
16	642000	射孔					182742.00	
17	642100	路途行驶	运枪车 1 台,工程车 1 台	次	1.00	1550.00	1550.00	
18	642200A	射孔施工	油管传输射孔 3460 ~ 3470m,TY114 – 13 – 90 射孔枪,127 –4 射孔弹	射孔米	10.00	8236.00	82360.00	
19	642200B	射孔施工	油管传输射孔 3300 ~ 3312m,TY114 – 13 – 90 射孔枪,127 –4 射孔弹	射孔米	12.00	8236.00	98832.00	
20	643000	地面计量					52450.00	
21	643100	搬迁	三项分离器 1 台,计量罐 2 个,工程车 1 台	次	1.00	3450.00	3450.00	
22	643200	计量施工	两次计量施工	d	5.00	9800.00	49000.00	
23	647000	单项服务					23912.00	
24	647100	泵车	1 台泵车,试压	次	6.00	1800.00	10800.00	
25	647200	液氮罐车	1 台液氮罐车,降液面	次	2.00	756.00	1512.00	
26	647300	液氮泵车	1 台液氮泵车,降液面	次	2.00	5800.00	11600.00	

表 7 – 42　其他作业工程量清单计价

序号	项目编码	项目名称	项目特征	计量单位	工程量	综合单价(元)	金额(元)	备注
	650000	其他作业					54100.00	
1	651000	环保处理	污水处理 180m³，废液处理 80m³	次	1	27600.00	27600.00	
2	652000	地貌恢复	场地面积 4000m²	次	1	26500.00	26500.00	

7.5.3　试油工程造价计算

按分部分项工程量清单计价中单位工程费进行汇总,并计算税费,计算出试油工程造价, 见表 7 – 43。

表 7 – 43　试油工程造价计算

项目编码	项目名称	单位	金额	备注(数字编码代表对应项目)
600000	试油工程费	元	838609.82	610000 + 620000 + 630000 + 640000 + 650000 + 660000
610000	试油作业费	元	183654.00	分部分项工程量清单计价 610000
620000	主要材料费	元	266125.00	分部分项工程量清单计价 620000
630000	大宗材料运输费	元	27460.00	分部分项工程量清单计价 630000
640000	技术服务费	元	298967.75	分部分项工程量清单计价 640000
650000	其他作业费	元	54100.00	分部分项工程量清单计价 650000
660000	税费	元	8303.07	(610000 + 620000 + 630000 + 640000 + 650000) × 1%

8 压裂(酸化)工程工程量清单计价方法

8.1 压裂(酸化)工程工程量清单项目及计算规则

压裂(酸化)工程工程量由压裂(酸化)准备、压裂(酸化)作业、压裂(酸化)收尾、主要材料等4个部分构成。压裂(酸化)工程工程量清单项目及计算规则如表8-1至表8-4所示。实施压裂(酸化)工程需要进行井筒准备和起下压裂(酸化)作业管柱等配合作业,其工程量清单计价方法详见第7章试油工程工程量清单计价方法。若有压裂(酸化)工程的子项目未包含在已设立压裂(酸化)工程项目中,则放在相应的分部分项工程下面,并补充相关内容。

表8-1 压裂(酸化)准备(编码:710000)

项目编码	项目名称	项目特征	计量单位	工程量计算规则	工程内容
711000	施工准备	(1)作业规模; (2)施工要求	次	按设计施工次数计算	(1)看井场; (2)摆罐; (3)配液; (4)装砂
712000	设备材料运输				
712100	清水运输	(1)重量或体积; (2)运输要求	次	按设计运输次数计算	(1)装车; (2)运输; (3)卸车
712200	支撑剂运输				
712300	化工料运输				
712400	罐运输	(1)规格、数量; (2)运输要求			
712500	工具运输				

表8-2 压裂(酸化)作业(编码:720000)

项目编码	项目名称	项目特征	计量单位	工程量计算规则	工程内容
721000	路途行驶	(1)车组类型; (2)路程	次	按设计行驶次数计算	设备和人员动迁
722000	压裂(酸化)施工	(1)施工规模; (2)施工要求	次	按设计施工次数计算	(1)摆车; (2)接管线; (3)试压; (4)测试压裂; (5)压裂; (6)关井; (7)拆管线; (8)撤出井场

表 8 - 3　压裂(酸化)收尾(编码:730000)

项目编码	项目名称	项目特征	计量单位	工程量计算规则	工程内容
731000	现场清理	施工要求	次	按设计施工次数计算	(1)清罐; (2)收罐
732000	残液回收	施工要求	次	按设计施工次数计算	(1)收残液; (2)拉运残液

表 8 - 4　主要材料(编码:740000)

项目编码	项目名称	项目特征	计量单位	工程量计算规则	工程内容
741000	清水	要求	m^3	按设计用量计算	(1)现场检测, (2)现场使用; (3)现场维护
742000	压裂液添加剂	(1)品种; (2)规格	kg/m^3		
743000	压裂支撑剂	(1)品种; (2)规格	t		
744000	酸液	(1)类型; (2)要求	m^3		
745000	酸液添加剂	(1)品种; (2)规格	kg/m^3		
746000	井下工具	(1)品种; (2)规格	只/套		

8.2　压裂(酸化)工程造价构成及计算方法

压裂(酸化)工程造价由压裂(酸化)准备费、压裂(酸化)作业费、压裂(酸化)收尾费、主要材料费和税费 5 部分构成。压裂(酸化)工程造价构成内容及计算方法如表 8 - 5 所示。分部分项工程造价构成内容及计算方法见表 8 - 6。

表 8 - 5　压裂(酸化)工程造价构成

项目编码	项目名称	计价单位	造价计算方法(数字编码代表对应项目)
700000	压裂(酸化)工程费	元/口井	710000 + 720000 + 730000 + 740000 + 750000
710000	压裂(酸化)准备费	元/口井	分部分项工程造价 710000
720000	压裂(酸化)作业费	元/口井	分部分项工程造价 720000
730000	压裂(酸化)收尾费	元/口井	分部分项工程造价 730000
740000	主要材料费	元/口井	分部分项工程造价 740000
750000	税费	元/口井	(710000 + 720000 + 730000 + 740000)×折算税率

表8-6 分部分项工程造价构成

项目编码	项目名称	计价单位	造价计算方法(数字编码代表对应项目)
710000	压裂(酸化)准备	元/口井	711000 + 712000
711000	施工准备	元/口井	∑综合单价(元/次)×施工次数(次)
712000	设备材料运输	元/口井	712100 + 712200 + 712300 + 712400 + 712500
712100	清水运输	元/口井	
712200	支撑剂运输	元/口井	
712300	化工料运输	元/口井	∑综合单价(元/次)×运输次数(次)
712400	罐运输	元/口井	
712500	工具运输	元/口井	
720000	压裂(酸化)作业	元/口井	721000 + 722000
721000	路途行驶	元/口井	∑综合单价(元/次)×行驶次数(次)
722000	压裂(酸化)施工	元/口井	∑综合单价(元/次)×施工次数(次)
730000	压裂(酸化)收尾	元/口井	731000 + 732000
731000	现场清理	元/口井	
712000	残液回收	元/口井	∑综合单价(元/次)×施工次数(次)
740000	主要材料	元/口井	741000 + 742000 + 743000 + 744000 + 745000 + 746000
741000	清水	元/口井	∑综合单价(元/m^3)×设计用量(m^3)
742000	压裂液添加剂	元/口井	∑综合单价(元/kg 或 m^3)×设计用量(kg 或 m^3)
743000	压裂支撑剂	元/口井	∑综合单价(元/t)×设计用量(t)
744000	酸液	元/口井	∑综合单价(元/m^3)×设计用量(m^3)
745000	酸液添加剂	元/口井	∑综合单价(元/kg 或 m^3)×设计用量(kg 或 m^3)
746000	井下工具	元/口井	∑综合单价(元/只或套)×设计数量(只或套)

8.3 压裂(酸化)工程工程量清单编制方法

编制压裂(酸化)工程工程量清单时,按压裂(酸化)工程工程量项目和计算规则要求,以分部分项工程为基础编制工程量清单。若认为有压裂(酸化)工程的子项目未包含在已设立压裂(酸化)工程项目,则放在相应单位工程或分部工程下面,按同样规则确定。

8.3.1 压裂(酸化)准备

压裂(酸化)准备包括道路和井场准备、压裂液罐和酸罐准备、配液、装砂和大宗材料运输、入井材料检查等。

此外,井口和井筒准备工作包括井筒刮削、清洗、填砂封堵、下作业管柱及试压、炮眼冲洗、安装压裂井口等,这部分工作由作业队完成,其工程量清单编制方法见试油工程工程量清单计价方法。

根据压裂(酸化)工程设计或压裂(酸化)方案设计确定压裂(酸化)准备工程量,包括各种液罐容积和数量、各种材料数量等,进而根据配车情况确定运输量。一般压裂(酸化)作业1次,压裂(酸化)准备中施工准备和设备材料运输中各项分别按1次计算。

8.3.2 压裂(酸化)作业

压裂(酸化)作业指用大型压裂(酸化)设备实施压裂或酸化的作业。压裂(酸化)设备是指压裂(酸化)主机(又称压裂车组)和压裂(酸化)辅机。压裂主机指的是一整套压裂车组,由压裂泵车、混砂车、管汇车、仪表车组成,并带有投球器、输砂器、砂浓缩器和泡沫发生器等辅助设备。压裂辅机指的是砂罐车、平衡车、胶联剂泵车、低压管汇车、液氮泵车、液氮罐车、酸罐车、水罐车、水泥泵车、大客车、餐车、指挥车。

根据压裂(酸化)工程设计或压裂(酸化)方案设计确定压裂(酸化)作业工程量,包括设备和车辆、施工要求。一般情况下,压裂(酸化)作业1次,路途行驶和压裂(酸化)施工分别按1次计算。

8.3.3 压裂(酸化)收尾

压裂(酸化)收尾指压裂(酸化)施工后,进行现场清理,清罐、收罐和回收残液。

根据压裂(酸化)工程设计或压裂(酸化)方案设计确定压裂(酸化)收尾工程量。一般情况下,压裂(酸化)作业1次,压裂(酸化)收尾现场清理按1次计算,若残液需要回收,再计算1次。

8.3.4 主要材料

压裂(酸化)施工常用的主要材料包括清水、压裂液添加剂、压裂支撑剂、酸液、酸液添加剂、井下工具等。

根据压裂(酸化)工程设计或压裂(酸化)方案设计确定压裂(酸化)主要材料工程量。

8.4 压裂(酸化)工程综合单价编制方法

压裂(酸化)工程综合单价的确定总体上可以分为两类方法。一是直接套用或参考使用企业定额;二是自行编制综合单价,这里举例说明压裂(酸化)作业综合单价编制方法。

8.4.1 直接套用或参考使用企业定额

每个油田和钻探企业通常都有一套企业定额,编制综合单价时可直接套用或参考使用。某油田2000型车组压裂酸化行驶和作业直接费定额表现形式举例见表8-7至表8-10。

<table>
<tr><td colspan="10" style="text-align:center">表8-7 2000型车组压裂行驶直接费定额　　　　　计量单位:次·km</td></tr>
<tr><td rowspan="7">项　　目</td><td colspan="7" style="text-align:center">液量(m³)</td></tr>
<tr><td colspan="2" style="text-align:center">60</td><td colspan="5" style="text-align:center">90</td></tr>
<tr><td colspan="7" style="text-align:center">砂量(m³)</td></tr>
<tr><td colspan="2" style="text-align:center">8</td><td colspan="2" style="text-align:center">8</td><td colspan="3" style="text-align:center">16</td></tr>
<tr><td colspan="7" style="text-align:center">施工水马力(HHP)</td></tr>
<tr><td style="text-align:center">2000</td><td style="text-align:center">3000</td><td style="text-align:center">2000</td><td style="text-align:center">3000</td><td style="text-align:center">2000</td><td style="text-align:center">3000</td><td style="text-align:center">4000</td></tr>
</table>

序号	名称	单位	金　　额						
1	压裂准备	元	213	213	256	256	256	256	256
2	压裂施工	元	273	314	273	314	293	334	375
2.1	压裂车	元	82	122	82	122	82	122	163
2.2	辅车	元	191	191	191	191	211	211	211
3	压裂收尾	元	44	44	52	52	52	52	52
	合计	元	530	571	580	621	600	641	682

表 8-8 2000 型车组压裂作业直接费定额　　　　　　计量单位:次

项 目			液量(m³)							
			60		90					120
			砂量(m³)							
			8		8		16			16
			施工水马力(HHP)							
			2000	3000	2000	3000	2000	3000	4000	2000
			泵注时间(h)							
			0.5	0.5	0.8	0.8	0.8	0.8	0.8	1.1
序号	名称	单位	金　额							
1	压裂准备	元	9106	9106	12292	12292	12292	12292	12292	15478
2	压裂施工	元	98106	117106	124155	154555	127345	157745	188145	153558
2.1	压裂车	元	38000	57000	60800	91200	60800	91200	121600	83600
2.2	辅车	元	60106	60106	63355	63355	66545	66545	66545	69958
3	压裂收尾	元	2260	2260	2360	2360	2360	2360	2360	2460
	合计	元	109473	128473	138807	169207	141997	172397	202797	171496

表 8-9 2000 型车组酸化行驶直接费定额　　　　　　计量单位:次·km

项 目			液量(m³)							
			60		90			120		
			施工水马力(HHP)							
			2000	3000	2000	3000	4000	2000	3000	4000
序号	名称	单位	金　额							
1	酸化准备	元	229	229	290	290	290	376	376	376
2	酸化施工	元	249	289	249	289	330	249	289	330
2.1	压裂车	元	82	122	82	122	163	82	122	163
2.2	辅车	元	167	167	167	167	167	167	167	167
3	酸化收尾	元	52	52	66	66	66	73	73	73
	合计	元	529	570	604	645	686	698	739	780

表 8-10 2000 型车组酸化作业直接费定额　　　　　　计量单位:次

项 目			液量(m³)					
			60		90			120
			施工水马力(HHP)					
			2000	3000	2000	3000	4000	2000
			泵注时间(h)					
			0.6	0.6	0.8	0.8	0.8	1.1
序号	名称	单位	金　额					
1	酸化准备	元	8586	8586	12967	12967	12967	17812
2	酸化施工	元	103722	126522	120998	151398	181798	146911

项　　目			液量（m³）					
			60		90			120
			施工水马力（HHP）					
			2000	3000	2000	3000	4000	2000
			泵注时间（h）					
			0.6	0.6	0.8	0.8	0.8	1.1
序号	名称	单位	金　　额					
2.1	压裂车	元	45600	68400	60800	91200	121600	83600
2.2	辅车	元	58122	58122	60198	60198	60198	63311
3	酸化收尾	元	2460	2460	2660	2660	2660	2860
	合计	元	114768	137568	136624	167024	197424	167584

上述定额均为直接费定额,使用时还要考虑间接费和利润。

使用定额时需要注意三个方面的问题,详见2.4.1部分内容。

8.4.2　压裂(酸化)作业综合单价编制方法

以某油田2000型压裂车组的压裂队为例,说明一套酸压裂(简称"酸压")作业综合单价编制方法。

8.4.2.1　基础参数

8.4.2.1.1　压裂队定员参数

压裂队定员参数(表8-11)根据油田实际确定。

表8-11　压裂队定员参数　　　　　　　　单位:队

序　　号	岗　　位	单　　位	定　　员
	合计	人	56.00
1	队长	人	2.00
2	副队长	人	2.00
3	工程师	人	2.00
4	配液组长	人	2.00
5	配液工	人	8.00
6	主压车	人	24.00
7	仪表车	人	4.00
8	混砂车	人	4.00
9	管汇车	人	4.00
10	配液车	人	4.00

8.4.2.1.2　压裂队年人工费参数

年人工费包括基本工资、岗位津贴、各种补助、基本奖金、各种税费等与人工相关费用。根据上年度压裂队人员平均人工费确定压裂队年人工费参数(表8-12)。

表8-12 压裂队年人工费参数   计量单位:人·年

序 号	项 目	单 位	金 额
1	人工费	元	68993.31

8.4.2.1.3 压裂队设备配备参数

压裂队设备配备参数(表8-13)根据油田压裂队实际配备标准确定。

表8-13 压裂车组设备配备参数   计量单位:队

序 号	设备名称	规格型号	单位	单价(万元)	数量	金额(万元)
	合计				10.00	8926.91
1	主压车	HX 2000 ARC	台	1085.43	6.00	6512.59
2	仪表车	T-300	台	793.89	1.00	793.89
3	混砂车	CHFBT	台	857.19	1.00	857.19
4	管汇车	C-500 K6*4	台	612.05	1.00	612.05
5	配液车	PYSC-6	台	151.20	1.00	151.20

8.4.2.1.4 设备折旧及修理费率参数

设备折旧及修理费率参数(表8-14)按相关规定和财务数据测算确定。

表8-14 设备折旧及修理费率参数   计量单位:年

序 号	设 备 名 称	单 位	残值率	折旧	修理
1	主压车	%	3.00	12.50	8.00
2	仪表车	%	3.00	12.50	8.00
3	混砂车	%	3.00	12.50	8.00
4	管汇车	%	3.00	12.50	8.00
5	配液车	%	3.00	12.50	8.00

8.4.2.1.5 年额定工作时间

压裂队额定工作时间(表8-15)根据近3年统计平均确定。

表8-15 压裂队年额定工作时间

序 号	名 称	单 位	数 量
1	年额定工作时间	工时	1320

注:其中路途行驶时间占10%,压裂施工占90%。

8.4.2.1.6 特车平均行驶速度参数

特车平均行驶速度参数(表8-16)根据近3年统计平均确定。

表8-16 特车平均行驶速度参数

序 号	名 称	单 位	数 量
1	平均行驶速度	km/h	30

8.4.2.1.7 压裂规模分类

压裂规模分类(表8-17)根据现场写实资料和近3年实际完工资料综合分析确定。

表 8 - 17　压裂规模分类　　　　　　　　　　计量单位:次

序　号	名　称	单　位	数　量
1	配液量	m^3	114
2	配液量	m^3	152
3	配液量	m^3	190
4	配液量	m^3	228
5	配液量	m^3	266
6	配液量	m^3	304

8.4.2.2　消耗参数

8.4.2.2.1　压裂施工工时参数

压裂施工工时参数参见表 8 - 18。

表 8 - 18　压裂施工工时参数　　　　　　　　　　计量单位:次

项　目			配液量(m^3)					
			114	152	190	228	266	304
序号	名称	单位	数　　量					
	合计	工时	25.20	26.74	28.28	29.82	31.36	32.91
1	设备保养检修时间	工时	12.00	12.00	12.00	12.00	12.00	12.00
2	准备时间	工时	3.00	3.00	3.00	3.00	3.00	3.00
3	配液时间	工时	3.00	4.00	5.00	6.00	7.00	8.00
4	泵注时间	工时	1.20	1.41	1.61	1.82	2.03	2.24
5	其他时间	工时	6.00	6.33	6.67	7.00	7.33	7.67

8.4.2.2.2　柴油消耗参数

柴油消耗参数参见表 8 - 19。

表 8 - 19　柴油消耗参数　　　　　　　　　　计量单位:台时

项　目				路途行驶	压裂施工
序号	设备名称	规格型号	单位	数　　量	
	合计		kg	103.00	350.00
1	主压车	HX 2000 ARC	kg	25.00	150.00
2	仪表车	T - 300	kg	20.00	50.00
3	混砂车	CHFBT	kg	20.00	50.00
4	管汇车	C - 500 K6 * 4	kg	20.00	50.00
5	配液车	PYSC - 6	kg	18.00	50.00

8.4.2.3 费用参数

8.4.2.3.1 人工费参数

压裂队人工费参数编制公式为

$$C_{zylrd} = C_{zylrb} \times M_{zylrd} \div T_{zylrd}$$

式中，C_{zylrd} 为压裂队人工费参数，元/工时；C_{zylrb} 为压裂队年人工费参数，元/（人·年）；M_{zylrd} 为压裂队劳动定员，56 人；T_{zylrd} 为压裂队年额定工作时间，1320 工时。

其中 10% 为路途行驶人工费，90% 为压裂施工人工费，见表 8-20。

表 8-20　压裂队人工费参数　　　　　　　计量单位：工时

序　号	名　　称	单　位	金　额
	合计	元	2926.99
1	路途行驶	元	292.70
2	压裂施工	元	2634.29

8.4.2.3.2 压裂车组设备费参数

压裂车组设备费参数包括设备折旧参数和设备修理费参数。

（1）设备折旧参数编制公式为

$$C_{zylzd} = C_{zyly} \times (1 - F_{zylcz}) \times F_{zylz} \div T_{zylrd}$$

式中，C_{zylzd} 为设备折旧参数，元/工时；C_{zyly} 为设备原值，元；F_{zylcz} 为设备残值率，%；F_{zylz} 为设备折旧费率，%；T_{zylrd} 为压裂队年额定工作时间，1320 工时。

（2）设备修理费参数编制公式为

$$C_{zylxd} = C_{zyly} \times (1 - F_{zylcz}) \times F_{zylx} \div T_{zylrd}$$

式中，C_{zylxd} 为设备修理费参数，元/d；C_{zyly} 为设备原值，元；F_{zylcz} 为设备残值率，%；F_{zylx} 为设备修理费率，%；T_{zylrd} 为压裂队年额定工作时间，1320 工时。

其中 10% 为路途行驶设备费，90% 为压裂施工设备费，见表 8-21。

表 8-21　压裂车组设备费参数　　　　　　　计量单位：台时

项　目			折旧	修理费
序号	名称	单位	金　额	
	合计	元	8199.91	5247.94
1	路途行驶	元	819.99	524.79
2	压裂施工	元	7379.92	4723.15

8.4.2.3.3 柴油费参数

柴油费参数（表 8-22）编制公式为

$$C_{zylyd} = P_{zylyj} \times Q_{zylyd}$$

式中，C_{zylyd} 为柴油费参数，元/台时；P_{zylyj} 为柴油价格，5.6 元/kg；Q_{zylyd} 为柴油消耗参数，kg/台时。

表 8 - 22　柴油费参数　　　　　　　　　　　　　计量单位:台时

项　　目				路途行驶	压裂施工
序号	设备名称	规格型号	单位	金　　额	
	合计		元	576.80	1960.00
1	主压车	HX 2000 ARC	元	140.00	840.00
2	仪表车	T - 300	元	112.00	280.00
3	混砂车	CHFBT	元	112.00	280.00
4	管汇车	C - 500 K6 * 4	元	112.00	280.00
5	配液车	PYSC - 6	元	100.80	280.00

8.4.2.3.4　其他直接费参数

其他直接费参数(表 8 - 23)采用近 3 年相关费用分析结果并参考相关标准确定。

表 8 - 23　其他直接费参数

序　号	名　　称	单　位	费　率
1	其他直接费	%	25.00

注:以压裂酸化施工中人工费、设备费、材料费之和为基数。

8.4.2.3.5　企业管理费参数

企业管理费参数(表 8 - 24)采用近 3 年相关费用分析结果并参考相关标准确定。

表 8 - 24　企业管理费参数

序　号	名　　称	单　位	费　率
1	企业管理费	%	5.00

注:以直接费为基数。

8.4.2.3.6　工程风险费参数

工程风险费参数(表 8 - 25)根据企业财务数据和经验数据确定。

表 8 - 25　工程风险费参数

序　号	名　　称	单　位	费　率
1	工程风险费	%	3.00

注:以直接费为基数。

8.4.2.3.7　利润参数

利润参数(表 8 - 26)参照企业投资回报管理规定确定。

表 8 - 26　利润参数

序　号	名　　称	单　位	费　率
1	利润	%	10.00

注:以直接费和间接费为基数。

8.4.2.3.8　材料价格

材料价格(表 8 - 27)取上一年度平均价格。

表 8 - 27　材料价格

序号	名　　称	规 格 型 号	单位	金额
1	柴油	0	元/kg	5.60

8.4.2.4　综合单价

8.4.2.4.1　路途行驶综合单价

综合单价计算方法如下：

综合单价 = 直接费 + 间接费 + 利润

　　直接费 = 人工费 + 设备费 + 材料费 + 其他直接费

　　　　人工费 = 人工费(元/(车组·工时))

　　　　设备费 = 折旧(元/(车组·台时)) + 修理费(元/(车组·台时))

　　　　材料费 = 柴油费(元/(车组·台时))

　　　　其他直接费 = (人工费 + 设备费 + 材料费) × 费率(%)

　　间接费 = 企业管理费 + 工程风险费

　　　　企业管理费 = 直接费 × 费率(%)

　　　　工程风险费 = 直接费 × 费率(%)

　　利润 = (直接费 + 间接费) × 费率(%)

路途行驶综合单价(表 8 - 28)采用费用参数中相关项目计算确定。

表 8 - 28　路途行驶综合单价　　　计量单位:车组·台时

序　号	名　　称	单　位	金　额
	综合单价	元	3288.21
1	直接费	元	2767.85
1.1	人工费	元	292.70
1.2	设备费	元	1344.78
1.2.1	折旧	元	819.99
1.2.2	修理费	元	524.79
1.3	材料费	元	576.80
1.3.1	柴油费	元	576.80
1.4	其他直接费	元	553.57
2	间接费	元	221.43
2.1	企业管理费	元	138.39
2.2	工程风险费	元	83.04
3	利润	元	298.93

按平均行驶速度 30km/h 计算,则路途行驶综合单价另一种表达方式为 109.61 元/(车组·km),即 3288.21 元/(车组·台时) ÷ 30km/h。

若压裂队出发地到井场距离为 25km,则此次路途行驶综合单价计算方法：

路途行驶综合单价 = 109.61 元/车组·km × 25km × 2 = 5480.35 元/次

8.4.2.4.2 压裂施工综合单价

综合单价计算方法如下：

综合单价 = 直接费 + 间接费 + 利润

　　直接费 = 人工费 + 设备费 + 材料费 + 其他直接费

　　　　人工费 = 人工费(元/(车组·工时))

　　　　设备费 = 折旧(元/(车组·台时)) + 修理费(元/(车组·台时))

　　　　材料费 = 柴油费(元/(车组·台时))

　　　　其他直接费 = (人工费 + 设备费 + 材料费) × 费率(%)

　　间接费 = 企业管理费 + 工程风险费

　　　　企业管理费 = 直接费 × 费率(%)

　　　　工程风险费 = 直接费 × 费率(%)

　　利润 = (直接费 + 间接费) × 费率(%)

压裂施工综合单价(表8-29)采用费用参数中相关项目计算确定。

表8-29　压裂施工综合单价　　　　计量单位:车组·台时

序　号	名　称	单　位	金　额
	综合单价	元	24795.57
1	直接费	元	20871.69
1.1	人工费	元	2634.29
1.2	设备费	元	12103.06
1.2.1	折旧	元	7379.92
1.2.2	修理费	元	4723.15
1.3	材料费	元	1960.00
1.3.1	柴油费	元	1960.00
1.4	其他直接费	元	4174.34
2	间接费	元	1669.74
2.1	企业管理费	元	1043.58
2.2	工程风险费	元	626.15
3	利润	元	2254.14

采用表8-29中压裂施工综合单价24795.57元/(车组·台时)，乘以表8-18中工时参数，即可得到在一定压裂规模条件下每次压裂施工综合单价，见表8-30。

表8-30　压裂施工综合单价　　　　计量单位:次

项　目		压裂规模(m³)					
		114	152	190	228	266	304
名称	单位	金　额					
压裂施工	元	624848.36	663033.54	701218.72	739403.90	777589.08	816022.21

8.5 压裂(酸化)工程造价计算举例

压裂(酸化)工程造价计算主要分为压裂(酸化)工程工程量清单编制、分部分项工程量清单计价和压裂(酸化)工程造价计算三部分。根据压裂(酸化)工程设计和相关技术标准要求，编制压裂(酸化)工程工程量清单；依据压裂(酸化)工程工程量清单和相关综合单价，进行分部分项工程量清单计价；再按单位工程费进行汇总，并计算税费，计算出压裂(酸化)工程造价。

8.5.1 压裂(酸化)工程工程量清单编制

编制压裂(酸化)工程工程量清单时，按压裂(酸化)工程工程量计算规则要求，以分部分项工程为基础编制工程量清单。表8-31至表8-34给出了压裂(酸化)准备、压裂(酸化)作业、压裂(酸化)收尾、主要材料的工程量清单示例。

表8-31 压裂(酸化)准备

序号	项目编码	项目名称	项目特征	计量单位	工程量	备注
1	711000	施工准备	190m³酸压	次	1	
2	712000	设备材料运输				
3	712100	清水运输	110m³清水，路程30km	次	1	
4	712300	化工料运输				
5	712310	盐酸运输	166m³工业盐酸，路程30km	次	1	
6	712320	添加剂运输	7.248t添加剂，路程30km	次	1	
7	712400	罐运输	40m³配液罐5个、50m³油水罐2个、50m³储酸罐1个，路程30km	次	1	

表8-32 压裂(酸化)作业

序号	项目编码	项目名称	项目特征	计量单位	工程量	备注
1	721000	路途行驶	2000型车组，路程30km	次	1	
2	722000	压裂(酸化)施工	190m³酸压，井深3250m，全井合压	次	1	

表8-33 压裂(酸化)收尾

序号	项目编码	项目名称	项目特征	计量单位	工程量	备注
1	731000	现场清理		次	1	
2	732000	残液回收	残液全部回收到酸站	次	1	

表8-34 主要材料

序号	项目编码	项目名称	项目特征	计量单位	工程量	备注
1	741000	清水		m³	110.00	
2	744000	酸液	23%工业盐酸	m³	166.00	
3	745000	酸液添加剂				

序号	项目编码	项目名称	项目特征	计量单位	工程量	备注
4	745100	稠化剂	FA – 100	kg	463.00	
5	745200	pH 调节剂	Na_2CO_3	kg	60.00	
6	745300	缓蚀剂	FAH – 812	kg	1775.00	
7	745400	添加剂	CFR – 20	kg	4950.00	

8.5.2 分部分项工程量清单计价

进行压裂(酸化)工程分部分项工程量清单计价时,根据工程项目选取相应的综合单价,采用工程量乘以综合单价,得出分部工程或分项工程费用金额,再归类合计,得出单位工程造价,见表 8 – 35 至表 8 – 38。

表 8 – 35　压裂(酸化)准备工程量清单计价

序号	项目编码	项目名称	项目特征	计量单位	工程量	综合单价(元)	金额(元)	备注
	710000	压裂(酸化)准备					133093.00	
1	711000	施工准备	190m³ 酸压	次	1	86817.00	86817.00	
2	712000	设备材料运输					46276.00	
3	712100	清水运输	110m³ 清水,路程30km	次	1	4675.00	4675.00	
4	712300	化工料运输					41601.00	
5	712310	盐酸运输	166m³ 工业盐酸,路程30km	次	1	39368.00	39368.00	
6	712320	添加剂运输	7.248t 添加剂,路程30km	次	1	545.00	545.00	
7	712400	罐运输	40m³ 配液罐 5 个、50m³ 油水罐 2 个、50m³ 储酸罐 1 个,路程30km	次	1	1688.00	1688.00	

表 8 – 36　压裂(酸化)作业工程量清单计价

序号	项目编码	项目名称	项目特征	计量单位	工程量	综合单价(元)	金额(元)	备注
	720000	压裂(酸化)作业					704507.02	
1	721000	路途行驶	2000 型车组,路程30km	次	1	3288.30	3288.30	
2	722000	压裂(酸化)施工	190m³ 酸压,井深3250m,全井合压	次	1	701218.72	701218.72	

表 8 – 37　压裂(酸化)收尾工程量清单计价

序号	项目编码	项目名称	项目特征	计量单位	工程量	综合单价(元)	金额(元)	备注
	730000	压裂(酸化)收尾					5935.00	
1	731000	现场清理		次	1	3655.00	3655.00	
2	732000	残液回收	残液全部回收到酸站	次	1	2280.00	2280.00	

表 8 – 38　主要材料工程量清单计价

序号	项目编码	项目名称	项目特征	计量单位	工程量	综合单价(元)	金额(元)	备注
	740000	主要材料					673307.71	
1	741000	清水		m^3	110.00	7.25	797.50	
2	744000	酸液	23%工业盐酸	m^3	166.00	1865.00	309590.00	
3	745000	酸液添加剂					362920.21	
4	745100	稠化剂	FA – 100	kg	463.00	234.07	108374.41	
5	745200	pH 调节剂	Na_2CO_3	kg	60.00	10.98	658.80	
6	745300	缓蚀剂	FAH – 812	kg	1775.00	36.84	65391.00	
7	745400	添加剂	CFR – 20	kg	4950.00	38.08	188496.00	

8.5.3　压裂(酸化)工程造价计算

按分部分项工程量清单计价中单位工程费进行汇总,并计算税费,计算出压裂(酸化)工程造价(表 8 – 39)。主要材料由建设单位提供,因此不计算税费。

表 8 – 39　压裂(酸化)工程造价计算

项目编码	项目名称	单位	金额	备注(数字编码代表对应项目)
700000	压裂(酸化)工程费	元	1525278.08	710000 + 720000 + 730000 + 740000 + 750000
710000	压裂(酸化)准备费	元	133093.00	分部分项工程量清单计价 710000
720000	压裂(酸化)作业费	元	704507.02	分部分项工程量清单计价 720000
730000	压裂(酸化)收尾费	元	5935.00	分部分项工程量清单计价 730000
740000	主要材料费	元	673307.71	分部分项工程量清单计价 740000
750000	税费	元	8435.35	(710000 + 720000 + 730000)×1%。

9 钻井工程招标投标文件

9.1 钻井工程招标投标概念

9.1.1 钻井工程招标投标概念

2000年1月1日起施行的中华人民共和国招标投标法规定,在中华人民共和国境内进行下列工程建设项目,包括项目的勘察、设计、施工、监理,以及与工程建设有关的重要设备、材料等的采购,必须进行招标:(1)大型基础设施、公用事业等关系社会公共利益、公众安全的项目;(2)全部或者部分使用国有资金投资或者国家融资的项目;(3)使用国际组织或者外国政府贷款、援助资金的项目。2012年2月1日起施行的《中华人民共和国招标投标法实施条例》共7章85条,涉及总则、招标、投标、开标、评标和中标、投诉与处理、法律责任、附则等,进一步详细规定了招标投标活动。

显然,在中国的石油钻井工程几乎都属于全部或者部分使用国有资金投资或者国家融资的项目,因此钻井工程建设必须进行招标。

钻井工程招标是一项钻井工程建设单位运用竞争机制选择钻井工程建设承包者的工作。钻井工程投标是一项承包者按照招标要求提出报价、争取获得承包任务的工作,投标是与招标相对应的概念。

9.1.2 钻井工程招标投标基本做法

钻井工程招标投标一般分为招标、投标、评标三个阶段。

9.1.2.1 招标阶段

常用的招标方式分为公开招标、邀请招标、议标。公开招标是招标活动处于公开监督之下进行,通常要公开发表招标通告,凡愿意参加投标的公司,都可以按通告中的地址领取或购买较详细的介绍资料和资格预审表格,而参加了预审资格并经审查采纳的公司便可购买招标文件和参加投标。邀请招标又称选择性招标,招标人根据自己具体的业务关系和资料邀请承包商,通过资格预审后,再由他们进行投标。议标又叫谈判招标,由招标人物色少数承包商直接进行合同谈判,谈判成功,交易即达成,它不属于严格意义上的招标方式。

招标阶段主要是招标人开展工作,主要内容:

(1)组织编制招标文件;

(2)发布招标通告;

(3)收集投标申请书;

(4)审查投标人资格;

(5)发售招标文件;

(6)接收投标人交纳的投标保证金或银行出具的投标保函。

9.1.2.2 投标阶段

投标阶段主要是投标人开展工作,主要内容:

（1）投标准备工作，包括熟悉招标文件内容、项目调查和现场踏勘、参加标前会。

（2）组织编写投标文件，包括编写投标函、计算标价并填写报价表、编写报价说明、编写与报价相关的技术文件、准备法人代表授权证书和有关资料、招标文件签字认可等。

（3）寄送投标文件，在规定期限内将投标文件寄给或当面送交给招标人。

9.1.2.3 评标阶段

评标阶段招标人和投标人共同开展工作，主要内容：

（1）开标。分为公开开标和秘密开标。公开开标由招标人和公证人按照规定的时间和地点，当众拆开所有密封投标文件，宣布其内容。凡是参加投标者都可派代表监视开标。秘密开标由招标人不公开开标，自行选定中标人。

（2）评标。开标后，由评标委员会按照规定的评标标准和方法，对各投标人的投标文件进行评价比较和分析，然后选定中标单位。

（3）中标签约。决标后，向中标人发中标通知书，中标人尚须向招标人交纳履约保证金或出具银行履约保证函，招标人和中标人签订合同。也要通知其他没有中标的投标人，并及时退还其投标保证金，银行出具的保函的责任即告终止。

本章重点介绍钻井工程招标文件、投标文件和评标文件的编写，尤其是涉及工程量清单计价方法的部分。

9.2 钻井工程招标文件

钻井工程招标文件通常包括投标邀请函、投标须知、评标办法、技术文件、工程量清单、合同条款及格式、投标文件格式、附件等 8 项。

9.2.1 投标邀请函

投标邀请函模式见图 9－1。

9.2.2 投标须知

投标须知由投标须知前附表（表 9－1）和投标须知具体内容两部分组成，下面介绍其模式和主要内容。

表 9－1 投标须知前附表

序号	内　容	说明与要求
1	工程名称	
2	建设地点	
3	建设规模	
4	承包方式	
5	质量标准	
6	工程总要求	
7	招标范围	
8	工期要求	
9	资金来源	

序号	内　　容	说明与要求
10	投标人资质要求	
11	资格审查方式	
12	投标有效期	_____天(从投标截止之日算起)
13	投标保证金/投标保函	
14	标书售价	
15	投标文件份数	
16	投标文件提交地点及截止时间	地点：_____ 时间：_____年___月___日___时
17	开标地点及时间	地点：_____ 时间：_____年___月___日___时
18	履约保函	
19	适用法律	中华人民共和国法律法规和条例等
20	投标书及合同适用文字	中文
21	时间	本文件所指时间均为北京时间

9.2.2.1　投标人

(1)合格投标人的条件：_____。投标人应遵守国家的有关法律法规和条例。对于投标人在招标过程中的腐败和欺诈行为,招标人有权根据招标文件有关条款宣布投标人不合格。

(2)投标委托。如投标人代表不是法定代表人,须持有《法定代表人授权委托书》。

(3)投标费用。投标人参与本次招标及与本次招标相关的费用均由投标人自理。

9.2.2.2　招标文件

(1)招标文件由招标文件目录所列内容组成,包括投标邀请函、投标须知、评标办法、合同条款及格式、工程量清单、技术文件、投标文件格式、附件。投标人应认真阅读招标文件中所有的事项、格式、条款和规范等要求。投标人没有按照招标文件要求提交全部资料,或者其投标书没有对招标文件各方面都做出实质性响应,该投标人的投标将被拒绝。

(2)招标文件的澄清。投标人对招标文件如有疑点要求澄清,或认为有必要与招标人进行技术交流时,可用书面、传真、电报形式通知招标人,但通知不得迟于开标日期前____天使招标人收到。招标人将视情况确定技术交流的时间及地点,或以书面形式予以答复,如有必要时可将答复内容包括原提出的问题(但不标明问题查询的来源),分发给所有取得同一招标文件的投标人。任何口头答疑都不具备法律效力。

(3)招标文件修改。招标人可主动地或在解答投标人提出的需澄清问题时,向投标人以补充文件的方式发出修改文件对招标文件进行修改,但应在投标截止时间至少十五日前发出上述修改通知。对招标文件的修改,将以书面、传真的形式通知已购买招标文件的每一投标人。补充文件将作为招标文件的组成部分,对所有投标人有约束力。为使投标人有足够的时间按招标文件的修改要求考虑修正投标文件,招标人可酌情推迟投标的截止日期和开标日期,并将此变更通知每一投标人。

投标邀请函

_____（投标人）：

_____工程采用邀请招标方式

建设，现邀请贵方前来投标。

（1）招标工程名称：_____

（2）招标文件编号：_____

（3）招标文件价格：每套人民币 _____元

（4）领取招标文件时间：

_____年____月____日____时至_____年____月____日____时

（5）领取招标文件地点：_____

（6）投标截止时间：_____年____月____日____时

（7）开标时间：_____年____月____日____时

（8）开标地点：_____

（9）联系方式：

招 标 人：_____

地　　址：_____

邮　　编：_____

联 系 人：_____

电　　话：_____

传　　真：_____

（10）以上投标及开标时间、地点均为暂定，如有变化，按另行书面通知为准。

招 标 人：_____

（盖章）

_____年____月____日

图 9-1 投标邀请函模式

9.2.2.3 投标文件

（1）投标范围及投标文件计量单位。投标人应对招标文件中招标范围所列的所有项目及内容进行投标，不可只对其中一项或几项进行投标。投标文件中所使用的计量单位，除招标文件中有特殊要求外，应采用国家法定计量单位和国际标准计量单位。投标书中的货币单位必须全部采用人民币。如果资金是外币则应将外币的数量放在人民币后的括弧内。外币单位应采用在投标截止日前____天的当日中国人民银行公布的卖出价汇率来换算。

（2）投标文件由投标要件、技术投标书、商务投标书三部分组成。投标要件包括投标保证金或保函、资格证明文件、财务证明文件及其他所需要的文件，投标人的投标保证金收据复印件、经法定代表人或其授权委托人签署并加盖公章的保密协议，必须附在投标要件正本中。技术投标书包括工程施工设计、工程管理组织和人员、主要施工设备、合同进度计划、HSE 管理计划、以往工程经验及类似工程经验、分包商名单、供货商名单及其他。商务投标书包括投标函、开标一览表、工程量清单报价、其他。

（3）证明工程的合格性和符合招标文件规定的文件。投标人必须按投标文件格式规定的内容及格式填报全部文件。投标人应提交根据招标文件要求提供的所有工程及其服务的合格性以及符合招标文件规定的证明文件，并作为投标书的一部分。证明工程服务与招标文件的要求相一致的文件可以是文字资料、图纸和数据，以投标书附件的形式编写，投标书附件和幅面应与投标文件一致，并按投标文件统一编码及装订。

（4）证明投标人合格和资格的文件。投标人应提交证明其有资格参加投标和中标后有能力履行合同的文件，并作为其投标文件的____部分。投标人提供的资格证明文件应使招标人满意，投标人必须具备履行合同所需的财务、技术、施工能力和经验。

（5）投标报价。根据招标内容，按照下列计价原则进行报价：_____。以下工作内容不在本招标报价中：_____。其他约定：_____。

（6）投标保证金。投标人需提供金额为____万元人民币的投标保证金，提供方式可以是现金或经招标人认可的银行开具的不可撤销的等额投标保函。未按要求提交投标保证金的投标将被视为无效投标。中标人的投标保证金在与招标人签订合同并提交履约保证金后无息退还。未中标的投标人的投标保证金将在招标人收到中标人提交的履约保证金后无息退还。在下列情况下，招标人有权要求兑取投标保证金：① 投标人在投标有效期内撤回投标书；② 投标人与其他潜在投标人商议、串通投标的；③ 投标人对招标人或其任何人员、招标代理人或其顾问行贿，无论是以金钱或其他形式，或采取其他不正当手段或违法行为，对招标人在招标过程中所采取的行动或决定，或对招标人所遵循的程序施加影响的；④ 选定为中标候选人的投标人以他人名义投标（包括以关联公司的名义）或其他方式弄虚作假骗取中标的；⑤ 投标人有任何违反招标投标法律、法规、规章规定的行为；⑥ 投标人未能在任何重要方面遵守投标书的条款；⑦ 在投标人收到招标人中标通知书 30 天内，由于投标人的原因未能与招标人签订合同；⑧ 投标人在收到中标通知书后，未按规定时间和内容出具履约保证金。

（7）投标文件的有效期。自开标日起____天内，投标文件应保持有效。有效期短于这个规定期限的投标，将被拒绝。在特殊情况下，招标人可与投标人协商延长投标文件的有效期。这种要求和答复都应以书面、传真、电报的形式进行。按本须知规定的投标保证金的有效期也相应延长。投标人可以拒绝接受延期要求而不致被没收投标保证金。同意延长有效期的投标人不能修改投标文件。招标人可对原投标有效期一次或多次延期，但最长不超过投标截止日期____天。招标人可在投标有效期期满前至少____天书面通知投标人，要求延长任何投标书的投标书有效期。如果有关投标人不同意延长，则其可在原投标有效期期满日前以书面形式通知招标人，并撤回其投标书，其投标保证金不会因此丧失。如果招标人发出要求延期的通知，并在投标书有效期期满时没有收到投标人撤回投标书的书面通知，则表明投标人已接受该延期的要求。

（8）投标文件的数量、签署及有关规定。投标人应填写全称，同时加盖印章，印章名称应与投标人名称一致。投标文件的份数及包装要求：投标要件一式____份，其中正本____份，副本____份，分别装订成册；技术投标书一式____份，其中正本____份，副本____份，光盘____份，分别装订成册；商务投标书一式____份，其中正本____份，副本____份，光盘____份，分别装订成册。投标文件中，如果正本与副本不符，以正本为准。投标文件的正本必须用不退色的墨水填写或打印，注明"正本"字样，副本可以用复印件。投标文件不得涂改和增删，如有修改错漏处，必须由授权委托人签字。投标文件因字迹潦草或表达不清所引起的后果由投标人负责。

9.2.2.4 投标文件的递交

（1）投标文件的密封及标记。投标书分为投标要件、技术投标书、商务投标书三个独立的包进行密封。各密封袋内按规定的份数进行包装。封口处应有投标人法定代表人或其授权委托人的签字及投标单位公章。封皮上写明招标编号、招标项目名称、投标人名称，并注明"投标书"及"开标时起封"字样。将全部投标文件（投标书密封袋、投标要件密封袋及投标人认为有必要提交的其他资料）包装完好，封皮上写明招标编号、招标项目名称、投标人名称，并注明"投标书"及"开标时起封"字样。如果投标人未按上述要求密封及加写标记，投标文件将不被接受。

（2）投标截止时间。投标文件必须在投标截止时间前送达到指定投标地点。招标人推迟投标截止时间时，应以书面或传真的形式通知所有投标人。在这种情况下，招标人和投标人的权利和义务将受到新的截止期的约束。招标人对投标文件在邮寄过程中的遗失或损坏不负责任。在投标截止时间以后送达的投标文件，招标人拒绝接收。

（3）投标文件的修改和撤回。投标以后，如果投标人提出书面修改和撤标要求，在投标截止时间前送达招标人，招标人可以接受。如果投标人提出书面撤标，须退还招标文件，但已收取的购买招标文件的费用不予退还。投标人修改投标文件的书面材料，须密封送达招标人，同时应在封套上标明"修改投标文件（并注明招标编号）"和"开标时启封"字样。撤回投标应以书面或传真的形式通知招标人。如采取传真形式撤回投标，随后必须补充有法人代表或授权代表签署并加盖单位公章的要求撤回投标的正式文件原件。撤回投标的时间以送达至招标人或到达日戳为准。投标截止时间以后，投标人不得撤回投标，否则投标保证金将被没收。

9.2.3 评标办法

因项目管理方式和工程内容不同，评标办法可能有所不同。中华人民共和国招标投标法中规定的评标办法有经评审的最低投标价法和综合评估法两种，常用的有打分法、综合评估法、最低评标价法、经评审的最低投标价法等多种方法，其中打分法是一种使用频率较高的评标方法。这里举例说明一般的评标办法的主要过程和内容。

9.2.3.1 开标

（1）开标。招标人按招标文件规定的时间、地点主持开标。开标仪式由招标人主持，评标委员会成员、有关工作人员参加，分技术标和商务标阶段进行。投标人派代表参加开标仪式，并签名报到以证明其出席。

（2）唱标。开标时查验投标文件密封情况，确认无误后拆封唱标。在开标仪式上，招标人公布投标人名称、投标工程名称、工程交付时间、商务报价等。

9.2.3.2 投标文件初审

（1）初审内容。初审内容为投标文件是否符合招标文件的要求、内容是否完整、价格构成有无计算错误、文件签署是否齐全及验证保证金。

（2）错误修正。初审中，对价格的计算错误按下述原则修正：① 如果单价乘数量不等于总价，应以总价为准修正单价。② 如果以文字表示的数据与数字表示的有差别，应以文字为准修正数字。③ 招标人将按上述方法调整投标书中的投标报价，调整后的价格对投标人具有约束力。如果投标人不同意以上修正，则其投标将被拒绝。与招标文件有重大偏离的投标文件将被拒绝。重大偏离系指所投标工程的质量、标准、交付期明显不能满足招标文件的要求。这些偏离不允许在开标后修正。但招标人将允许和要求投标人修改投标中不构成重大偏离的、微小的、非正规、不一致或不规则的地方，修正后的技术投标文件将作为商务投标文件的依据。

（3）实质性响应。如果投标文件未对招标文件做出实质性响应，则将被招标人拒绝且不允许投标人对不符之处修正而使其具有实质性响应。招标人将基于投标文件的内容而非表面证据对投标文件是否具有响应性进行评判。如果投标人不是为了自己中标并履行合同的目的而投标，而是出于恶意而投标，或者采取弄虚作假或违法手段而取得中标，除宣布其中标无效和没收投标保证金外，造成招标人其他损失的，还应承担赔偿责任。

（4）投标澄清。招标人有权就投标文件中含混之处向投标人提出询问或澄清要求。投标人必须按照招标人通知的时间、地点派技术和商务人员进行答疑或澄清。必要时招标人可要求投标人就澄清或修正的问题作书面回答，该书面回答应有投标授权代表的签字，并将作为投标文件的一部分。

9.2.3.3 评标

（1）组建评标委员会。招标人根据招标工程特点组建评标委员会，评标委员会由技术、经济、法律专家和其他有关方面的代表组成。评标委员会负责评标工作，只对具备实质性响应的投标文件进行评估和比较。

（2）评标原则。① 评标活动遵循"公平、公正、科学、择优"的原则。② 商务标的评标原则和方法应与工程量清单计价方法相一致。③ 体现合理低价中标原则。

（3）评标办法。采用有标底的打分评标法。采用百分制，总分为100分，其中技术标60分、商务标40分。工程报价的合理范围确定在不高于标底价10%（含10%）和不低于标底价15%（含15%）之间，超出该范围为废标。

（4）评分标准（参见表9-2）。

表9-2 评分标准

序号	项目	评分标准	备注
1	技术标	满分60分。	
1.1	施工方案	满分30分。 （1）总体方案0~6分。总体施工方案科学合理得6分。 （2）质量保证0~5分。完善的工程质量保证体系和技术措施得5分。 （3）安全措施0~4分。确保安全的技术组织措施得4分。 （4）工期措施0~4分。确保工期的技术组织措施得4分。 （5）人力计划0~2分。安排合理的劳动力组织计划得2分。 （6）设备计划0~4分。满足施工要求的主要设备计划得4分。 （7）进度计划0~2分。科学的施工进度计划安排得2分。 （8）合理化建议0~3分。提出可行的合理化建议得3分	

序号	项目	评分标准	备注
1.2	质量保证及施工业绩	满分 13 分。 (1)质量目标 4 分。投标单位的质量目标达到或超过招标文件要求,可得 4 分;达不到质量目标的本项不得分。 (2)质量体系认证 4 分。投标单位通过 ISO 9000 质量体系认证得 4 分,没有通过认证的本项不得分。 (3)施工业绩 0~5 分。投标单位近三年内承担过类似工程且工期、质量等符合合同规定要求的得 5 分	评标记分保留小数点后两位,第三位按四舍五入计算
1.3	项目管理	满分 7 分。 (1)项目经理资质 3 分。投标人的工程项目经理资质等级能满足招标工程项目要求的得满分,否则不得分。 (2)项目组织机构 4 分。管理机构专业配备合理得 4 分,否则不得分	
1.4	施工工期	满分 5 分。 (1)投标工期达到招标工期要求的得 5 分。 (2)投标工期大于招标工期不得分。	
1.5	投标响应	满分 5 分。 (1)投标文件填写签署完整得 2 分。 (2)商务标书齐全、准确得 2 分。 (3)投标要件符合要求得 1 分	
2	商务标	满分 40 分。 (1)工程报价在标底的 97%~102%(含 97%、102%)之间得 40 分。 (2)工程报价高于标底 2%(不含 2%),每多 0.1%扣 0.3 分。 (3)工程报价低于标底 3%(不含 3%),每低 0.1%扣 0.1 分	

(5)评标保密。开标之后,直到授予投标人合同止,凡是属于审查、澄清、评价和比较投标的有关资料以及授标意向等,均不得向投标人或其他无关的人员透露。在评标期间,投标人企图影响招标人的任何活动,将导致投标被拒绝,并承担相应的法律责任。

9.2.3.4 确定中标人

(1)预中标人考察。招标人将对预中标人进行考察,考察的内容是对投标人提交的投标要件和招标人认为必要的资料进行确认,必要时可对投标人进行实地考察。接受考察的投标人必须如实回答和受理招标人的询问或考察,并提供所需资料。预中标人在投标中建议使用的供货商和分包商的能力也将受到评估以决定是否可接受,该供货商和分包商的参与应以一份当事人之间有约束力的协议加以确定。如果某个供应商或分包商被确定不能接受,则投标本身不会被拒绝,但投标人会被要求在不改变投标价的情况下更换一个可接受的供应商或分包商。供应商或分包商的最终确定将由招标人确认。如果考察通过,则将合同授予该投标人;如果考察没有通过,招标人将对排序第二的投标人的能力做类似的审查。

(2)招标人在授标时有变更的权利。在向投标人授予中标通知书时,招标人有权变更数量和服务内容。

(3)合同授予标准。除有特殊规定外,招标人将合同授予被确定为实质上响应招标文件要求的、能够履行合同义务的、性能价格比最优的投标方案的投标人。

（4）招标人接受和拒绝任何或所有投标的权利。招标人在授予合同之前仍有选择或拒绝任何投标人中标的权利，对受影响的投标人不承担任何责任，也无义务向受影响的投标人解释采取这一行动理由。

（5）无效投标。投标书或投标人出现下列情况之一的，被认定为无效投标：① 投标人未提交投标保证金或投标保证金不符合招标文件要求的；② 投标有效期不足的；③ 单价与总价不相符，又不接受评标委员会修正的投标总价，或投标报价明显不合理而投标人不能合理说明的；④ 单价或总价不是确定性，而是选择性或附条件的；⑤ 评标委员会认为构成投标未实质响应招标文件规定的；⑥ 评标委员会认为投标人资格不合格的；⑦ 与其他投标人串通投标的；⑧ 投标人以他人名义投标或其他方式弄虚作假的；⑨ 投标人对招标人或其任何人员、招标代理人或其顾问行贿，无论是以金钱的形式或其他形式，或采取其他不正当手段或违法行为的。

（6）中标通知。在投标有效期内，招标人以书面形式通知所选定的中标人。通知也可以电报、传真的形式，但需要随后书面确认。当中标人按规定与业主签订中标承包合同并提交履约保证金后，招标人将向其他投标人退还投标保证金。招标人对落标的投标人不作落标原因的解释。中标通知书将是合同的一个组成部分。

9.2.3.5 签订合同

（1）签订合同。中标人应按中标通知书中规定的时间、地点与业务签订中标合同，否则按开标后撤回投标处理，并依法承担相应的法律责任。

（2）履约保证金。中标人在接到中标通知书后，在规定的时间内，按招标文件中履约保证金格式向招标人提供履约保证金。中标人如未按规定办理，招标人有权撤销其中标资格并没收投标保证金。在这种情况下，招标人可另选中标人或另行招标。

（3）腐败和欺诈行为。如果招标人认为某投标人在本合同的竞争中有腐败或欺诈行为，则将拒绝其投标。对情节严重者，招标人将在一段时间内拒绝该投标人参加招标人所组织的其他招投标活动。

（4）知识产权。投标人应保证，招标人免于被第三人提出侵犯专利权、商标权或其他知识产权的索赔或起诉。如发生该情况，投标人应与第三方交涉并承担由此而引起的一切法律责任和费用。投标价应包括所有应支付的对专利权、非专利技术、版权、设计或其他知识产权而需要向其他方支付的版税和费用。

9.2.4 技术文件

钻井工程招标技术文件主要包括钻井地质设计、钻井工程设计、试油设计、压裂设计等。

9.2.4.1 钻井地质设计

根据中国石油天然气股份有限公司 2004 年印发的《探井钻井设计编制规范》，探井钻井地质设计包括 12 个部分，主要内容如下。

9.2.4.1.1 井区自然状况

井区自然状况包括：① 地理简况（地理环境、交通、通讯）；② 气象、水文、海况；③ 灾害性地理地质现象。

9.2.4.1.2 基本数据

基本数据参见表 9 - 3。

表 9 – 3　基本数据表

基本数据	勘探项目								
	井号			井别			井型		
	地理位置								
	构造位置								
	测线位置	二维							
		三维							
	大地座标	X	(m)		经纬度	东经			
		Y	(m)			北纬			
	地面海拔	(m)			磁偏角		(°)		
	设计井深			完钻层位		目的层			
	井位水深	高潮(m)		水域位置					
		低潮(m)							

	设计分层		靶点设计					
靶心数据	层位	设计靶点垂深(m)	靶点	测线位置	靶心坐标(m)		靶区半径(m)	靶心方位(°)	靶心距(m)
					X	Y			

9.2.4.1.3　区域地质简介

区域地质简介包括:① 构造概况(区域构造背景、构造基本特征、钻探圈闭特征、圈闭要素);② 地层概况(地层序列及岩性简述、标准层、本地区的其他特殊情况);③ 生、储油层分析及封(堵)盖条件;④ 邻井钻探成果;⑤ 圈闭地质条件分析;⑥ 地质风险分析。

9.2.4.1.4　设计依据及钻探目的

设计依据及钻探目的包括:① 设计依据(油田分公司井位批复文件、主要目的层构造图、岩性地层圈闭图、过井主测线、联络线、连井任意线地震解释剖面、井位论证书、设计数据表、邻井实钻资料);② 钻探目的;③ 完钻层位及原则、完井方法;④ 钻探要求(对进行欠平衡钻井的具体要求、先期完成的具体要求、其他特殊要求)。

9.2.4.1.5　设计地层剖面

设计地层剖面及预计油气层、特殊层位置包括:① 地层分层;② 分组、段岩性简述;③ 油气层、特殊层简述。

9.2.4.1.6　工程要求

工程要求包括:① 地层压力(邻井实测压力成果、压力预测曲线、邻井实钻钻井液使用情况、邻井测温情况);② 钻井液类型及性能使用原则;③ 井身质量要求;④ 套管程序及固井质量要求。

9.2.4.1.7　资料录取要求

资料录取要求包括:① 岩屑录井;② 综合录井;③ 循环观察(地质观察);④ 钻井取心;⑤ 井壁取心;⑥ 钻井液录井;⑦ 荧光录井;⑧ 地化录井;⑨ 酸解烃、罐装气;⑩ 碳酸盐岩分析;⑪ 泥页岩密度;⑫ 地层漏失量;⑬ 压力检测(dc 指数);⑭ 特殊录井要求;⑮ 化验分析选送样品要求。

9.2.4.1.8 地球物理测井

地球物理测井包括:① 原则及要求;② 测井内容。

9.2.4.1.9 试油(中途测试)

9.2.4.1.10 设计及施工变更

设计及施工变更包括:① 设计变更程序;② 目标井位变更程序。

9.2.4.1.11 上交资料要求

9.2.4.1.12 钻井地质设计附件、附图

9.2.4.2 钻井工程设计

根据中国石油天然气股份有限公司 2004 年印发的《探井钻井设计编制规范》,探井钻井工程设计包括7个部分,主要内容如下。

9.2.4.2.1 设计依据

设计依据包括:① 构造名称;② 地理及环境资料(井口坐标、磁偏角、地面海拔、构造位置、地理位置、测线位置、气象资料、地形地貌及交通情况);③ 地质要求(钻井目的、设计井深、井别、井型、靶点坐标、目的层位、完钻层位及完钻原则、完井方法);④ 地质分层及油气水层。

9.2.4.2.2 技术指标及质量要求

技术指标及质量要求包括:① 井身质量要求;② 固井质量要求;③ 钻井取心及井壁取心要求;④ 录取资料要求(地质、钻井液、录井要求;地球物理测井要求;中途测试要求)。

9.2.4.2.3 工程设计

工程设计包括:① 井下复杂情况提示;② 地层可钻性分级及地层压力预测;③ 井身结构;④ 钻机选型及钻井主要设备(表9-4);⑤钻具组合;⑥ 钻井液完井液设计;⑦ 钻头及钻井参数设计;⑧ 井控设计;⑨ 欠平衡钻井设计;⑩ 取心设计;⑪地层孔隙压力监测;⑫地层漏失试验;⑬中途测试技术要求;⑭测井技术要求;⑮油气层保护设计;⑯固井设计;⑰各次开钻或分井段施工重点要求;⑱完井设计;⑲弃井要求;⑳钻井进度计划。

表9-4 钻井主要设备要求

序号	名 称		型号	规格	数量	备注
1	钻机					
2	井架					底座高度:
3	提升系统	绞车				
		天车				
		游动滑车				
		大钩				
		水龙头				
4	顶部驱动装置					
5	转盘					

序号	名 称		型号	规格	数量	备注
6	循环系统配置	1#钻井泵				
		2#钻井泵				
		3#钻井泵				
		钻井液罐				含储备罐
		搅拌器				
7	普通钻机动力系统	1#柴油机				
		2#柴油机				
		3#柴油机				
		4#柴油机				
		5#柴油机				
8	电动钻机动力系统	发电机				
		柴油机				
		直流电机				
		SCR 房				
		电机控制中心				
		主变压器				
9	发电机组	1#发电机				
		2#发电机				
		3#发电机				
		MCC 房				
10	钻机控制系统	自动压风机				
		电动压风机				
		气源净化装置				
		刹车系统				
		辅助刹车				
11	固控系统	1#震动筛				
		2#震动筛				
		3#震动筛				
		除砂器				
		除泥器				
		离心机				
		除气器				
12	加重装置	加重漏斗				
		电动加重泵				
		气动下灰装置				

序号	名 称		型号	规格	数量	备注
13	井控系统	环形防喷器				
		双闸板防喷器				
		单闸板防喷器				
		四通				
		控制装置				
		节流管汇				
		压井管汇				
		气体分离器				
14	仪器仪表	钻井参数仪表				含死绳固定器
		测斜仪				
		测斜绞车				
15	欠平衡钻井装备	液压大钳				
16		旋转头				
		旋转头控制箱				

9.2.4.2.4 健康、安全与环境管理

健康、安全与环境管理包括:① 基本要求;② 健康、安全与环境管理体系要求;③ 关键岗位配置要求;④ 健康管理要求;⑤ 安全管理要求;⑥ 环境管理要求。

9.2.4.2.5 生产信息及完井提交资料

生产信息及完井提交资料包括:① 生产信息资料(钻井工程日、月报表;钻井液日、月报表;钻井参数仪记录卡;指重表卡;井控记录;钻具记录;钻头使用记录;钻井液处理记录;测斜记录;固井施工现场记录;固井参数仪记录卡;取心记录;录井工程参数记录)。② 完井提交资料(钻井大事史;钻井施工设计;各次固井施工设计及总结;全井钻井技术总结;复杂情况处理记录及总结;事故处理记录及总结;钻井液技术总结;综合录井记录;特殊施工作业设计及总结;完井交井验收报告)。

9.2.4.2.6 附则

附则包括:① 钻井施工设计要求;② 特殊施工作业要求。

9.2.4.2.7 附件

附件包括:① 邻区邻井资料分析;② 邻区邻井已钻井情况;③ 邻区邻井地层可钻性分级。

9.2.4.3 试油设计

行业标准 SY/T 5980 - 2009《探井试油设计规范》规定了探井试油(气)地质设计、工程设计、施工设计的基本内容及格式,可参照执行。

9.2.4.4 压裂设计

中国石油天然气股份有限公司塔里木油田分公司编制了企业标准 Q/SY TZ0008 - 2009《油(水)井压裂设计编制规范》,可参照使用。

9.2.5 工程量清单

工程量清单是一个需要单独成册的招标文件,其内容应包括工程量清单封面、签字页、编制说明、分部分项工程量清单等。

9.2.5.1 工程量清单封面

钻井工程工程量清单封面模式见图9-2。

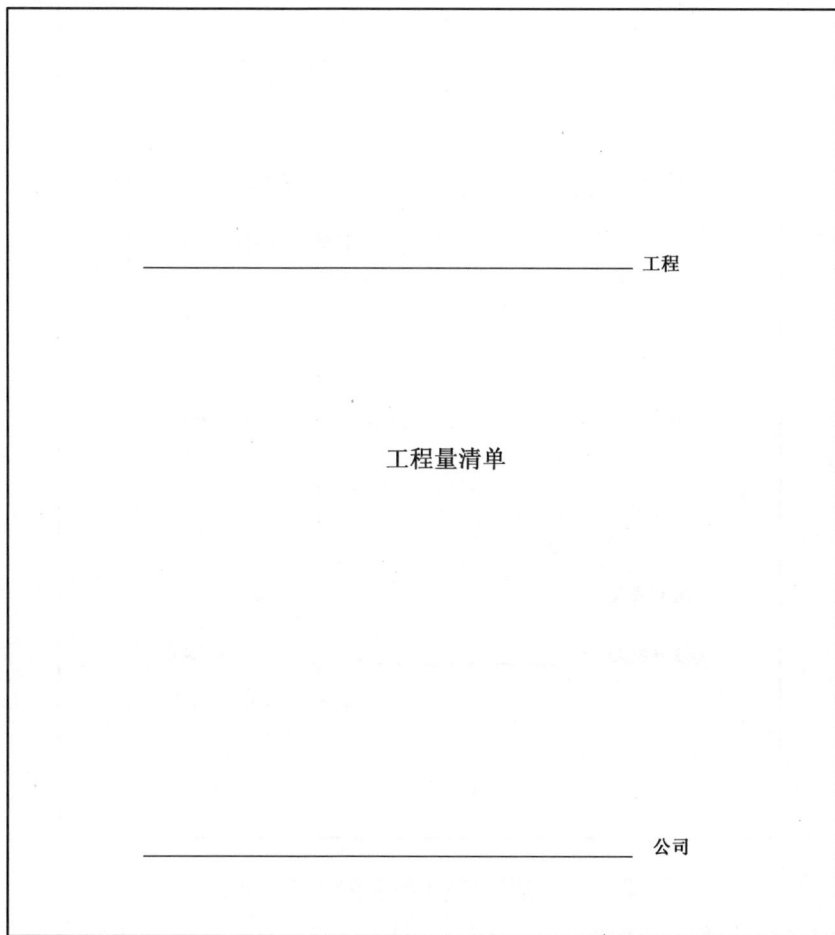

图9-2 钻井工程工程量清单封面模式

9.2.5.2 工程量清单签字页

钻井工程工程量清单签字页模式见图9-3。

9.2.5.3 编制说明

编制说明和分部分项工程量清单是密不可分的,不同的钻井工程项目管理方式和招标范围,其工程量清单构成内容是有区别的。编制说明应包括下列内容:工程概况、工程招标范围、工程量清单编制依据、工程的特殊要求、其他需要说明的问题。这里以一口井的钻前工程和钻进工程为例,说明钻井工程工程量清单编制说明和内容的编制方法。

9.2.5.3.1 工程概况

Z123 井是_____油田_____区块一口评价井,设计井深3900m,三开实施定向钻进。

```
                    _____工程工程量清单



        编制人：_____      （签字）

                           日期：    年    月    日




        审核人：_____      （签字）

                           日期：    年    月    日




        招标单位：_____     （单位盖章）




        法定代表人

        或其授权人：_____   （签字或盖章）

                           日期：    年    月    日
```

图 9-3   钻井工程工程量清单签字页模式

计划工期 107.42d,计划开工时间_____年____月____日。

9.2.5.3.2   工程招标范围

本次招标范围为 Z123 井钻前工程和钻进工程,其中钻进工程含定向钻井服务。

9.2.5.3.3   工程量清单编制依据

(1)_____油田钻井工程工程量清单计价规范;

(2)Z123 井钻井地质设计;

(3)Z123 井钻井工程设计。

9.2.5.3.4   工程特殊要求

(1)因本井远离水源,因此钻前工程中需要在井场内钻 1 口水井;

(2)为满足录井需要,三开后禁止使用 PDC 钻头;

(3)为满足录井需要,三开后禁止使用油基钻井液。

9.2.5.3.5 其他需要说明的问题

考虑到本井施工难度大,因此需要采用ZJ50D钻机实施钻进作业,定向钻井时需要采用MWD随钻测量。

9.2.5.4 分部分项工程量清单

9.2.5.4.1 钻前工程工程量清单

(1)井位勘测工程量清单参见表9-5。

表9-5 井位勘测工程量清单

序号	项目编码	项目名称	项目特征	计量单位	工程量	备注
1	111000	道路勘测	道路长度0.8km,常规勘测	次	1	
2	112000	井场勘测	场地面积10000m²,常规勘测	次	1	
3	113000	井位测量	全站仪测量	次	2	

(2)道路修建工程量清单见表9-6。

表9-6 道路修建工程量清单

序号	项目编码	项目名称	项目特征	计量单位	工程量	备注
1	121000	道路建设	在基本农田上新建临时性进井场道路,铺碎石	km	0.8	
2	122000	道路维修	加宽加固农田机耕道	km	2.0	

(3)井场修建工程量清单见表9-7。

表9-7 井场修建工程量清单

序号	项目编码	项目名称	项目特征	计量单位	工程量	备注
1	131000	井场平整	在基本农田上平整井场8000m²	次	1	
2	132000	池类构筑	沉沙池、废液池、垃圾坑铺塑料薄膜,放喷池四周加挡板	组	1	
3	134000	生活区平整	在基本农田上平整生活区2000m²	次	1	

(4)钻前准备工程量清单参见表9-8。

表9-8 钻前准备工程量清单

序号	项目编码	项目名称	项目特征	计量单位	工程量	备注
1	141000	钻机搬迁	ZJ50D钻机,常规运输,搬迁距离10km	次	1	
2	142000	井场供水				
3	142200	水井供水	钻水井220m	口	1	
4	143000	井场供电	自发电供电	次	1	

9.2.5.4.2 钻进工程工程量清单

(1)钻进作业工程量清单参见表9-9。

表9-9 钻进作业工程量清单

序号	项目编码	项目名称	项目特征	计量单位	工程量	备注
1	210000	钻进作业		d	107.42	
2	211000	一开井段		d	12.92	
3	211100	钻进施工	ZJ50电动钻机,444.5mm井眼进尺850m	d	7.86	
4	211200	完井施工	井深850m,339.7mm套管下深848m	d	5.06	
5	212000	二开井段		d	40.63	
6	212100	钻进施工	ZJ50电动钻机,311.1mm井眼进尺1600m	d	29.40	
7	212200	完井施工	井深2450m,244.5mm套管下深2445m	d	11.23	
8	213000	三开井段		d	53.87	
9	213100	钻进施工	ZJ50电动钻机,215.9mm井眼进尺1450m	d	43.14	
10	213200	完井施工	井深3900m,168.3mm套管下深3860m	d	10.73	

（2）主要材料工程量清单参见表9-10。

表9-10 主要材料工程量清单

序号	项目编码	项目名称	项目特征	计量单位	工程量	备注
1	221000	钻头		m	3900	
2	221100	一开井段	444.5mm牙轮钻头	m	850	
3	221200	二开井段	311.1mm牙轮钻头和PDC钻头	m	1600	
4	221300	三开井段	215.9mm牙轮钻头,不能用PDC钻头	m	1450	
5	222000	钻井液材料		m	3900	
6	222100	一开井段	不分散钻井液,密度$1.10\sim1.25\text{g/cm}^3$	m	850	
7	222200	二开井段	聚合物钻井液,密度$1.25\sim1.45\text{g/cm}^3$	m	1600	
8	222300	三开井段	聚合物钻井液,密度$1.65\sim1.85\text{g/cm}^3$	m	1450	
9	224000	钻具	127mm钻杆及配套钻具	m	3900	

（3）大宗材料运输工程量清单参见表9-11。

表9-11 大宗材料运输工程量清单

序号	项目编码	项目名称	项目特征	计量单位	工程量	备注
1	231000	钻头运输	往返路程20km	次	1	
2	232000	钻井液材料运输	往返路程20km	次	1	
3	234000	钻具运输	往返路程30km	次	1	

（4）技术服务工程量清单参见表9-12。

表9-12 技术服务工程量清单

序号	项目编码	项目名称	项目特征	计量单位	工程量	备注
1	242000	定向井服务				
2	242100	动迁		次	1	
3	242200	定向施工	使用MWD	d	40	

(5)其他作业工程量清单参见表 9 – 13。

表 9 – 13   其他作业工程量清单

序号	项目编码	项目名称	项目特征	计量单位	工程量	备注
1	251000	环保处理	污水处理 1800m³,废液处理 2600m³	次	1	
2	252000	地貌恢复	场地面积 10000m²	次	1	

9.2.6   合同条款及格式

各建设单位都有一套符合本单位需要的钻井工程合同模式。中国石油天然气集团公司制订了企业标准 Q/SY 107 – 2007 钻井工程承包合同规范,给出了钻井工程承包合同格式和钻井工程 HSE 合同格式。中国石油关于钻井工程的合同示范文本有钻井工程施工合同书(日费制)、钻井工程总承包合同书、钻井工程 HSE 合同、钻前工程施工服务合同、固井工程服务合同、录井工程合同、测井工程合同、试油工程合同、酸化压裂工程合同、井下作业工程施工合同、钻井泥浆服务合同、测试技术服务合同、工程车辆作业服务合同(压裂车、酸化车、水泥车、吊车等)、特种车辆运输服务合同(大型拖车、牵引车)、海上钻井工程承包合同、海上钻井工程承包 HSE 合同、海上试油工程承包合同、海上试油工程承包 HSE 合同等。这里根据钻井工程承包合同规范,结合工程量清单计价方法,说明钻井工程承包合同条款主要内容和格式,详见附录 A 和附录 B。

9.2.7   投标文件格式

此部分对投标文件的格式和填报内容提出要求。投标文件由投标要件、技术投标书、商务投标书三部分组成。投标要件包括投标保证金或保函、资格证明文件、财务证明文件、保密承诺书、廉政承诺书及其他所需要的文件。技术投标书包括钻井工程施工设计、工程管理组织和人员、主要施工设备、合同进度计划、HSE 管理计划、以往工程经验及类似工程经验、分包商名单、供货商名单及其他。商务投标书包括投标函、开标一览表、工程量清单报价、其他。钻井工程投标要件和技术投标书各油田都有较为成熟的文件格式,这里重点介绍与工程量清单报价相关的商务投标书中的主要模式。

9.2.7.1   投标函

投标函模式见图 9 – 4。

9.2.7.2   开标一览表

开标一览表模式见表 9 – 14。

表 9 – 14   _____工程开标一览表

序号	项 目	内 容
1	投标总报价	
2	工期承诺	
3	质量承诺	
4	安全承诺	
5	优惠条件	
6	其他	

投　标　函

_____（招标人）：

　　我方对贵方的_____工程招标文件（招标编号_____）进行了认真研究，并对工程现场进行了实地考察，在充分研究上述招标文件的投标须知、工程量清单、合同条款、技术文件等资料的要求后，我方愿以人民币_____（大写）元整（￥_____元）的投标总报价承包上述工程。

据此函：

　　(1)我方愿意根据招标文件的规定，承担合同规定的责任和义务。

　　(2)我方已详细审阅全部招标文件，包括招标文件的补遗、答疑书、参考资料及有关附件，我方完全同意并认可"招标文件"及其相应文件的各项规定和要求。

　　(3)我方完全理解贵方不一定要接受最低报价的投标和对评标结果没有解释义务。

　　(4)我方同意向贵方提供贵方可能要求的与本投标有关的任何证据或资料。

　　(5)一旦我方中标，绝不将工程转包或变相转包。

　　(6)除非另外达成协议并生效，贵方的中标通知书和本投标书将构成约束我们双方的合同内容。

　　(7)投标函附件与本投标函具有同样的法律效力。

　　(8)一旦我方中标，我方将在贵方规定的时间内完成同贵方签订承包合同。如果违约，贵方有权终止我方中标并选择其他中标人。

投　标　人（盖章）：

_____

法定代表人或委托代理人：

_____年___月___日

图 9-4　投标函模式

9.2.7.3　工程量清单报价

　　工程量清单报价是一个需要单独成册的投标文件，其内容应包括工程量清单报价封面、编制说明、工程报价汇总、单项工程报价汇总、分部分项工程量清单计价、综合单价分析等。

9.2.7.3.1　工程量清单报价封面

　　钻井工程工程量清单报价封面模式见图 9-5。

9.2.7.3.2　编制说明

　　编制说明应对招标文件的相关要求进行积极地响应。编制说明应包括下列内容：工程概况、工程投标范围、工程报价构成、工程量清单计价编制依据、其他需要说明的问题。

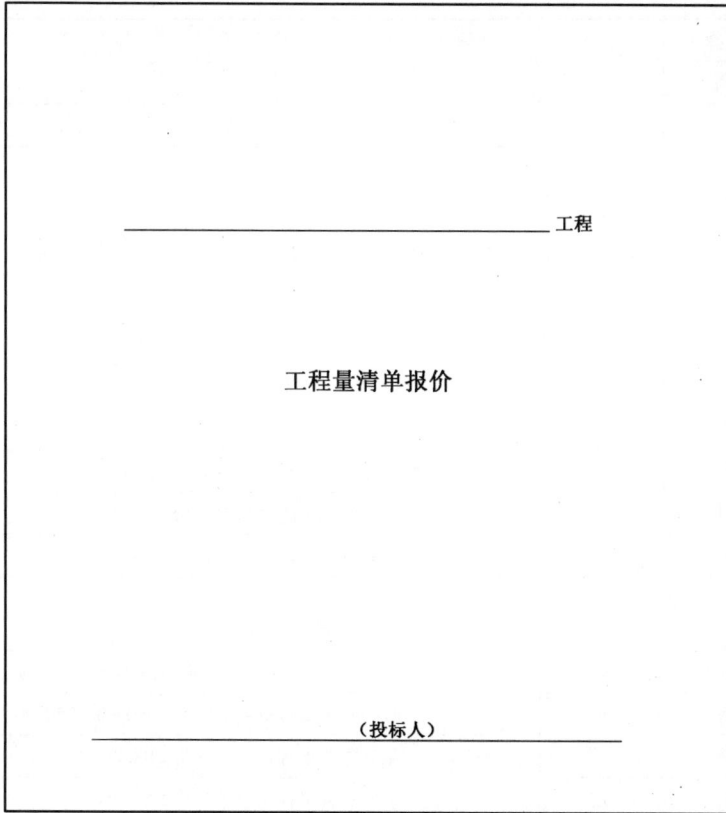

＿＿＿＿＿＿＿＿＿＿＿＿＿＿＿＿＿＿ 工程

工程量清单报价

（投标人）＿＿＿＿＿＿＿＿＿＿＿

图 9－5 钻井工程工程量清单报价封面模式

（1）工程概况。

（2）工程投标范围。

（3）工程报价构成。

本工程报价由钻前工程费、钻进工程费和税费构成。

钻前工程费包含井位勘测费、道路修建费、井场修建费、钻前准备费。

钻进工程费包含钻进作业费、主要材料费、大宗材料运输费、技术服务费、其他作业费。

税费包含＿＿＿＿＿＿，取＿＿＿＿＿＿%。

工程综合单价由直接费、间接费、利润 3 部分构成,其中直接费包含人工费、设备费、材料费、其他直接费,间接费包含企业管理费、工程风险费。

（4）工程量清单计价编制依据。

（5）其他需要说明的问题。

9.2.7.3.3 工程报价汇总

＿＿＿＿＿＿＿工程报价汇总见表 9 – 15。

表 9 – 15　＿＿＿＿＿＿＿工程报价汇总

序号	项目名称	单位	金额	备注
1	合计	元		
2	钻前工程费	元		

序号	项目名称	单位	金额	备注
3	钻进工程费	元		
4	税费	元		（钻前工程费＋钻进工程费）×折算税率____%

9.2.7.3.4 单项工程报价汇总

_____钻前工程报价汇总见表9－16，_____钻进工程报价汇总见表9－17。

表9－16 _____钻前工程报价汇总

项目编码	项目名称	单位	金额	备注（数字编码代表对应项目）
100000	钻前工程费	元		110000＋120000＋130000＋140000
110000	井位勘测费	元		井位勘测工程量清单计价110000
120000	道路修建费	元		道路修建工程量清单计价120000
130000	井场修建费	元		井场修建工程量清单计价130000
140000	钻前准备费	元		钻前准备工程量清单计价140000

表9－17 _____钻进工程报价汇总

项目编码	项目名称	单位	金额	备注（数字编码代表对应项目）
200000	钻进工程费	元		210000＋220000＋230000＋240000＋250000
210000	钻进作业费	元		钻进作业工程量清单计价210000
220000	主要材料费	元		主要材料工程量清单计价220000
230000	大宗材料运输费	元		大宗材料运输工程量清单计价230000
240000	技术服务费	元		技术服务工程量清单计价240000
250000	其他作业费	元		其他作业工程量清单计价250000

9.2.7.3.5 分部分项工程量清单计价

钻前工程分部分项工程量清单计价见表9－18至表9－21，钻进工程分部分项工程量清单计价见表9－22至表9－26。

表9－18 井位勘测工程量清单计价

序号	项目编码	项目名称	项目特征	计量单位	工程量	综合单价（元）	金额（元）	备注
	110000	井位勘测						
1	111000	道路勘测	道路长度0.8km，常规勘测	次	1			
2	112000	井场勘测	场地面积10000m²，常规勘测	次	1			
3	113000	井位测量	全站仪测量	次	2			

表9－19 道路修建工程量清单计价

序号	项目编码	项目名称	项目特征	计量单位	工程量	综合单价（元）	金额（元）	备注
	120000	道路修建						

序号	项目编码	项目名称	项目特征	计量单位	工程量	综合单价（元）	金额（元）	备注
1	121000	道路建设	在基本农田上修建临时性进井场道路,铺碎石	km	0.8			
2	122000	道路维修	加宽加固农田机耕道	km	2.0			

表 9-20 井场修建工程量清单计价

序号	项目编码	项目名称	项目特征	计量单位	工程量	综合单价（元）	金额（元）	备注
	130000	井场修建						
1	131000	井场平整	在基本农田上平整井场 8000m²	次	1			
2	132000	池类构筑	沉沙池、废液池、垃圾坑铺塑料薄膜,放喷池四周加挡板	组	1			
3	134000	生活区平整	在基本农田上平整生活区 2000m²	次	1			

表 9-21 钻前准备工程量清单计价

序号	项目编码	项目名称	项目特征	计量单位	工程量	综合单价（元）	金额（元）	备注
	140000	钻前准备						
1	141000	钻机搬迁	ZJ50D 钻机,常规运输,搬迁距离 10km	次	1			
2	142000	井场供水						
3	142200	水井供水	钻水井 220m	口	1			
4	143000	井场供电	自发电供电	次	1			

表 9-22 钻进作业工程量清单计价

序号	项目编码	项目名称	项目特征	计量单位	工程量	综合单价（元）	金额（元）	备注
	210000	钻进作业			107.42			
1	211000	一开井段		d	12.92			
2	211100	钻进施工	ZJ50D 钻机,444.5mm 井眼进尺 850m	d	7.86			
3	211200	完井施工	井深 850m,339.7mm 套管下深 848m	d	5.06			
4	212000	二开井段		d	40.63			
5	212100	钻进施工	ZJ50D 钻机,311.1mm 井眼进尺 1600m	d	29.40			
6	212200	完井施工	井深 2450m,244.5mm 套管下深 2445m	d	11.23			
7	213000	三开井段		d	53.87			
8	213100	钻进施工	ZJ50D 钻机,215.9mm 井眼进尺 1450m	d	43.14			
9	213200	完井施工	井深 3900m,168.3mm 套管下深 3860m	d	10.73			

表 9 - 23　主要材料工程量清单计价

序号	项目编码	项目名称	项目特征	计量单位	工程量	综合单价（元）	金额（元）	备注
	220000	主要材料						
1	221000	钻头		m	3900			
2	221100	一开井段	444.5mm 牙轮钻头	m	850			
3	221200	二开井段	311.1mm 牙轮钻头和 PDC 钻头	m	1600			
4	221300	三开井段	215.9mm 牙轮钻头,不能用 PDC 钻头	m	1450			
5	222000	钻井液材料		m	3900			
6	222100	一开井段	不分散钻井液,密度 $1.10 \sim 1.25 \mathrm{g/cm^3}$	m	850			
7	222200	二开井段	聚合物钻井液,密度 $1.25 \sim 1.45 \mathrm{g/cm^3}$	m	1600			
8	222300	三开井段	聚合物钻井液,密度 $1.65 \sim 1.85 \mathrm{g/cm^3}$	m	1450			
9	224000	钻具	127mm 钻杆及配套钻具	m	3900			

表 9 - 24　大宗材料运输工程量清单计价

序号	项目编码	项目名称	项目特征	计量单位	工程量	综合单价（元）	金额（元）	备注
	230000	大宗材料运输						
1	231000	钻头运输	往返路程 20km	次	1			
2	232000	钻井液材料运输	往返路程 20km	次	1			
3	234000	钻具运输	往返路程 30km	次	1			

表 9 - 25　技术服务工程量清单计价

序号	项目编码	项目名称	项目特征	计量单位	工程量	综合单价（元）	金额（元）	备注
	240000	技术服务						
1	242000	定向井服务						
2	242100	动迁		次	1			
3	242200	定向施工	使用 MWD	d	40			

表 9 - 26　其他作业工程量清单计价

序号	项目编码	项目名称	项目特征	计量单位	工程量	综合单价（元）	金额（元）	备注
	250000	其他作业						
1	251000	环保处理	污水处理 $1800\mathrm{m^3}$,废液处理 $2600\mathrm{m^3}$	次	1			
2	252000	地貌恢复	场地面积 $10000\mathrm{m^2}$	次	1			

9.2.7.3.6　综合单价分析

（1）钻进作业综合单价分析。

钻进作业的综合单价构成见表9－27。测算钻进作业综合单价需要的主要人工、设备、材料价格和相关标准见表9－28。

表9－27　钻进作业综合单价　　　　　　　　　　计量单位:d

序号	名称	单位	金额	计算方法
	综合单价	元		1＋2＋3
1	直接费	元		1.1＋1.2＋1.3＋1.4
1.1	人工费	元		
1.2	设备费	元		1.2.1＋1.2.2
1.2.1	钻机折旧费	元		
1.2.2	钻机修理费	元		
1.3	材料费	元		1.3.1＋1.3.2＋1.3.3＋1.3.4
1.3.1	柴油费	元		
1.3.2	机油费	元		
1.3.3	生活水费	元		
1.3.4	其他材料费	元		
1.4	其他直接费	元		1.4.1＋1.4.2＋1.4.3＋1.4.4
1.4.1	通讯费	元		
1.4.2	日常运输费	元		
1.4.3	保温费	元		
1.4.4	其他费	元		
2	间接费	元		2.1＋2.2
2.1	企业管理费	元		1×费率＿＿＿＿%
2.2	工程风险费	元		1×费率＿＿＿＿%
3	利润	元		(1＋2)×费率＿＿＿＿%

表9－28　主要人工、设备、材料价格和相关标准

序号	项目	单位	金额	备注
1	年人工费	元/人年		
2	钻机资产原值	元/套		
3	钻机折旧费率	%		以钻机资产原值为基数
4	钻机修理费率	%		以钻机资产原值为基数
5	柴油价格	元/t		

（2）钻头综合单价分析。

根据＿＿＿＿＿＿＿钻井工程施工设计,钻头设计结果见表9－29,钻头价格见表9－30。采用钻头数量乘以价格,再除以本井段进尺,并按一定的费率计算出间接费和利润,测算出钻头综合单价。444.5mm 钻头、311.1mm 钻头、215.9mm 钻头的综合单价构成分别见表9－31 至表9－33。

表 9 - 29 _____ 井钻头设计

序号	尺寸(mm)	型号	钻进井段(m)	进尺(m)
1	444.5			
2				
3				
4	311.1			
5				
6				
7	215.9			
8				
9				
10				

表 9 - 30 钻头价格 　　　　　　　　　　　　计量单位:只

序号	尺寸(mm)	型号	单位	金额
1	444.5		元	
2			元	
3			元	
4	311.1		元	
5			元	
6			元	
7	215.9		元	
8			元	
9			元	

表 9 - 31 444.5mm 钻头综合单价

序号	项目	型号	进尺(m)	数量(只)	价格(元/只)	金额(元)	单价(元/m)	计算方法
	综合单价							1 + 2 + 3
1	直接费		850					单价 = 金额 ÷ 进尺
1.1	钻头费							
1.2	钻头费							
⋮	⋮							
2	间接费							2.1 + 2.2
2.1	企业管理费							1 × 费率_____%
2.2	工程风险费							1 × 费率_____%
3	利润							(1 + 2) × 费率_____%

表 9 - 32 311.1mm 钻头综合单价

序号	项目	型号	进尺 (m)	数量 (只)	价格 (元/只)	金额 (元)	单价 (元/m)	计算方法
	综合单价							1 + 2 + 3
1	直接费		1600					单价 = 金额 ÷ 进尺
1.1	钻头费							
1.2	钻头费							
⋮	⋮							
2	间接费							2.1 + 2.2
2.1	企业管理费							1 × 费率_____%
2.2	工程风险费							1 × 费率_____%
3	利润							(1 + 2) × 费率_____%

表 9 - 33 215.9mm 钻头综合单价

序号	项目	型号	进尺 (m)	数量 (只)	价格 (元/只)	金额 (元)	单价 (元/m)	计算方法
	综合单价							1 + 2 + 3
1	直接费		1450					单价 = 金额 ÷ 进尺
1.1	钻头费							
1.2	钻头费							
⋮	⋮							
2	间接费							2.1 + 2.2
2.1	企业管理费							1 × 费率_____%
2.2	工程风险费							1 × 费率_____%
3	利润							(1 + 2) × 费率_____%

（3）钻井液综合单价分析。

根据_____钻井工程施工设计，钻井液材料设计结果见表 9 - 34。钻井液材料价格见表 9 - 35。采用钻井液材料数量乘以价格，再除以本井段进尺，并按一定的费率计算出间接费和利润，测算出钻井液综合单价。一开井段钻井液、二开井段钻井液、三开井段钻井液的综合单价计算模式分别见表 9 - 36 至表 9 - 38。

表 9 - 34 _____井钻井液材料设计

				一开井段	二开井段	三开井段
钻进阶段						
钻头尺寸				444.5mm	311.1mm	215.9mm
钻进井段				0 ~ 850m	850 ~ 2450m	2450 ~ 3900m
序号	材料名称	代号	单位	数 量		
1						
2						
3						

序号	材料名称	代号	单位	数　　量		
4						
5						
6						

表9－35　钻井液材料价格

序号	材料名称	代号	单位	金额
1				
2				
3				
4				
5				
6				

表9－36　一开井段钻井液综合单价

序号	项目	代号	进尺（m）	数量（kg）	价格（元/kg）	金额（元）	单价（元/m）	计算方法
	综合单价							1＋2＋3
1	直接费		850					单价＝金额÷进尺
1.1								
1.2								
⋮								
2	间接费							2.1＋2.2
2.1	企业管理费							1×费率＿＿＿％
2.2	工程风险费							1×费率＿＿＿％
3	利润							（1＋2）×费率＿＿＿％

表9－37　二开井段钻井液综合单价

序号	项目	代号	进尺（m）	数量（kg）	价格（元/kg）	金额（元）	单价（元/m）	计算方法
	综合单价							1＋2＋3
1	直接费		1600					单价＝金额÷进尺
1.1								
1.2								

序号	项目	代号	进尺 （m）	数量 （kg）	价格 （元/kg）	金额 （元）	单价 （元/m）	计算方法
⋮								
2	间接费							2.1 + 2.2
2.1	企业管理费							1×费率＿＿＿%
2.2	工程风险费							1×费率＿＿＿%
3	利润							(1 + 2)×费率＿＿＿%

表 9 – 38　三开井段钻井液综合单价

序号	项目	代号	进尺 （m）	数量 （kg）	价格 （元/kg）	金额 （元）	单价 （元/m）	计算方法
	综合单价							1 + 2 + 3
1	直接费		1450					单价＝金额÷进尺
1.1								
1.2								
⋮								
2	间接费							2.1 + 2.2
2.1	企业管理费							1×费率＿＿＿%
2.2	工程风险费							1×费率＿＿＿%
3	利润							(1 + 2)×费率＿＿＿%

9.2.7.4　其他

其他需要说明的问题或附件,如分包商服务报价等。

9.2.8　附件

招标文件附件包括保密承诺书、廉政承诺书以及其他材料,保密承诺书模式见图 9 – 6,廉政承诺书模式见图 9 – 7。

9.3　钻井工程投标文件

根据招标文件要求准备投标文件。投标文件由投标要件、技术投标书、商务投标书三部分组成。投标要件包括投标保证金或保函、资格证明文件、财务证明文件、保密承诺书、廉政承诺书及其他所需要的文件。技术投标书包括钻井工程施工设计、工程管理组织和人员、主要施工设备、合同进度计划、HSE 管理计划、以往工程经验及类似工程经验、分包商名单、供货商名单及其他。商务投标书包括投标函、开标一览表、工程量清单报价、其他。钻井工程投标要件和技术投标书各油田都有较为成熟的文件格式,这里以一口井的钻前工程和钻进工程为例,说明基于钻井工程工程量清单报价模式的商务投标书编制方法。

9.3.1　投标函

投标函示例见图 9 – 8。

保密承诺书

_____（招标人）：

鉴于_____项目招标投标过程中，涉及到贵公司的商业或技术秘密，为保证秘密不致外泄，我方做出以下保密承诺：

（1）此所述及的保密信息是指我方在投标过程中直接或间接获得的所有商业或技术信息（包括口头、书面信息及资料）。

（2）我方获得的保密信息只用于本次招标工作，绝不用于其它用途。

（3）我方将对从贵公司处得到的信息进行保密管理，采取措施防止信息的全部或任一部分泄露给第三方。

（4）我方采取严格措施防止与本次投标工作无关的我方人员接触保密信息，防止其泄露信息，如果发生泄密，我方承担一切相关责任。。

（5）我方对内部因工作原因接触到保密信息人员，进行保密教育，防止泄露信息。

（6）如我方有幸中标，此承诺书将持续生效。

投 标 人（盖章）：_____

法定代表人或委托代理人：

____年____月____日

图9-6 保密承诺书模式

9.3.2 开标一览表

开标一览表示例见表9-39。

表9-39 Z123井钻井工程开标一览表

序号	项　目	内　　容
1	投标总报价	玖佰玖拾贰万肆仟元整（￥9924000.00元），未含17%增值税
2	工期承诺	从建设单位通知开钻之日起107.42天完成
3	质量承诺	保证按招标文件的技术要求和质量施工。
4	安全承诺	严格执行钻井工程HSE合同要求,确保无重大责任事故发生。
5	优惠条件	无
6	其他	无

廉政承诺书

_____ （招标人）：

为加强在 _____ 项目招标投标过程和工程建设中的廉政建设，防止发生各种谋取不正当利益的违规、违纪、违法行为，保护国家、集体和当事人的合法权益，我方做出以下廉政承诺：

（1）我方严格遵守与本项目有关的国家相关法律、法规、政策以及廉政建设的各项规定，业务活动坚持公开、公平、公正、透明的原则（除法律法规另有规定者外），并对本单位人员进行廉政教育、党纪政纪和法律法规教育。

（2）我方遵照执行贵公司提供的有关廉政制度和规定，并接受贵公司监督。

（3）如果我方有幸中标，我方将严格执行本合同，自觉按合同办事，遵照诚实信用原则保证不谋取不正当利益。

（4）我方和我方人员不以任何名义和形式向贵公司人员、监督人员或检验检测等第三方人员赠送现金、有价证券或其它影响其正确履行职责的礼品、礼金，不向其提供无偿服务，不报销其个人或部门费用，不采用其他不正当手段拉拢上述人员。如有违反，我方承诺贵公司可视具体情节和造成后果，对我方采取批评教育或其它措施。我方人员以不正当手段获取利益由贵公司予以追缴，由此给贵公司造成损失均由我方承担。

（5）如果贵公司人员在业务活动中有违规、违纪、违法行为，我方将采取积极措施有效的防止其继续发生，并及时向贵公司纪检监察机关举报。在发现和查处违规、违纪、违法行为过程中，我方将积极配合贵公司的调查取证工作，并提供协助和便利条件。

（6）如果我方有幸中标，此承诺书将持续生效至该工程项目竣工验收合格时为止。

投 标 人（盖章）： _____

法定代表人或委托代理人：

_____ 年 _____ 月 _____ 日

图 9 - 7　廉政承诺书模式

9.3.3　工程量清单报价

工程量清单报价内容包括工程量清单报价封面、编制说明、工程报价汇总、单项工程报价汇总、分部分项工程量清单计价、综合单价分析、附件等。

9.3.3.1　工程量清单报价封面

钻井工程工程量清单报价封面示例见图 9 - 9。

投　标　函

A油田分公司：

我方对贵方的 Z123井钻井 工程招标文件（招标编号 L008 ）进行了认真研究，并对工程现场进行了实地考察，在充分研究上述招标文件的投标须知、工程量清单、合同条款、技术文件等资料的要求后，我方愿以人民币 玖佰玖拾贰万肆仟元整 （￥9924000.00元）的投标总报价承包上述工程。

据此函：

(1)我方愿意根据招标文件的规定，承担合同规定的责任和义务。

(2)我方已详细审阅全部招标文件，包括招标文件的补遗、答疑书、参考资料及有关附件，我方完全同意并认可"招标文件"及其相应文件的各项规定和要求。

(3)我方完全理解贵方不一定要接受最低报价的投标和对评标结果没有解释义务。

(4)我方同意向贵方提供贵方可能要求的与本投标有关的任何证据或资料。

(5)一旦我方中标，绝不将工程转包或变相转包。

(6)除非另外达成协议并生效，贵方的中标通知书和本投标书将构成约束我们双方的合同内容。

(7)投标函附件与本投标函具有同样的法律效力。

(8)一旦我方中标，我方将在贵方规定的时间内完成同贵方签订承包合同。如果违约，贵方有权终止我方中标并选择其他中标人。

投 标 人（盖章）： B钻探公司

法定代表人或委托代理人：王某

2009年 03 月 08 日

图9-8　投标函

9.3.3.2　编制说明

编制说明包括下列内容：工程概况、工程投标范围、工程报价构成、工程量清单计价编制依据、其他需要说明的问题。

9.3.3.2.1　工程概况

根据招标文件，Z123井是 A 油田 M 区块一口评价井，设计井深3900m，三开实施定向钻进。计划工期107.42d，计划开工时间 2009 年 5 月 1 日。

9.3.3.2.2　工程投标范围

根据招标文件，本次投标范围为Z123井钻前工程和钻进工程，其中钻进工程含定向钻井服务。

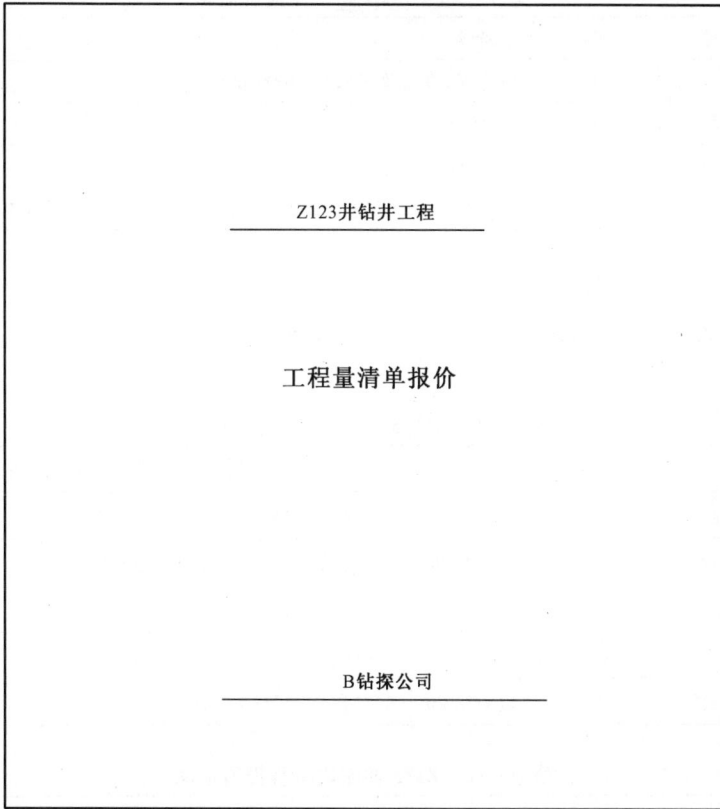

Z123井钻井工程

工程量清单报价

B钻探公司

图 9-9　钻井工程工程量清单报价封面模式

9.3.3.2.3　工程报价构成

（1）本工程报价由钻前工程费、钻进工程费和税费构成。

（2）钻前工程费包含井位勘测费、道路修建费、井场修建费、钻前准备费。

（3）钻进工程费包含钻进作业费、主要材料费、大宗材料运输费、技术服务费、其他作业费。

（4）税费包含以增值税为基础的城乡维护建设税和教育费附加，取1%。另外，报价未计算本工程的17%增值税。

（5）工程综合单价由直接费、间接费、利润3部分构成，其中直接费包含人工费、设备费、材料费、其他直接费，间接费包含企业管理费、工程风险费。

9.3.3.2.4　工程量清单计价编制依据

（1） A 油田钻井工程工程量清单计价规范；

（2）Z123 井钻井地质设计、钻井工程设计；

（3） B 公司钻井工程预算定额。

9.3.3.2.5　其他需要说明的问题

定向钻井服务分包给 W 公司，钻进工程报价中直接采用 W 公司报价。

9.3.3.3　工程报价汇总

根据招标文件中投标文件格式要求，Z123 井工程报价汇总见表9-40。

表 9 - 40　Z123 井工程报价汇总

序号	项目名称	单位	金额	备注
1	合计	元	9924187.75	取整数 9924000.00 元
2	钻前工程费	元	398520.19	
3	钻进工程费	元	9427408.28	.
4	税费	元	98259.28	（钻前工程费 + 钻进工程费）× 折算税率1%

9.3.3.4　单项工程报价汇总

根据招标文件中投标文件格式要求,Z123 井钻前工程报价汇总见表 9 - 41,钻进工程报价汇总见表 9 - 42。

表 9 - 41　Z123 井钻前工程报价汇总

编码	项目名称	单位	金额	备注（数字编码代表对应项目）
100000	钻前工程费	元	398520.19	110000 + 120000 + 130000 + 140000
110000	井位勘测费	元	11500.00	井位勘测工程量清单计价110000
120000	道路修建费	元	181309.69	道路修建工程量清单计价120000
130000	井场修建费	元	89158.50	井场修建工程量清单计价130000
140000	钻前准备费	元	116552.00	钻前准备工程量清单计价140000

表 9 - 42　Z123 井钻进工程报价汇总

编码	项目名称	单位	金额	备注（数字编码代表对应项目）
200000	钻进工程费	元	9427408.28	210000 + 220000 + 230000 + 240000 + 250000
210000	钻进作业费	元	6099737.28	钻进作业工程量清单计价210000
220000	主要材料费	元	2533531.00	主要材料工程量清单计价220000
230000	大宗材料运输费	元	39100.00	大宗材料运输工程量清单计价230000
240000	技术服务费	元	603040.00	技术服务工程量清单计价240000
250000	其他作业费	元	152000.00	其他作业工程量清单计价250000

9.3.3.5　分部分项工程量清单计价

根据招标文件中投标文件格式要求,钻前工程分部分项工程量清单计价见表 9 - 43 至表 9 - 46,钻进工程分部分项工程量清单计价见表 9 - 47 至表 9 - 51。

表 9 - 43　井位勘测工程量清单计价

序号	项目编码	项目名称	项目特征	计量单位	工程量	综合单价（元）	金额（元）	备注
	110000	井位勘测					11500.00	
1	111000	道路勘测	道路长度 0.8km,常规勘测	次	1	2500.00	2500.00	
2	112000	井场勘测	场地面积 10000m² ,常规勘测	次	1	2000.00	2000.00	
3	113000	井位测量	全站仪测量	次	2	3500.00	7000.00	

表9-44 道路修建工程量清单计价

序号	项目编码	项目名称	项目特征	计量单位	工程量	综合单价（元）	金额（元）	备注
	120000	道路修建					181309.69	
1	121000	道路建设	在基本农田上修建临时性进井场道路,铺碎石	km	0.8	189137.11	151309.69	
2	122000	道路维修	加宽加固农田机耕道	km	2.0	15000.00	30000.00	

表9-45 井场修建工程量清单计价

序号	项目编码	项目名称	项目特征	计量单位	工程量	综合单价（元）	金额（元）	备注
	130000	井场修建					89158.50	
1	131000	井场平整	在基本农田上平整井场8000m²	次	1	20365.00	20365.00	
2	132000	池类构筑	沉沙池、废液池、垃圾坑铺塑料薄膜,放喷池四周加挡板	组	1	65793.50	65793.50	
3	134000	生活区平整	在基本农田上平整生活区2000m²	次	1	3000.00	3000.00	

表9-46 钻前准备工程量清单计价

序号	项目编码	项目名称	项目特征	计量单位	工程量	综合单价（元）	金额（元）	备注
	140000	钻前准备					116552.00	
1	141000	钻机搬迁	ZJ50D钻机,常规运输,搬迁距离10km	次	1	88980.00	88980.00	
2	142000	井场供水					16850.00	
3	142200	水井供水	钻水井220m	口	1	16850.00	16850.00	
4	143000	井场供电	自发电供电	次	1	10722.00	10722.00	

表9-47 钻进作业工程量清单计价

序号	项目编码	项目名称	项目特征	计量单位	工程量	综合单价（元）	金额（元）	备注
	210000	钻进作业			107.42		6099737.28	
1	211000	一开井段		d	12.92		733649.28	
2	211100	钻进施工	ZJ50D钻机,444.5mm井眼进尺850m	d	7.86	56784.00	446322.24	
3	211200	完井施工	井深850m,339.7mm套管下深848m	d	5.06	56784.00	287327.04	
4	212000	二开井段		d	40.63		2307133.92	
5	212100	钻进施工	ZJ50D钻机,311.1mm井眼进尺1600m	d	29.40	56784.00	1669449.60	
6	212200	完井施工	井深2450m,244.5mm套管下深2445m	d	11.23	56784.00	637684.32	
7	213000	三开井段		d	53.87		3058954.08	
8	213100	钻进施工	ZJ50D钻机,215.9mm井眼进尺1450m	d	43.14	56784.00	2449661.76	
9	213200	完井施工	井深3900m,168.3mm套管下深3860m	d	10.73	56784.00	609292.32	

表 9-48　主要材料工程量清单计价

序号	项目编码	项目名称	项目特征	计量单位	工程量	综合单价（元）	金额（元）	备注
	220000	主要材料					2533531.00	
1	221000	钻头		m	3900		916083.00	
2	221100	一开井段	444.5mm 牙轮钻头	m	850	86.66	73661.00	
3	221200	二开井段	311.1mm 牙轮钻头和 PDC 钻头	m	1600	333.41	533456.00	
4	221300	三开井段	215.9mm 牙轮钻头，不能用 PDC 钻头	m	1450	213.08	308966.00	
5	222000	钻井液材料		m	3900		1480948.00	
6	222100	一开井段	不分散钻井液，密度 $1.10 \sim 1.25 g/cm^3$	m	850	266.00	226100.00	
7	222200	二开井段	聚合物钻井液，密度 $1.25 \sim 1.45 g/cm^3$	m	1600	404.67	647472.00	
8	222300	三开井段	聚合物钻井液，密度 $1.65 \sim 1.85 g/cm^3$	m	1450	418.88	607376.00	
9	224000	钻具	127mm 钻杆及配套钻具	m	3900	35.00	136500.00	

表 9-49　大宗材料运输工程量清单计价

序号	项目编码	项目名称	项目特征	计量单位	工程量	综合单价（元）	金额（元）	备注
	230000	大宗材料运输					39100.00	
1	231000	钻头运输	往返路程 20km	次	1	3650.00	3650.00	
2	232000	钻井液材料运输	往返路程 20km	次	1	26700.00	26700.00	
3	234000	钻具运输	往返路程 30km	次	1	8750.00	8750.00	

表 9-50　技术服务工程量清单计价

序号	项目编码	项目名称	项目特征	计量单位	工程量	综合单价（元）	金额（元）	备注
	240000	技术服务					603040.00	
1	242000	定向井服务					603040.00	
2	242100	动迁		次	1	3040.00	3040.00	
3	242200	定向施工	使用 MWD	d	40	15000.00	600000.00	

表 9-51　其他作业工程量清单计价

序号	项目编码	项目名称	项目特征	计量单位	工程量	综合单价（元）	金额（元）	备注
	250000	其他作业					152000.00	
1	251000	环保处理	污水处理 $1800m^3$，废液处理 $2600m^3$	次	1	70000.00	70000.00	
2	252000	地貌恢复	场地面积 $10000m^2$	次	1	82000.00	82000.00	

9.3.3.6　综合单价分析

根据招标文件中投标文件格式要求，Z123 井钻进作业、钻头、钻井液的综合单价分析如下。

9.3.3.6.1 钻进作业综合单价分析

钻进作业的综合单价构成见表9-52。测算钻进作业综合单价需要的主要人工、设备、材料价格和相关标准见表9-53。

表9-52 钻进作业综合单价

序号	名称	单位	金额	计算方法
	综合单价	元	56784.00	1 + 2 + 3
1	直接费	元	51523.46	1.1 + 1.2 + 1.3 + 1.4
1.1	人工费	元	8749.73	
1.2	设备费	元	20249.00	1.2.1 + 1.2.2
1.2.1	钻机折旧费	元	13278.00	
1.2.2	钻机修理费	元	6971.00	
1.3	材料费	元	18156.53	1.3.1 + 1.3.2 + 1.3.3 + 1.3.4
1.3.1	柴油费	元	12881.60	
1.3.2	机油费	元	869.61	
1.3.3	生活水费	元	37.12	
1.3.4	其他材料费	元	4368.20	
1.4	其他直接费	元	1670.00	1.4.1 + 1.4.2 + 1.4.3 + 1.4.4
1.4.1	通讯费	元	210.00	
1.4.2	日常运输费	元	1360.00	
1.4.3	保温费	元	0.00	
1.4.4	其他费	元	100.00	
2	间接费	元	3606.64	2.1 + 2.2
2.1	企业管理费	元	2060.94	1 × 费率4%
2.2	工程风险费	元	1545.70	1 × 费率3%
3	利润	元	1653.90	(1 + 2) × 费率3%

表9-53 主要人工、设备、材料价格和相关标准

序号	项目	单位	金额	备注
1	年人工费	元/人年	57063.46	
2	钻机资产原值	元/套	39834000.00	
3	钻机折旧费率	%	10.00	以钻机资产原值为基数
4	钻机修理费率	%	5.25	以钻机资产原值为基数
5	柴油价格	元/t	6200.00	

9.3.3.6.2 钻头综合单价分析

根据Z123井钻井工程施工设计,钻头设计结果见表9-54,钻头价格见表9-55。采用钻头数量乘以价格,并采用钻进作业中相同的费率和方法计算出间接费和利润,测算出钻头综合单价。444.5mm钻头、311.1mm钻头、215.9mm钻头的综合单价构成分别见表9-56至表9-58。

表 9－54　**Z123 井钻头设计**

序号	尺寸(mm)	型号	钻进井段(m)	进尺(m)
1	444.5	MP1－1	0～300	300
2	444.5	MP1－1	300～600	300
3	444.5	MP1－1	600～850	250
4	311.1	SHT22R－1	850～990	140
5	311.1	MP2R－1	990～1110	120
6	311.1	SHT22R－1	1110～1250	140
7	311.1	MP2R－1	1250～1370	120
8	311.1	HJ517G	1370～1670	300
9	311.1	HJ517G	1670～1940	270
10	311.1	BD536	1940～2450	510
11	215.9	HJ517G	2450～2690	240
12	215.9	HJ517G	2690～2910	220
13	215.9	HJ517G	2910～3120	210
14	215.9	HJ517G	3120～3300	180
15	215.9	HJ517G	3300～3460	160
16	215.9	HJ517G	3460～3610	150
17	215.9	HJ517G	3610～3760	150
18	215.9	HJ517G	3760～3900	140

表 9－55　**钻头价格**　　　　　　　　　　　　　　　　计量单位:只

序号	尺寸(mm)	型号	单位	金额
1	444.5	MP1－1	元	22280.00
2		SHT22R－1	元	22620.00
3	311.1	MP2R－1	元	14400.00
4		HJ517G	元	50000.00
5		BD536	元	310000.00
6	215.9	HJ517G	元	35043.00

表 9－56　**444.5mm 钻头综合单价**

序号	项目	型号	进尺(m)	数量(只)	价格(元/只)	金额(元)	单价(元/m)	计算方法
	综合单价						86.66	1＋2＋3
1	直接费		850			66840.00	78.64	单价＝金额÷进尺
1.1	钻头费	MP1－1	850	3	22280.00	66840.00		
2	间接费						5.50	2.1＋2.2
2.1	企业管理费						3.15	1×费率4%
2.2	工程风险费						2.36	1×费率3%
3	利润						2.52	(1＋2)×费率3%

表 9 - 57   311.1mm 钻头综合单价

序号	项目	型号	进尺 (m)	数量 (只)	价格 (元/只)	金额 (元)	单价 (元/m)	计算方法
	综合单价						333.41	1 + 2 + 3
1	直接费		1600			484040.00	302.53	单价 = 金额 ÷ 进尺
1.1	钻头费	SHT22R - 1	280	2	22620.00	45240.00		
1.2	钻头费	MP2R - 1	240	2	14400.00	28800.00		
1.3	钻头费	HJ517G	570	2	50000.00	100000.00		
1.4	钻头费	BD536	510	1	310000.00	310000.00		
2	间接费						21.18	2.1 + 2.2
2.1	企业管理费						12.10	1 × 费率4%
2.2	工程风险费						9.08	1 × 费率3%
3	利润						9.71	(1 + 2) × 费率3%

表 9 - 58   215.9mm 钻头综合单价

序号	项目	型号	进尺 (m)	数量 (只)	价格 (元/只)	金额 (元)	单价 (元/m)	计算方法
	综合单价						213.08	1 + 2 + 3
1	直接费		1450			280344.00	193.34	单价 = 金额 ÷ 进尺
1.1	钻头费	HJ517G	1450	8	35043.00	280344.00		
2	间接费						13.53	2.1 + 2.2
2.1	企业管理费						7.73	1 × 费率4%
2.2	工程风险费						5.80	1 × 费率3%
3	利润						6.21	(1 + 2) × 费率3%

9.3.3.6.3   钻井液综合单价分析

根据Z123 井钻井工程施工设计,钻井液材料设计结果见表 9 - 59,钻井液材料价格见表 9 - 60。采用钻井液材料数量乘以价格,并采用钻进作业中相同的费率和方法计算出间接费和利润,测算出钻井液综合单价。一开井段钻井液、二开井段钻井液、三开井段钻井液的综合单价分别见表 9 - 61 至表 9 - 63。

表 9 - 59   Z123 井钻井液材料设计

钻进阶段			一开井段	二开井段	三开井段
钻头尺寸			444.5mm	311.1mm	215.9mm
钻进井段			0 ~ 850m	850 ~ 2450m	2450 ~ 3900m
序号	材料名称	代号	单位	数量	
1	膨润土粉		kg	9500	48000	25000
2	重晶石	$BaSO_4$	kg	3170	8200	70910
3	纯碱	Na_2CO_3	kg		1840	5270
4	烧碱	NaOH	kg	610	1620	3470

序号	材料名称	代号	单位	数量		
5	两性离子包被剂	FA－367	kg	2150	7200	2720
6	两性离子降黏剂	XY－27	kg	2600	5430	4930
7	两性离子降滤失剂	JT－888	kg	1500	5750	4280
8	液体润滑剂	HY－203	kg	2100	3100	2000
9	盐	NaCl	kg		12000	
10	消泡剂	YHP－008	kg			500
11	羧甲基纤维素钠盐	CMC	kg			1000
12	磺化酚醛树脂	SMP－Ⅱ	kg			500
13	油溶性暂堵剂	EP－1	kg			2000
14	暂堵剂	ZD－1	kg			4000
15	碱式碳酸锌	$2ZnCO_3 \cdot 3Zn(OH)_2$	kg			1200

表 9－60　钻井液材料价格　　　　　　　　　　　　计量单位：kg

序号	材料名称	代号	单位	金额
1	膨润土粉		元	0.80
2	重晶石	$BaSO_4$	元	0.92
3	纯碱	Na_2CO_3	元	1.63
4	烧碱	NaOH	元	3.50
5	两性离子包被剂	FA－367	元	26.53
6	两性离子降黏剂	XY－27	元	26.66
7	两性离子降滤失剂	JT－888	元	26.53
8	液体润滑剂	HY－203	元	12.55
9	盐	NaCl	元	0.47
10	消泡剂	YHP－008	元	18.60
11	羧甲基纤维素钠盐	CMC	元	27.60
12	磺化酚醛树脂	SMP－Ⅱ	元	12.42
13	油溶性暂堵剂	EP－1	元	15.91
14	暂堵剂	ZD－1	元	2.74
15	碱式碳酸锌	$2ZnCO_3 \cdot 3Zn(OH)_2$	元	14.17

表 9－61　一开井段钻井液综合单价

序号	项目	代号	进尺（m）	数量（kg）	价格（元/kg）	金额（元）	单价（元/m）	计算方法
	综合单价						266.00	1＋2＋3
1	直接费		850			205156.90	241.36	单价＝金额÷进尺
1.1	膨润土粉			9500	0.80	7600.00		
1.2	重晶石	$BaSO_4$		3170	0.92	2916.40		

序号	项目	代号	进尺 (m)	数量 (kg)	价格 (元/kg)	金额 (元)	单价 (元/m)	计算方法
1.3	烧碱	NaOH		610	3.50	2135.00		
1.4	两性离子包被剂	FA-367		2150	26.53	57039.50		
1.5	两性离子降黏剂	XY-27		2600	26.66	69316.00		
1.6	两性离子降滤失剂	JT-888		1500	26.53	39795.00		
1.7	液体润滑剂	HY-203		2100	12.55	26355.00		
2	间接费						16.90	2.1+2.2
2.1	企业管理费						9.65	1×费率4%
2.2	工程风险费						7.24	1×费率3%
3	利润						7.75	(1+2)×费率3%

表 9-62　二开井段钻井液综合单价

序号	项目	代号	进尺 (m)	数量 (kg)	价格 (元/kg)	金额 (元)	单价 (元/m)	计算方法
	综合单价						404.67	1+2+3
1	直接费		1600			587485.50	367.18	单价=金额÷进尺
1.1	膨润土粉			48000	0.80	38400.00		
1.2	重晶石	BaSO₄		8200	0.92	7544.00		
1.3	纯碱	Na₂CO₃		1840	1.63	2999.20		
1.4	烧碱	NaOH		1620	3.50	5670.00		
1.5	两性离子包被剂	FA-367		7200	26.53	191016.00		
1.6	两性离子降黏剂	XY-27		5430	26.66	144763.80		
1.7	两性离子降滤失剂	JT-888		5750	26.53	152547.50		
1.8	液体润滑剂	HY-203		3100	12.55	38905.00		
1.9	盐	NaCl		12000	0.47	5640.00		
2	间接费						25.70	2.1+2.2
2.1	企业管理费						14.69	1×费率4%
2.2	工程风险费						11.02	1×费率3%
3	利润						11.79	(1+2)×费率3%

表 9-63　三开井段钻井液综合单价

序号	项目	代号	进尺 (m)	数量 (kg)	价格 (元/kg)	金额 (元)	单价 (元/m)	计算方法
	综合单价						418.88	1+2+3
1	直接费		1450			551110.10	380.08	单价=金额÷进尺
1.1	膨润土粉			25000	0.80	20000.00		
1.2	重晶石	BaSO₄		70910	0.92	65237.20		

序号	项目	代号	进尺 （m）	数量 （kg）	价格 （元/kg）	金额 （元）	单价 （元/m）	计算方法
1.3	纯碱	Na_2CO_3		5270	1.63	8590.10		
1.4	烧碱	NaOH		3470	3.50	12145.00		
1.5	两性离子包被剂	FA－367		2720	26.53	72161.60		
1.6	两性离子降黏剂	XY－27		4930	26.66	131433.80		
1.7	两性离子降滤失剂	JT－888		4280	26.53	113548.40		
1.8	液体润滑剂	HY－203		2000	12.55	25100.00		
1.9	消泡剂	YHP－008		500	18.60	9300.00		
1.10	羧甲基纤维素钠盐	CMC		1000	27.60	27600.00		
1.11	磺化酚醛树脂	SMP－Ⅱ		500	12.42	6210.00		
1.12	油溶性暂堵剂	EP－1		2000	15.91	31820.00		
1.13	暂堵剂	ZD－1		4000	2.74	10960.00		
1.14	碱式碳酸锌	$2ZnCO_3 \cdot 3Zn(OH)_2$		1200	14.17	17004.00		
2	间接费						26.61	2.1＋2.2
2.1	企业管理费						15.20	1×费率4%
2.2	工程风险费						11.40	1×费率3%
3	利润						12.20	（1＋2）×费率3%

9.4 钻井工程评标文件

评标过程比较复杂,一般需要经过 5 个步骤:初步评标、详细评标、编写并上报评标报告、资格后审、授标与合同签订,因此需要的评标文件和表格比较多。在国家层面上,国家发展计划委员会、国家经济贸易委员会、建设部、铁道部、交通部、信息产业部、水利部 2001 年联合制定了《评标委员会和评标方法暂行规定》;交通部 2003 年发布了《关于发布公路工程施工招标评标委员会工作细则的通知》。目前各油田企业都有自己一套评标办法和配套的评标文件。这里就几个必要的评标文件进行说明。

9.4.1 评标办法

这里介绍一种评标办法模式和主要内容,仅供参考。

9.4.1.1 总则

(1)本办法为_____工程招标的评标办法,仅适用于本工程。

(2)评标组织及原则。

① 评标工作由招标人依法组建的评标委员会负责承担。评标委员会由专家库抽取的专家组成,评标委员会成员总人数为 9 人,其中招标人代表 2 人,技术专家 5 人,经济专家 2 人。

评标委员会推荐一名负责人,评标委员会分别对投标文件的技术标与商务标进行评审。

②下述规范性文件对本办法具有约束力。下述文件中的强制性规定均适用于本工程评标工作:

a. 中华人民共和国招标投标法;

b. 评标委员会和评标方法暂行规定(国家计委第12号令);

c. _____省建设工程招标投标管理部门颁布实施的涉及施工招标评标管理的办法或规定;

d. 中国石油天然气集团公司颁布实施的涉及施工招标评标管理的办法或规定;

e. _____油田公司颁布实施的工程招标评标管理的办法或规定。

③本工程评标委员会委员依法按以下原则进行评标:

a. 评标活动遵循公开、公平、公正和诚实守信、科学、择优的原则;

b. 反对不正当竞争。

(3)中标候选人及中标人的确定。

①中标候选人的确定。

a. 评标委员会根据本办法对投标人、投标文件进行综合定量评分。

b. 评标委员会负责人汇总评审意见,并根据综合得分由高到低做出排序,如出现得分相同时,报价低者优先排序。

c. 评标委员会将排序前三名投标人作为中标候选人推荐给招标人。

②中标人的确定。

招标人根据评标委员会推荐的中标候选人选择排名第一的为中标人。如果排名第一的投标人主动放弃其中标资格,或因未遵循招标文件的要求被招标人取消其中标资格,则由排名第二的投标人获得中标资格。以此类推,直至排名第三的投标人获得中标资格。如果第三名放弃中标资格或被招标人取消中标资格,招标人则重新组织招标。

9.4.1.2 评标程序

(1)开标;

(2)唱标;

(3)初步评审;

(4)详细评审;

(5)评审汇总;

(6)编写评审报告。

9.4.1.3 评标内容和规定

(1)评标内容包括投标文件符合性与完整性评审、修正错误、商务标与技术标综合评审。

①投标文件符合性与完整性评审。

为保证评标的准确和公正,提高评标活动的效率,评标委员会根据招标文件规定,对投标文件的实质性内容进行符合性与完整性评审,判定是否满足招标文件要求。如果投标文件属实质上不响应招标文件规定的,评标委员会根据招标文件的规定确认投标无效。被评标委员会确认投标无效的投标文件,不再进行评审。投标文件符合性与完整性评审包括但不限于下述具体内容:

a. 是否接受招标文件规定的质量标准和招标工期要求,是否承诺自己报出的质量标准和

投标工期;

　　b. 是否按照招标文件规定的格式和内容填写、打印、装订投标文件,字迹是否清晰可辨;

　　c. 投标文件上法定代表人或其授权代理人的印鉴或签字是否齐全,是否提供合法、有效的法定代理人授权书;

　　d. 是否按照招标文件要求填报了各项综合单价和报价汇总;

　　e. 招标文件中规定的其他文件和资料是否齐全。

　　② 修正错误。

　　评标委员会应当按照招标文件规定的修正原则,对投标人报价的计算差错进行合理的算术修正。

　　a. 如果数字表示的金额和用文字表示的金额不一致时,应以文字表示的金额为准。

　　b. 当单价与数量的乘积与计算出的金额不一致时,以单价为准,除非评标委员会认为单价有明显的小数点错误,此时应以标出的金额为准,并修改单价。

　　c. 按上述修正错误的原则及方法调整或修正投标文件的投标报价,投标人同意后,调整后的投标报价对投标人起约束作用。如果投标人不接受修正后的报价,则其投标将被拒绝并且其投标保证金也将被没收,并不影响评标工作。

　　③ 商务标评审的主要条件。

　　a. 投标报价合理,单价构成合理,无严重不平衡报价;

　　b. 未提出与招标文件中的合同条款相悖的要求;

　　c. 投标人的资格条件能够满足招标文件的要求。

　　④ 技术标评审的主要条件。

　　a. 工期合理,能满足招标文件要求;

　　b. 进度计划安排合理,进度控制措施科学可靠;

　　c. 设备齐备、配置合理;

　　d. 组织机构和专业技术力量能满足施工需要;

　　e. 施工方案重点突出,拟用的技术先进、科学和可行;

　　f. 工程质量、安全及环保保证措施可靠。

　　(2)评标规定。

　　① 如发生下列情况时,招标人将做记录,在评标时由评标委员会确定该投标为无效。

　　a. 投标人代表出席开标会时未携带法人授权委托书及身份证(或其他有效证件)原件及复印件;

　　b. 无投标单位盖章并无法定代表人或法定代表人授权的代理人签字或盖章;

　　c. 未按规定的格式填写投标文件,内容不全或关键字迹模糊、无法辨认;

　　d. 投标人递交两份或多份内容不同的投标文件,或在一份投标文件中对同一招标项目报有两个或多个报价,且未申明哪一个有效;

　　e. 投标人名称或组织机构与资格预审时不一致。

　　② 投标人投标有下列情况之一的,视为投标无效。

　　a. 凡投标的内容属实质性不符合招标文件的要求,评标委员会按规定予以拒绝。

　　b. 如评标委员会怀疑某投标报价(算术性错误修正后并经投标人确认的价格)有低于成本的情况,评标委员会有权要求投标人对其投标价格做出书面解释,如评标委员会认为其书面解释不能被接受,将视为低于成本,有权对其投标予以拒绝。

c. 投标人的投标行为违反国家法律、法规和本招标文件有关规定。

d. 投标文件中明确的拟投入本项目的有关人员、设备等实质性内容与投标资格备案登记不一致,在提交投标文件截止时间前未征得招标人书面同意,或改变后的情况低于投标资格预审申请文件中所报相关人员、设备等相应的资格条件。

e. 未能在实质上对招标文件提出的所有实质性要求和条件做出响应。实质上响应招标文件要求的投标文件应该与招标文件的全部条款、条件和规范相符,无重大差异或保留。所谓重大差异或保留是指对工程的范围、质量、实施产生重大影响,或者对合同中约定的招标人的权利及投标人的义务方面造成重大的限制,且纠正这种差异或保留将会对其他提交响应招标文件要求的投标人竞争地位产生不公正的影响。有下列情况之一者,将被视为实质性不响应招标文件:对招标文件的响应程度和其他要求承诺的条款无承诺;对招标文件的有关条款有疑义或保留而加以条件限定;对招标人提供的工程量清单进行修改;不履行本招标文件规定的招标程序;对招标人的权利和投标人的义务进行限制和回避;未按招标文件规定按时交纳投标保证金。

③ 如果投标文件实质上不响应招标文件的要求,评标委员会将予以拒绝,并且不允许投标人通过修改或撤销其重大差异或保留而使其投标文件变为响应招标文件要求。

④ 当投标人按照招标文件规定的时间、地点等要求报送投标文件后,评标委员会按照本招标文件,对投标文件进行评标,并汇总计算出有效标评分项目综合得分,即为投标人的得分。

⑤ 评标结束后,评标委员会主任应对评标结果进行复核,复核无误后应签署复核意见书,对评标结果进行确认,并组织编写评标报告。招标人在收到评标报告后,应对评标结果进行复核及确认。

⑥ 投标人对招标人评标有疑义的,应以书面形式提出,由招标人会同有关管理部门研究后提出处理意见。

9.4.1.4 评标标准及说明

(1)评标分值。总分为 100 分,其中技术标 60 分、商务标 40 分。

(2)拦标价。本工程采用有标底的打分评标法,设拦标价。拦标价为工程报价在不高于标底价 10% (含 10%)和不低于标底价 15% (含 15%)之间,超出该范围为废标。

(3)评分标准。评分标准见表 9 - 64。

表 9 - 64　评分标准

序号	项目	评分标准	备注
1	技术标	满分 60 分。	
1.1	施工方案	满分 30 分。 (1)总体方案 0 ~ 6 分。总体施工方案科学合理得 6 分。 (2)质量保证 0 ~ 5 分。完善的工程质量保证体系和技术措施得 5 分。 (3)安全措施 0 ~ 4 分。确保安全的技术组织措施得 4 分。 (4)工期措施 0 ~ 4 分。确保工期的技术组织措施得 4 分。 (5)人力计划 0 ~ 2 分。安排合理的劳动力组织计划得 2 分。 (6)设备计划 0 ~ 4 分。满足施工要求的主要设备计划得 4 分。 (7)进度计划 0 ~ 2 分。科学的施工进度计划安排得 2 分。 (8)合理化建议 0 ~ 3 分。提出可行的合理化建议得 3 分	

序号	项目	评分标准	备注
1.2	质量保证及施工业绩	满分13分。 (1)质量目标4分。投标单位的质量目标达到或超过招标文件要求,可得4分;达不到质量目标的本项不得分。 (2)质量体系认证4分。投标单位通过 ISO 9000 质量体系认证得4分,没有通过认证的本项不得分。 (3)施工业绩0~5分。投标单位近三年内承担过类似工程且工期、质量等符合合同规定要求的得5分	
1.3	项目管理	满分7分。 (1)项目经理资质3分。投标人的工程项目经理资质等级能满足招标工程项目要求的得满分,否则不得分。 (2)项目组织机构4分。管理机构专业配备合理得4分,否则不得分	评标记分保留小数点后两位,第三位按四舍五入计算
1.4	施工工期	满分5分。 (1)投标工期达到招标工期要求的得5分。 (2)投标工期大于招标工期不得分	
1.5	投标响应	满分5分。 (1)投标文件填写签署完整得2分。 (2)商务标书齐全、准确得2分。 (3)投标要件符合要求得1分	
2	商务标	满分40分。 (1)工程报价在标底的97%~102%(含97%、102%)之间得40分。 (2)工程报价高于标底2%(不含2%),每多0.1%扣0.3分。 (3)工程报价低于标底3%(不含3%),每低0.1%扣0.1分	

9.4.1.5 评标表格

不同的评标办法和标准,其评标所需要的表格格式和内容有所不同,这里给出两个评委评分表格模板,仅供参考。

(1)评委评分表格模板见表9-65。

表9-65 _____工程评分表

评委姓名:_____ _____年___月___日

序号	项目	满分	得分	备注
1	技术标	60分		
1.1	施工方案	30分		
1.2	质量保证及施工业绩	13分		
1.3	项目管理	7分		
1.4	施工工期	5分		

序号	项目	满分	得分	备注
1.5	投标响应	5分		
2	商务标	40分		

（2）评委评分汇总表格参见表9－66。

表9－66 _____工程评分汇总表

评委会主任：_____   _____年___月___日

序号	投标人	项目	评委1	评委2	评委3	……	平均	排名
1	投标人1	得分合计						
2		技术标得分						
3		商务标得分						
4	投标人2	得分合计						
5		技术标得分						
6		商务标得分						
7	投标人3	得分合计						
8		技术标得分						
9		商务标得分						
⋮	⋮	⋮						

9.4.2 评标报告

评标报告应当如实记载以下内容：基本情况和数据表；评标委员会成员名单；开标记录；符合要求的投标一览表；废标情况说明；评标标准、评标方法或者评标因素一览表；经评审的价格或者评分比较一览表；经评审的投标人排序；推荐的中标候选人名单与签订合同前要处理的事宜；澄清、说明、补正事项纪要。

评标报告一般的格式内容如下：

（1）项目概况。包括项目招标范围、建设标准和规模情况、资金来源、项目批复等。

（2）招标过程。包括招标代理（可选择内容）、资格预审结果、标书出售、开标记录（如果有标底，标底应为开标内容之一）等。

（3）评标工作。包括采用的标准和办法、评标委员会和清标工作组人员组成、初步评审（符合性检查、资格复核、算术性修正、澄清及有关情况说明）、详细评审（合同条件审查、评标价计算与评审、技术评审、澄清情况说明、综合评价）。

（4）评标结果。包括评价排序并推荐中标候选人、有关不同意见（如果有）、合同签署前建议招标人应处理的有关事宜等。

（5）附表及有关澄清资料。

9.4.3 中标通知书

中标通知书是评标阶段的一个代表性的关键文件,也是构成工程合同的一个重要文件,中标通知书模式见图9-10。

中标通知书

_____ 公司(中标单位):

_____ (招标单位)的 _____ (招标项目)工程,经评标委员会评定,确定你公司中标。中标价:_____ 元人民币,工程自 _____ 年 _____ 月 _____ 日开工,_____ 年 _____ 月 _____ 日竣工,日历天数为 _____ 天(或者"中标价:_____ 元人民币,工程开工日期以甲方通知为准,日历天数为 _____ 天")。

请你公司在 _____ 年 _____ 月 _____ 日前来 _____ (地点)签订合同,如因你公司原因,你公司未能在前述期限届满前到指定地点与我公司签订正式合同的,视为你公司弃标,由此造成的一切后果由你公司承担。

招标单位(盖章):

年 月 日

图9-10 中标通知书模式

9.4.4 履约保函

履约保函是签订工程合同的一个重要文件,履约保函模式见图9-11。

9.4.5 工程合同

评标阶段最终结果是签订工程合同,钻井工程承包合同模式见附录A,钻井工程服务HSE合同书模式见附录B。

履约保函

致：_____

本保函作为贵方与____公司于___年___月___日在____（地点）就"___"项目（以下简称"项目"）签订的_____合同（合同号：_____）的履约担保。

_____银行（以下简称"银行"）无条件地、不可撤消地具结保证本行、其继承人和受让人无追索地向贵方以人民币支付总额不超过_____元（人民币大写____元）的履约保证金，即相当于合同价格的__%，并承诺如下：

(1)____公司未能忠实地履行所有合同文件的规定和双方此后可能作出的并同意的修改、补充和变动，包括项目主债权及其利息、违约金、损害赔偿金及实现债权的合理费用。只要贵方确定，不论_____公司有何反对，本行将凭贵方第一次提出的不带证据和条件的书面违约通知，在_____个营业日内按贵方提出的不超过上述累计总额的金额和按该通知中规定的方式付给贵方。

(2)本保证金项下的任何支付应为免税和净值，无论任何人以何种理由提出扣减现有或未来的税费、关税、费用或扣款，均不能从本保证金中扣除。

(3)本保函的规定构成本行无条件的、不可撤消的直接义务。今后在征得或未征得银行同意的条件下，无论贵方与____公司签订何种补充或变更协议、或者____公司在____合同项下义务发生何种变化、或者贵方对于付款时间、履行情况以及其他事项作何种让步，均不能解除或免除本行在本保证函项下的责任。

(4)本保证函自签发之日起生效，至贵方书面同意_____公司撤销并向本行办理解除手续后终止。

谨启

出证行公章：_____

代表签字：_____   职务：_____

开证日期：_____

联 系 人：_____   联系电话：_____

图9-11　金融机构出具的履约保函模式

附录 A 钻井工程承包合同模式

发包方(以下简称甲方):
承包方(以下简称乙方):

1 总则

甲方为勘探开发油气资源,要求乙方按照甲方设计完成_____井钻井作业及相关施工作业,根据《中华人民共和国合同法》等法律法规,本着自愿、公平、平等互利、诚实信用的原则,经过充分协商,签订本合同。双方为达到合同目的,应充分合作,切实履行本合同。

2 定义及解释

2.1 总承包:

2.2 辅助作业:

2.3 井喷:

2.4 取心:

2.5 试压:

3 工程项目内容

3.1 区块:

3.2 井号:

3.3 井型:

3.4 井别:

3.5 设计井垂深____米,斜深____米。

3.6 施工队号:

3.7 钻机类型:

3.8 设计钻井周期:____天。

3.9 承包方式:

4 乙方承包作业内容

承包范围:填写承包作业的首道工序和完成作业内容的最后工序。

承包作业:填写承包中的各项作业,经甲方验收合格时止。

承包材料:填写由乙方提供的各项材料。

5 资料提供

5.1 乙方应向甲方提供的资料。乙方应根据本合同第20.3.7条向甲方提供资料。

5.2 甲方应向乙方提供的资料:

5.2.1 钻井地质设计。

5.2.2 钻井工程设计。

5.2.3 提供空白的《_____井承包完成报告书》

5.2.4 其他。

6 钻井工程质量及验收标准

钻井工程质量及验收标准执行本合同第 20.3.6 条。

7 合同价款及结算方式

7.1 合同价款

7.1.1 全井承包费用____万元,该费用测算标准参照(填写各油田执行的钻井费用标准)。

7.1.2 全井费用组成包括:(填写费用测算由哪几部分组成)。

7.1.3 若遇价格标准调整或由于甲方原因造成工作量变化,甲方将依据乙方投标费用测算标准在完井考核时调整承包费用。

7.2 结算方式

一开后由甲方支付全井承包费用的____%,二开后由甲方支付全井承包费用的____%,三开后由甲方支付全井承包费用的____%,待完成全部承包作业任务,经甲方考核确定实付款额后支付____%,质保金的预留与支付按本合同第 12 条执行。

8 双方的权利及义务

除本合同其他条款约定的权利义务外,双方约定如下:

8.1 甲方的权利及义务

8.1.1 有权随时对该井进行全过程监督检查。

8.1.2 权有对乙方开钻及承包的各项作业进行监督检查及验收。

8.1.3 有权随时对井场的设备器材及钻井作业等进行质量、操作检查。当发现乙方违反质量和操作规范时,甲方有权要求乙方立即进行整改。

8.1.4 有权随时对乙方的设备能力、材料、工具及人员、队伍资质等进行检查,对不符合合同规定的设备及人员等有权要求其整改或更换。

8.1.5 有权更改设计,并决定更改设计后的作业方式。

8.1.6 应向乙方提供符合国家法律、法规和中国石油天然气集团公司、中国石油天然气股份有限公司安全环保要求的现场,并向乙方提供与安全环保有关的资料和信息。

8.1.7 应向乙方提供符合国家法律、法规和行业标准中有关 HSE 要求的地质和工程设计,设计中应明确施工作业区域范围、危险点源和环境敏感地区安全环保要求,必要时应向乙方提供项目涉及的安全环保标准。

8.1.8 有义务处理好工农关系,保证乙方在征地范围内正常施工并且保障乙方进出井场的道路畅通,由于乙方私自与地方接触而派生出的合同外要求,甲方有权拒绝。

8.1.9 提供钻井地质设计和钻井工程设计,审批乙方提交的钻井工程施工设计、钻井液设计和固井设计。

8.1.10 根据乙方按照工程设计和进度提出的书面申请计划,组织甲方供应材料送达施工现场(填写甲方供应的材料)。

8.1.11 按本合同 20.3.8 的约定组织完井后的交接。

8.2 乙方的权利和义务

8.2.1 根据甲方的钻井地质设计、钻井工程设计,制作钻井工程施工设计、钻井液设计和固井设计,经甲方审核批准后,作为组织施工的依据,并送交甲方备案。

8.2.2 接受甲方对该井全过程的工程监督。

8.2.3 严格按照钻前工程设计和钻井工程设计,完成承包作业。

8.2.4 施工质量和资料录取及安全的施工措施和方案,需经甲方同意。

8.2.5 每天必须按规定时间向甲方汇报工程进展情况,并负责井队汇报系统的保管与维护。

8.2.6 乙方提供的套管、套管头、分级箍、采油树按标准试压不合格或固井质量不合格,必须进行更换或补救,费用乙方自理。

8.2.7 对甲方提供的设备、设施和材料,负责装卸、保管。乙方应配合甲方主管部门对设备、钻具、工具的定期检查。

8.2.8 承担乙方及乙方所雇人员伤亡的一切经济及法律责任(甲方责任除外)。由于乙方原因给甲方和第三人造成人身伤害和财产损失的,由乙方承担民事责任。

8.2.9 无条件接收甲方的更改设计及更改设计后的作业方式。当实钻情况与设计不符时,有权向甲方建议更改设计,但必须经甲方同意后方可实施。

8.2.10 在各次开钻前和打开油气层前24小时通告甲方现场验收,合格后方可进入下步作业。

8.2.11 甲方设计所提供的压力系数为参考值,乙方应按工程设计要求安装封井器,并保证随时处于完好状态,要有人座岗观察液面情况,如出现异常高压、低压、发生井涌、井漏时,乙方应按相关技术要求进行作业处理。

8.2.12 应确保乙方人员在施工现场严格遵守当地的有关民族方面的政策、法令、法规,尊重各民族的习俗,若有任何违反而引起的法律诉讼及经济赔偿责任,全部由乙方承担。

8.2.13 履行投标承诺(执行本合同第20.3.2条)。

8.3 与测井、录井的配合

8.3.1 每次测井,乙方应提前____天通知甲方做好测井准备,测井施工前____小时通知甲方准确到井时间,如测井队不能及时到井,造成井队等待超过____小时后,超过时间甲方按____元/小时付给乙方等待费,如因乙方原因造成测井队等待超过____小时,超过时间乙方按____元/小时付给甲方等待费。

8.3.2 测井施工前,乙方应按设计要求准备好井场、井眼,并调整好钻井液性能,对有关设备进行认真检修和保养,提供(220 ± 10) V、(50 ± 2) HZ的稳定电源,保证测井时连续用电。

8.3.3 测井队到达施工现场后,甲方代表负责召开测井协作会,乙方须以书面形式介绍井下情况,内容包括井身结构、井身质量、钻井液性能、井下喷、漏、卡、塌及起下钻情况和有无落物等。

8.3.4 乙方为测井施工提供方便条件(如照明、淡水、牵引等)。

8.3.5 测井过程中,乙方井队必须有负责人值班,当班人员要积极协作配合,不得在钻台、井架和井场从事有碍测井施工正常进行的工作。

8.3.6 每次测井施工完毕,甲乙双方签字确认测井队实际到井时间、测井开始时间、测井结束时间、通井时间、测井事故或复杂处理时间及原因。

8.3.7 因乙方不能按约定时间向甲方雇佣的测井队提供必要的施工条件,导致甲方雇佣的测井队不能在约定时间作业,并经乙方同意返回基地的,乙方向甲方支付测井队发生的直接费用。

8.3.8　甲方有义务要求其雇佣的测井队在测井、井壁取心过程中出现遇阻、遇卡时，应及时通知乙方现场负责人，双方共同研究遇阻、遇卡情况，并在遇阻处起下三次，测量不少于50米的遇阻曲线，标明遇阻、遇卡深度交给乙方。

8.3.9　测井队在施工过程中，如属乙方原因造成测井仪器遇阻、遇卡，乙方应负责通井，并承担相应费用。如属甲方或测井方原因造成测井仪器遇阻卡、拉断电缆或发生从井口掉仪器、工具、落物到井下等复杂、事故，在处理复杂、事故期间，甲方按处理事故日费标准向乙方支付钻机作业费。

8.3.10　测井人员需在井队就餐时，井队有义务提供就餐方便，费用由测井人员自理。

8.3.11　乙方有义务为录井服务提供便利场所。

8.3.12　录井停钻循环观察时间应控制在设计时间内。

8.3.13　由于乙方原因造成重复录井的，新增的录井费用由乙方承担。

8.3.14　因录井原因造成乙方损失的费用由甲方承担。

8.3.15　乙方有义务为录井提供食宿、通讯方便，费用由录井人员自理。

9　健康、安全生产及环境保护

双方有关健康、安全生产及环境保护权利、义务、责任依照本合同20.3.3执行。

10　技术成果归属及保密

10.1　技术成果归属

乙方在施工过程中获得的新技术、新工艺、新方法、新发明、新发现等技术成果，其所有权归_____：

（1）甲方所有。

（2）乙方所有，甲方有权无偿使用。

（3）双方共有（收益分成比例双方另行协商）。

10.2　保密

10.2.1　在合同履行期间，乙方所获得的一切原始资料及在施工过程中所取得的与履行合同有关的工作成果及相关资料属甲方所有，乙方负有保密义务。未经甲方书面同意，乙方不得在合同期内或合同履行完毕后以任何方式泄露。保密内容包括但不限于下列项目：施工设计、图纸、图表、数据磁带、数据磁盘等。

10.2.2　未经甲方书面同意，乙方不得把与合同有关的资料给出版社和新闻机构发表或学术引用，或者使用本合同任何部分进行促销和做广告宣传。

10.2.3　未经甲方书面同意，乙方不得应用钻井中获得的成果资料。

10.2.4　对于乙方使用的新技术和新方法，甲方负有保密义务，未经乙方书面同意，不得以任何方式泄露。

10.2.5　本保密条款在合同终止后，同样具有约束力。

11　权利瑕疵担保

因执行合同的需要，合同一方提供的与本合同工程技术有关的设备、材料、工序工艺、软件及其他知识产权，应保障对方在使用时不存在权力上的瑕疵，不会发生侵犯第三方专利权、商业机密等情况。若发生侵害第三方权利的情况，提供方应负责与第三方交涉，并承担由此产生的全部法律和经济责任以及给对方造成的损失。

12 质量保证

本工程的质量保证期限为＿＿＿＿＿年,自验收合格之日起算;甲方预留合同价款的＿＿＿％作为质保金,质保期满经甲方复验合格后,一次性支付给乙方。

13 第三方关系

在乙方承包范围内,各钻井专业服务队伍之间的工作关系由乙方负责处理;在乙方承包范围外,各专业服务队伍的工作关系由甲方负责协调,井场、道路、桥涵的征用由甲方负责;除上述两种情况以外的对外关系由乙方负责处理。

14 不可抗力

14.1 下列事件可认为是不可抗力事件:战争、动乱、地震、飓风、洪水、冰雹、雪灾等不能预见、不能避免并不能克服的客观情况。

14.2 由于不可抗力的因素,使双方或双方的任何一方因此而不能执行合同中规定的义务时,应立即用书面叙述理由并通知对方,在不可抗力影响时,双方的合同义务可暂停。

14.3 由于不可抗力的原因,致使合同无法按期履行或不能履行的,所造成的损失由双方各自承担。

15 违约责任

15.1 当事人一方不履行合同义务或者履行合同义务不符合约定的,应当承担继续履行、采取补救措施或者赔偿损失等违约责任。

15.2 固井质量未达到规定的标准或设计要求,乙方必须实施补救措施;无法补救,但有可利用价值的,乙方按总包费用＿＿＿％的标准向甲方支付违约金;如造成全井报废,由乙方承担甲方全部损失。

15.3 井斜、全角变化率、测井曲线优等率和合格率等指标,每超过规定的标准或设计要求1度或低于1个百分点,乙方按总包费用的＿＿＿％向甲方支付违约金。如全部报废,乙方应赔偿由此给甲方造成的实际损失。

15.4 未按约定向甲方报告施工进度,每出现一次乙方应向甲方支付违约金＿＿＿元。

15.5 乙方不按时提交资料,每逾期一天,向甲方支付违约金＿＿＿元。

15.6 乙方提交的资料、数据与实际不符或漏取资料,每缺一项,向甲方支付违约金＿＿＿元;乙方提交虚假油气层段钻井资料、钻井液性能指标或漏取资料,向甲方支付违约金＿＿＿元。

15.7 对重大质量情况隐瞒不报或假报,每出现一次,乙方应向甲方支付违约金＿＿＿元。

15.8 实际工期每超过约定工期一天,乙方按综合日费(承包费用折合成每天的费用)＿＿＿％向甲方支付违约金,并赔偿第三方待工日费。

15.9 如果乙方未按甲方安全生产及环保规定组织生产,每出现一次,乙方应向甲方支付违约金＿＿＿元。如发生重大事故,由乙方承担所有损失。

15.10 因甲方工程设计不合理或地质情况提供不准等甲方因素引起的工程质量事故、安全事故及经济损失由甲方承担。

15.11 由于乙方未按甲方要求进行设计和施工,或因乙方技术失误等原因给甲方或第三方造成损失的,由乙方负责赔偿。

15.12 对于乙方拒不接受甲方要求或指令的,每出现一次,应向甲方支付违约金＿＿＿元。

15.13 一方违反本合同第10条和第11条的约定,必须进行补救,并赔偿由此给对方造成的经济损失。

15.14　因乙方原因影响其他专业服务队伍施工,给甲方造成损失的,乙方应当赔偿。

15.15　由于乙方原因造成井眼报废,乙方自筹资金重新开钻,但必须达到甲方地质目的,其返工费用由乙方自理。

15.16　因乙方未执行甲方指令或工程设计、违章操作等乙方因素引起的工程质量事故、安全事故及经济损失由乙方承担。

15.17　如乙方超过甲方规定的井场、生活区用地,超过标准部分由乙方承担所有费用。

15.18　乙方人员违章、违纪(如在现场饮酒、聚众斗殴、赌博等)或不服从甲方指令,每出现一次,乙方应向甲方支付违约金____元。

16　保险

16.1　乙方必须对自己的全部设备及人员进行保险,如发生设备、人身伤亡等事故(甲方原因除外),由乙方负责向保险公司索赔,甲方不负任何责任。

16.2　因甲方原因造成乙方的设备和人员的损害,由乙方负责向保险公司索赔,甲方只承担保险公司赔偿以外的损失,未保险的甲方不予赔偿。

17　合同期限及施工期限

17.1　合同期限从____年___月___日至____年___月___日止。

17.2　本钻井工程承包施工期限从_____到完井测完声幅并经甲方验收合格时止。

18　合同的生效、变更、终止

18.1　本合同经甲乙双方代表人签字并加盖合同专用章后生效。

18.2　本合同经甲乙双方协商一致,可以变更,合同变更协议应采用书面形式。

18.3　有下列情形之一的,本合同的权利义务终止:

(1)合同已经按照约定履行。

(2)甲乙双方协商解除合同。

(3)甲乙双方约定的其他情形。

18.4　有下列情形之一的,甲乙双方可以解除合同:

(1)因不可抗力致使不能实现合同目的。

(2)甲乙双方协商一致。

(3)甲乙双方约定的其他情形。

19　争议的解决

19.1　在本合同履行过程中发生争议时,甲乙双方应及时协商解决。

19.2　如协商不成,可选择下列第___种方式解决:

(1)提交_____(仲裁机构名称)申请仲裁;

(2)依法向_____人民法院提起诉讼。

(3)因关联交易合同发生争议,由双方协商解决;协商不成的,提交双方上级协商解决。

20　其他约定

20.1　本合同未尽事项,由甲乙双方根据国家法律、法规及有关规定协商另行订立补充协议,双方共同遵照执行。

20.2　本合同正本一式＿＿份,双方各执＿＿份;副本一式＿＿份,甲方＿＿份,乙方＿＿份。执行本合同所需要的通知、报告及其一些通讯信件,均以书面形式有效,并以书面形式传送到甲乙方指定的地址。

20.3　以下附件作为本合同的组成部分及优先解释顺序:

20.3.1　本合同。

20.3.2　投标书及中标通知书。

20.3.3　钻井工程 HSE 合同。

20.3.4　钻井地质设计。

20.3.5　钻井工程设计。

20.3.6　钻井工程质量及验收标准。

20.3.7　提交指定部门的资料及时间。

20.3.8　完井交接程序。

甲方名称:　　　　　　　　　　　乙方名称:

(甲方合同专用章):　　　　　　　(乙方合同专用章):

法定代表人或授权代理人(签字):　法定代表人或授权代理人(签字):

住所地:　　　　　　　　　　　　住所地:

联系电话/传真:　　　　　　　　　联系电话/传真:

邮政编码:　　　　　　　　　　　邮政编码:

开户行及帐号:　　　　　　　　　开户行及帐号:

签字日期:　年　月　日　　　　　签字日期:　年　月　日

附录 B 钻井工程 HSE 合同模式

发包方(以下简称甲方):
承包方(以下简称乙方):

1 总则

鉴于甲乙双方已于_____年____月____日签署了《_____工程承包合同》,为进一步明确甲乙双方在工程承包合同履行过程中的安全生产权利、义务及责任,保障人身安全和企业财产安全,依照《中华人民共和国安全生产法》、《中华人民共和国合同法》、《中华人民共和国劳动法》、《中华人民共和国环境保护法》等法律、法规和有关规定,在平等自愿、协商一致的基础上,签订本合同。

2 定义及解释

2.1 违法、违章、违规:指 HSE 合同当事人违反安全、环保法律、法规,违反安全、环保规章、标准,违反安全、环保规章的行为。

2.2 事故:指在 HSE 合同规定的范围内,由于当事人责任或不可抗力造成的停工和有关财产、经济损失和人员伤亡事件。

2.3 不可抗力:指合同当事人不能预见、不能避免、不能克服的客观情况,包括地震、水灾、雷击、雪灾等自然事件以及战争、罢工等社会事件。

2.4 健康安全环境例卷:指承包方对重要的、高度危险的设备或活动,描述其现存的健康安全环境危险和危害,及将该危险危害控制到国家和行业标准能够接受水平所采取措施的文本。

3 工程概况

3.1 区块:_____。

3.2 井号:_____井。

3.3 井型:_____井。

3.4 井别:_____井。

3.5 设计井垂深:____米,斜深____米。

3.6 施工队号:____队。

3.7 钻机类型:_____钻机。

3.8 本合同采用_____承包方式。

4 合同期限

该钻井工程 HSE 合同期限与工程承包合同一致。主合同因工作实际需要变更期限,HSE 合同应随之变更至相同期限。

5 安全环保标准

乙方应在钻井施工作业中执行但不限于下列安全标准,若此标准有调整,按新标准执行;

国家、行业和地方政府有关的安全环保法律、法规及标准有强制要求的,乙方也应一并执行。

　　SY 5087—2003 含硫油气田安全钻井法;

　　SY 5272—91 常规钻井安全技术规程;

　　SY 5225—1994 石油与天然气钻井、开发、储运防火防爆安全生产管理规定;

　　SY 5720—95 司钻安全技术考核规程;

　　SY 5742—1995 石油天然气钻井井控安全技术考核管理规则;

　　SY 5858—93 石油企业工业动火安全规程;

　　SY 5876—93 石油钻井队安全生产检查规定;

　　SY 5974—94 钻井作业安全规程;

　　SY/T 5954—94 开钻前验收项目及要求;

　　SY/T 5957—94 井场电气安装技术要求;

　　SY/T 5964—2003 钻井井控装置组合配套、安装调试与维护;

　　SY 6043—94 钻机设备拆装安全规程;

　　SY/T 6203—1996 油气井井喷着火抢险作法;

　　SY/T 6283　1997 石油天然气钻井健康、安全与环保管理体系指南;

　　SY 6309—1997 钻井井场照明、设备颜色、联络信号安全规范。

6　对乙方钻井工程 HSE 要求

　　6.1　钻井工程应具备《安全生产法》和有关法律、法规和国家标准或行业标准规定的安全生产条件,有健全的安全生产责任制、安全操作规程和具体的安全措施(乙方应在钻井工程投标书中予以明确),努力实现"零职业病、零事故、零污染"的安全生产业绩目标。

　　6.2　遵照 ISO14000 环境管理体系,坚持预防为主、防治结合、综合治理的原则,做到石油勘探与生产和环境保护并举,推行清洁生产,实行污染物排放浓度控制与总量控制相结合,实现环境污染全过程控制。

　　6.3　预防、控制和消除职业危害,保护员工健康,以确保工程项目的安全生产。

　　6.4　乙方应当建立健全有关钻井生产安全制度、操作规程、安全措施以及 HSE 管理体系文件,并严格执行。

7　钻井施工中存在的可能危害

　　7.1　甲方郑重告知乙方,在承包钻井工程期间,可能存在以下危险危害,乙方应积极采取有效的安全措施消除这些可能存在的危险危害,防止发生任何安全事故。

　　7.2　井涌、井喷、爆炸、硫化氢中毒、失火、放射性物质危害,油料、燃料及其他有毒物质泄露等造成人员伤亡、财产损失或环境污染。

　　7.3　因违反操作规程、违章指挥及管理原因造成合同项目施工作业事故;在生产过程中,造成机械器具、动力设备、电力设施、仪器仪表、锅炉压力容器损坏的设备事故;以此引发的危险危害。

　　7.4　由于企业的设备和设施不安全、劳动条件和作业环境不良、管理不善所发生的人身伤害、急性中毒事故等人员事故危害。

8　生产安全、环保责任风险的承担

　　8.1　在钻井承包期间,因甲方工程设计、强令乙方违章作业等原因,造成乙方对本合同所述的钻井工程施工中存在的可能危害难以消除而带来的生产安全责任风险,给乙方和第三者造成人身伤害和企业财产损失的,由甲方承担损失赔偿责任。

8.2 钻井工程承包合同签订后,整个钻井工程在乙方管理和控制下,因乙方原因对本合同所述的钻井工程施工中存在的可能危害未加以消除而带来的安全生产责任风险,给甲方和第三者造成人身伤害和企业财产损失的,由乙方承担损失赔偿责任,乙方损失自担。

8.3 乙方在未向甲方交井前,因探井或开发井工程需要第三方进行固井、录井、测井、试油、井下作业等工程服务,可能危及乙方生产安全的,乙方应与第三方签订安全生产管理协议,明确双方之间安全生产职责和应当采取的安全措施及责任;由于事故责任,造成甲方人身伤害或财产损失的,由责任方承担损失赔偿责任。

8.4 由于不可抗力,造成合同项目施工作业事故及生产损失,甲乙双方各自承担其相应的损失。

9 甲方的权利

9.1 有权对乙方履行安全生产职责情况进行监督。

9.2 有权要求乙方维护好相关的安全生产设施、设备和器材。

9.3 有权对乙方的施工作业现场的安全作业情况进行监督检查,在监督过程中发现钻井设计、井场、钻井设施、井控设备等不具备安全条件,有权要求乙方停止施工,并书面通知乙方制定具体安全措施。

9.4 有权对乙方安全业绩、资质进行审查,对乙方针对作业项目制定的健康安全环境例卷进行审查并备案。

9.5 有权要求乙方按月填报火灾、交通、生产、设备、人员伤亡及环境污染事故报表,并书面陈述事故发生经过、原因及处理情况的有关文件资料。发生事故后,有权根据有关规定组织、参与事故的调查,有权对乙方事故进行统计上报。

9.6 有权要求乙方保护施工区域植被、草原、河道、水源、动植物及生态环境。并在乙方施工结束后,对施工场所地貌恢复情况进行验收。

9.7 有权要求乙方建立符合国家法律、法规和中国石油天然气集团公司要求的安全环保管理体系及相关制度。

10 甲方的义务

10.1 贯彻落实"安全第一、预防为主"的安全生产方针,认真执行有关法律、法规、标准及中国石油天然气股份有限公司的安全生产规章制度。

10.2 向乙方明确施工作业区的范围、危险点源及安全管理要求,为乙方提供工程合同中规定的安全作业条件支持。

10.3 按施工措施的技术要求,为乙方履行本合同提供有关的资料。

10.4 发生事故后,积极协助乙方进行抢救,防止事故扩大,并按照中国石油天然气股份有限公司有关规定进行报告。

10.5 根据施工项目的技术要求履行应尽的义务。

11 乙方的权利

11.1 乙方应当建立安全组织机构,严格执行安全生产、环境保护法律、法规、标准和安全生产规章制度、安全操作规程,控制危险点源,熟练掌握事故防范措施和事故应急处理预案等。

11.2 有权要求甲方提供中国石油天然气股份有限公司相关安全生产、环境保护管理规定。

11.3 有权对甲方的安全工作提出合理化建议和改进意见。

11.4 有权向甲方了解邻井、邻区地层、标志层、井下压力及油水分布情况等相关资料。

11.5 在日常作业中,对甲方违章指挥、强令乙方冒险作业,有权拒绝执行;对由此产生的打击报复,有权向有关部门举报。

11.6 有权要求甲方提供符合施工作业的安全条件和环境。

11.7 发生严重危及乙方生命安全的不可抗力紧急情况时,乙方有权采取必要的措施避险。

12 乙方的义务

12.1 必须健全安全组织机构,建立安全生产责任制,严格执行安全生产、环境保护法律、法规、标准及安全操作规程,控制危险点源。针对施工作业项目制定健康安全环境例卷,配备必要的劳动保护用品,在甲方作业区施工应遵守甲方安全与环保等规章制度。

12.2 按规定组织好安全检查,发现作业过程中的安全隐患、重大险情,应采取有效措施积极处理并报告甲方。

12.3 按照《石油与天然气钻井井控规定》,建立井控领导管理体系,分级对井控设备、设施负责。

12.4 发生事故时,应积极抢险,服从统一指挥,避免事故进一步扩大,并按要求报告甲方。

12.5 应维护好相关的安全生产设施、设备和器材,使其处于安全生产状态。

12.6 应对作业人员进行安全生产教育培训,使之具备相应的安全意识和技能;特种作业人员应具备相应的资格证书。

12.7 不得使用不符合国家、行业标准和甲方规定的原材料、设备、装置、防护用品、器材、安全检测仪等。

12.8 施工作业应做好污染防治工作,尽量选用无害化钻井液,污水池应有防渗漏措施,防止污染地下水。作业过程中产生的污水必须处理回用或达标排放。

12.9 作业过程中使用的锅炉、压力容器、起重机械等特种设备应按相关规定进行定期检验。

12.10 制定意外事故伤害、突发性疾病、急性中毒、急性传染病、自然灾害(洪灾、沙尘暴、强风暴、地震、雪灾、疫情)等突发事故处理应急计划,配备相应的器具,并组织演练。

12.11 对施工区域民族、宗教建筑、文物古迹、文物遗址、动植物和植被、草原、水源及生态环境负保护责任,并有环境保护的措施。施工结束后,按甲方要求清理作业废料(污水、污油、电缆、包装纸、袋等)、生活垃圾等,并提请甲方验收。

12.12 乙方招用分包商,应经甲方认可。分包商应具备承担工程项目的施工资质和安全资格,从事特种作业的人员必须经过专业培训并取得特种作业证书。乙方对招用的分包商的安全责任负责,甲方不直接对乙方招用的分包商的安全负责。

12.13 乙方必须严格遵守国家和地方政府现行环境保护法律、法规,实行无污染作业,严格控制原油落地,如因落地油、废水、废油、废渣等造成环境污染,将由乙方承担由此而发生的一切法律及经济责任。

12.14 施工完毕,对污染物必须全部清除,不得遗留污染,做到工完料尽场地清,并恢复现场整洁状态,向甲方交无污染井。

13 HSE 检查与监督

13.1 甲方依据本合同对乙方承包的钻井工程服务项目的下列事项进行监督检查。在检查过程中,若发现事故隐患或潜在的不安全行为、不安全状态,甲方 HSE 监督工程师有权向乙方发出《隐患整改通知单》限期整改。

13.1.1 生产、施工作业现场安全状况。

13.1.2 乙方执行安全生产规章制度、标准情况。

13.1.3 安全、环保设施、设备的使用、维护情况。

13.1.4 特种作业人员持证上岗情况。

13.1.5 安全、环保技术措施(事故隐患整改)计划的制订和执行情况,事故紧急预案及演练情况。

13.1.6 乙方员工劳动防护用品的配备和使用情况,健康、安全与环境警示标志的管理和使用情况。

13.1.7 消防设备、器材的配备情况。

13.1.8 其他需要的监督检查项目。

13.2 乙方应根据其制定的健康、安全与环境管理制度、标准,认真做好日常的安全生产检查监督工作,发现事故隐患和潜在的不安全因素,及时制定安全措施进行整改,并将整改情况通报甲方 HSE 监督工程师。

14 事故的应急救援与调查处理

14.1 乙方应制定安全、环境事故应急救援预案,建立应急救援体系,配备应急救援设备、器材,并进行经常性维护、保养,保证正常运转。

14.2 发生生产安全、环保事故后,事故现场有关人员应当立即报告乙方单位负责人,乙方单位负责人接到事故报告后,应迅速采取有效措施,组织抢救,防止事故扩大,减轻人员伤亡和财产损失。重特大事故,应同时立即报告甲方单位,不得拖延,不得故意破坏事故现场、毁灭有关证据。

14.3 乙方应负责组织事故的抢救工作,甲方应当支持、配合事故抢救,并提供便利条件。对重特大事故,乙方在无法组织有效抢救、救护,无法防止事故扩大时,应当立即提请甲方组织事故抢救,事故应急抢救费用由事故责任方承担。

14.4 乙方单位应按照国家和中国石油天然气股份有限公司事故调查有关规定进行调查和责任认定,重特大事故涉及甲乙双方或第三方责任或人身伤害、财产损失的,应由甲乙双方或第三方共同组成事故调查组,对事故进行调查和责任认定。

15 安全生产信息的报告

为了实现安全生产,加强对工程动态、生产信息的管理,乙方在向甲方发包单位汇报工程动态、生产信息的同时一并向甲方汇报具体工作内容,汇报时间由甲方确定。

16 违约责任

16.1 甲乙双方违反本合同要求,未造成事故及经济损失的,违约方应及时整改或采取其他补救措施。

16.2 乙方未按甲方发出的《隐患整改通知单》要求按期整改的,乙方每次应向甲方支付违约金___元;乙方支付违约金后仍未整改的,甲方可责令乙方停工整改。

16.3 乙方未按合同规定向甲方报告工程动态、生产信息的,乙方每次应向甲方支付违约金___元。

16.4 甲方对乙方发生事故后弄虚作假、隐瞒不报、迟报或谎报,经查证属实,乙方每次应向甲方支付违约金___元;情节严重的,取消其进入甲方市场资格。

16.5 由于乙方原因造成环境污染事故,由乙方承担全部经济赔偿责任,赔偿款从乙方工程款中扣除。

16.6 因甲方、乙方或第三方造成的事故责任,造成人身伤害或财产损失的,按本合同的规定,由责任方赔偿他方直接经济损失。

16.7 若甲方及甲方所雇用的服务人员在作业现场发生受伤或者死亡情况时,除非这种情况是由于乙方或乙方人员的违章造成的,否则将由甲方承担一切经济及法律责任。

16.8 若乙方及乙方所雇用服务公司的人员发生受伤或者死亡情况时,除非这种情况是由于甲方人员违章造成的,否则由乙方承担一切经济及法律责任。

16.9 如果乙方未按甲方安全生产及环保规定组织生产,每出现一次,乙方应向甲方支付违约金___元。如果发生重大事故,由乙方承担所有损失。

17 其他事宜

本合同未尽事宜,双方另订补充协议。

甲　方:_____(盖章)　　　　　乙　方:_____(盖章)

代表人:_____(签字)　　　　　代表人:_____(签字)

　　　_____年___月___日　　　　　　　　　_____年___月___日

参 考 文 献

［1］黄伟和,刘文涛,司光,魏伶华. 石油天然气钻井工程造价理论与方法［M］. 北京:石油工业出版社,2010

［2］魏伶华,黄伟和,周建平. 石油天然气勘探与钻井工程量清单计价规范研究［M］. 北京:石油工业出版社,2007

［3］中国建设工程造价管理协会. 全国注册造价工程师继续教育培训教材——建设工程造价管理理论与实务(三)［M］. 北京:中国计划出版社,2011

［4］全国造价工程师执业资格考试培训教材编审组. 全国造价工程师执业资格考试培训教材(2009 年版)——工程造价的确定与控制［M］. 北京:中国计划出版社,2009

［5］黄伟和. 石油钻井系统工程造价技术体系研究［M］. 北京:石油工业出版社,2008